浙江省普通高校"十三五"新形态教材项目

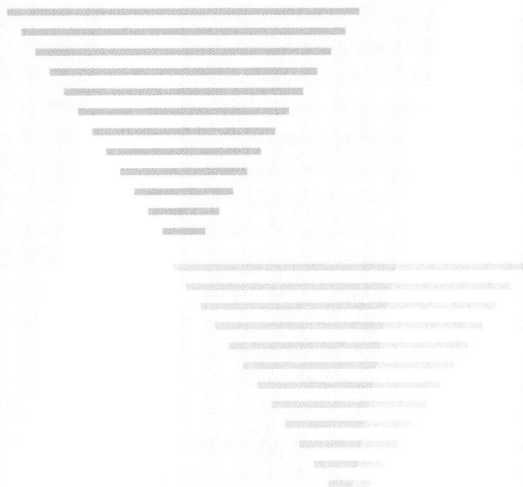

STATISTICS

统计学

第二版

卢俊峰　龚小庆　主编

浙江工商大学 出版社
ZHEJIANG GONGSHANG UNIVERSITY PRESS

·杭州·

图书在版编目（CIP）数据

统计学 / 卢俊峰，龚小庆主编. -- 2 版. -- 杭州：
浙江工商大学出版社，2024. 12 . -- ISBN 978-7-5178
-6388-5

Ⅰ. C8

中国国家版本馆 CIP 数据核字第 202445CH78 号

统计学(第二版)

TONGJIXUE(DI-ER BAN)

卢俊峰　龚小庆　主编

责任编辑	王黎明
责任校对	都青青
封面设计	林朦朦
责任印制	祝希茜
出版发行	浙江工商大学出版社
	（杭州市教工路 198 号　邮政编码 310012)
	（E-mail：zjgsupress@163.com)
	（网址：http：//www. zjgsupress. com)
	电话：0571-88904980，88831806（传真）
排　版	杭州朝曦图文设计有限公司
印　刷	杭州捷派印务有限公司
开　本	787mm×960mm　1/16
印　张	18.75
字　数	388 千
版印次	2024 年 12 月第 2 版　2024 年 12 月第 5 次印刷
书　号	ISBN 978-7-5178-6388-5
定　价	48.00 元

前　言

　　21世纪,随着经济和信息技术的飞速发展,我们迎来了以数据为关键要素的新时代。统计学作为一门关于数据资料的收集、整理、分析和推断的科学,已经成为推动社会进步和经济发展的重要工具。随着党的二十大的胜利召开,我们国家对高质量发展和国家治理体系与治理能力现代化提出了新的更高要求。在这样的背景下,统计学的思想和方法在自然科学、社会科学、工程技术和管理、军事和工农业生产等众多领域发挥着不可替代的作用。

　　本书是为高等院校经济和管理类专业本科生编写的统计学教材,旨在助力培养具有高水平应用能力的统计学人才。我们紧密结合新发展理念,立足应用型院校特色,注重学生的实践能力和创新精神的培养。在保留传统统计学知识体系的前提下,本书适当降低了理论难度,更加注重知识的具体应用和实际操作,力求由浅入深、深入浅出、化难为易。

　　本书内容包括总论,统计数据的收集、整理与显示,变量分布特征的描述,抽样估计,假设检验,相关与回归分析,时间数列分析,统计指数。我们特别强调从实际问题和实例出发,引导学生理解统计学的基本概念和方法。为了帮助学生更好地理解和应用统计学知识,本书在附录中配备了 Excel 统计分析基础教程,结合丰富的数据处理和分析实例,让学生明白知识的"来龙去脉"。本书还特别注重"数字＋"教育技术的应用,以嵌入二维码的纸质教材为载体,融合了课件、作业、测验、拓展资源等数字资源,实现线上线下学习的深度融合。

　　本书由浙江工商大学杭州商学院经济与统计学院(跨境电商学院)组织编写,大纲和体系由集体讨论而定。第1、3、4、5章由龚小庆编写,第2、6、7、8章由卢俊峰编写,全书由卢俊峰统稿。

　　在编写过程中,我们参考了兄弟院校使用的相关教材,同时还吸收了作者和其他科学研究工作者的研究成果。本书的编写得到了浙江工商大学出版社和浙江工商大学杭州商学院的大力支持,在此表示衷心的感谢! 由于知识水平的限制,书中难免存在不足之处,敬请读者不吝赐教。

编　者

2024 年 9 月于杭州

目　录

附录一

附录二

参考文献

第 1 章
总 论

本章是全书的基础。具体要求:(1)理解统计学的基本概念,了解统计学的基本框架体系;(2)系统把握统计学的含义、研究对象、学科性质、研究方法及统计活动的过程,对统计活动的特点形成全面的认识;(3)熟悉统计数据的各种类型、特征和计量尺度,掌握统计数据的研究过程和基本方法;(4)对总体、个体、样本、标志、变量、指标和指标体系等基本概念有比较系统和清晰的理解。

1.1　什么是统计学

1.1.1　统计的含义与本质

在日常生活中,我们经常会使用"统计"这个词,例如,"统计研究表明,吸烟有害健康";"统计调查发现,适当的体育锻炼和休闲活动有助于缓解青少年的心理健康问题"等等。"统计"的英文为"statistics",它有两种含义:表示统计数据、统计资料;表示统计学。可见,统计一词用于不同的场合,其含义也是不同的。一般而言,"统计"这个词包括三个方面的含义,即统计活动、统计数据和统计学。

统计活动是指对各种客观现象的数据进行收集、整理、分析和推断的活动,通常包括统计调查、统计整理和统计分析三个阶段。统计数据是指在统计实践过程中所取得的用以表现各种现象特征的各种形式的数据,它是统计活动的对象和成果。统计学是指系统地论述统计活动理论和方法的科学,它是对统计活动及统计数据规律进行总结和理论性概括的系统学说。

统计的三种含义因皆以统计数据为核心而紧密联系:

①统计活动和统计数据是统计活动过程和成果之间的关系。一方面,统计数据的需求支配着统计活动的布局,统计活动的成果形成了统计数据;另一方面,统计活动又直接影响统计资料的数量和质量。

②统计活动与统计学是统计实践和统计理论的关系。一方面,统计理论是统计活动成果的总结,只有当统计工作发展到一定程度,才能形成独立的统计学。统计活动为统

计学打下了研究的资料基础。另一方面,统计学为统计活动指明方向,使统计工作得以顺利进行。

1.1.2　统计学的研究对象和特点

统计学的研究对象具有三个特点:数量性、总体性和差异性。

(1)数量性

统计学的研究对象是客观事物的数量方面,它包括客观事物的数量特征、现象间的数量关系和事物变化的数量规律等。这种数量性通过特有的统计指标及指标体系加以体现。

(2)总体性

统计学研究是如何体现客观事物的数量特征的呢? 这就涉及其研究对象的总体性特点。

例如,城镇居民家计调查的目的并不在于了解个别居民家庭的生活状况,而是为了反映一个城市、地区、国家居民总体的生活状况,如收入水平、消费水平、消费结构等。

所谓总体性,就是我们所要研究的具有某种特定性质(标志)的事物的全体。例如,推断某 200 万个家庭中所有职工家庭的年人均收入,这 200 万个家庭就是所研究的总体。统计研究就是要从所研究现象的总体出发,通过对现象总体中的构成元素即个体进行大量的观察和综合分析,来达到认识现象的总体数量特征的目的。也就是说,统计学是通过研究总体的数量特征来揭示现象的一般性或规律性的。

(3)差异性

由于各种偶然因素的共同作用,作为组成总体之元素的不同个体之间是存在着差异性的。例如,同一个班级中各个学生的学习成绩存在差异;同一个学校内各专业的学生的就业率是有差异的;同一个城市里不同家庭的收入水平是有差异的;等等。事实上,正是个体之间差异性的存在,才有必要运用统计理论和方法去揭示隐藏在差异性背后的具有规律性的总体数量特征。

由于个体之间的差异性程度在不同总体内是有区别的,如不同地区的贫富悬殊程度是不同的,因此对差异性的研究将有助于加深对总体的认识。

上述三个方面的特点相互联系,共同决定了统计研究内容的广泛性。社会经济现象的数量方面是统计学最主要的研究对象,同时也是最复杂、最具有挑战性的部分。

1.1.3　统计学的研究方法

统计数据研究的基本方法有大量观察法、统计分组法、综合指标法、统计模型法和统计推断法。

（1）大量观察法

这是统计数据收集环节的基本方法，即对所研究现象总体中的足够多数量的个体进行观察和研究。之所以要这么做，是因为个体的观察值会呈现出差异。这种差异的存在有时会显著影响统计结果的客观性。然而，只要观察的个体数量足够多，那么根据大数定律，个体观察值的平均结果等数字特征就会趋于稳定。

（2）统计分组法

统计分组法是根据事物内在的性质和统计研究任务的要求，将总体各单位按照某种属性或特征划分为若干个组成部分的一种研究方法。例如，大学教师按照职称分组，可以分为教授、副教授、讲师和助教共四组。

统计分组法在整个统计活动过程中都占有重要地位。

（3）综合指标法

综合指标法是指运用各种统计综合指标来反映和研究社会经济现象总体的一般数量特征和数量关系的研究方法。常见的综合指标有总量指标、相对指标和平均指标。

（4）统计模型法

统计模型法是根据一定的经济理论和假定条件，用数学方程去模拟现实经济现象相互关系的一种研究方法。利用这种方法可以对社会经济现象和过程中存在的数量关系进行比较完整和近似的描述，从而简化客观存在的复杂关系，以便利用模型对社会经济现象的变化进行数量上的评估和预测。

统计模型包括三个基本要素：变量、数学方程和模型参数。

（5）统计推断法

总体所包含的个体数量往往很大，对其进行全面的观察需要消耗巨大的人力和物力，可行性较低。因此，实际中常常通过对其中一部分个体的观察来推断总体的数量特征。

由于所抽取的部分具有一定的随机性，因此据此得出的推论往往含有一定程度的不确定性。因此，我们必须对统计数据进行"合理"的加工和处理，以使做出错误推断的概率尽可能地小。一般地，在统计中所做出的许多推断我们都用一定的概率来表明推断的可靠或可信程度。这种伴随着一定概率的推断被称为统计推断。

1.1.4　统计学的研究方式

统计学研究现象的数量方面，既有描述的方式也有推断的方式，两者各有侧重并各具特色。

所谓描述性，就是指运用各种方法对研究现象进行观察调查，获取数据，然后进行汇总、分类和计算，并用表格、图形和综合指标的方式加以显示。把各种真实描述所研究现象数量特征的理论和方法加以系统化，就形成了描述统计学。

所谓推断性，就是指在概率统计理论的基础上，根据样本观测结果运用统计推断法对总体数量特征做出估计或进行假设检验，以期对不确定事物（随机现象）做出定量的推断。把各种定量推断不确定事物的理论和方法加以系统化，就形成了推断统计学。

描述统计和推断统计相辅相成，相互交叉联系，在统计学中占有同等重要的地位。

1.1.5 统计的应用领域

统计方法是适用于所有学科领域的通用数据分析方法，只要有数据的地方就会用到统计方法。随着人们对定量研究的日益重视，统计方法已被应用到自然科学与社会科学的众多领域，统计学已发展成为由若干分支学科组成的学科体系。统计学主要包括以下学科：统计学史；理论统计学；统计调查分析理论；统计核算理论；统计监督理论；统计预测理论；统计逻辑学；统计法学；描述统计学；推断统计学；经济统计学；宏观经济统计学；微观经济统计学；管理统计学；科学技术统计学；农村经济调查；社会统计学；教育统计学；文化与体育统计学；卫生统计学；司法统计学；社会福利与社会保障统计学；生活质量统计学；人口统计学；环境与生态统计学；自然资源统计学；环境统计学；生态平衡统计学；国际统计学；国际标准分类统计学；国际核算体系与方法论体系；国际比较统计学；生物统计学；商务统计学；工程统计学；心理统计学；化学统计学；档案统计学；社会经济统计学；水文统计学；统计考古学；数理统计学；统计语言学；统计物理学；化学统计学；体育统计学；等等。

1.2 统计数据的类型与研究方法

统计数据是对现象进行测量的结果。例如，对经济活动总量的测量可以得到国内生产总值（GDP）数据；对股票价格变动水平的测量可以得到股票价格指数的数据；对产品质量的检测可以得到合格品或不合格品的数据；等等。

统计数据大致有以下几种分类方式：

1.2.1 定性数据和定量数据

统计数据是采用某种计量尺度对事物进行计量的结果。根据所采用的计量尺度的不同，统计数据可以分为定性数据和定量数据两类。

（1）定性数据——定类数据和定序数据

定性数据是指只能用文字或数字代码来表现事物的品质特征或属性特征的数据，具体可分为定类数据和定序数据两类。

定类数据是按照分类尺度计量得到的结果。所谓分类尺度，就是按照事物的某种属性对其进行平行的分类，数据表现为类别。按此尺度计量所得的数据一般称为定类数据。例如,人口按照性别分为男与女两类,人的消费支出按照支出去向可分为衣、食、住、行等类别。为了便于统计处理,定类数据也常用数字代码表示,例如分别用 1 和 0 代表男和女。这时的数字只是符号,没有任何程度上的差别或大小、多少之分。

定序数据是按照顺序尺度计量所得到的数据,其所包含的信息量大于定类数据。所谓顺序尺度,就是对事物类别顺序所做的测度,数据表现为有序的类别。例如,学生的考试成绩表示为优、良、中、及格、不及格;对某一种事物的态度可以分为非常同意、同意、保持中立、不同意、非常不同意。定序数据也可以用数字代码来表示,例如可以分别用 5、4、3、2、1 表示非常同意、同意、保持中立、不同意、非常不同意。此时数字代码能体现一种顺序或程度的不同,但还不能体现事物之间或不同结果之间(如不满意和非常不满意之间)的具体数量差别。

(2)定量数据——定距数据和定比数据

定量数据是指用数值来表现事物数量特征的数据,具体可分为定距数据和定比数据两类。

定距数据是用定距尺度计量所获得的数据。所谓定距尺度,是指对事物类别或次序之间间距的测度,没有绝对零点,数据表现为数字。

定距数据不仅能反映事物所属的类别和顺序,还能反映事物类别与顺序之间的数量差距。例如,两位学生的考试成绩分别为 85 分和 55 分,不仅说明前者良好,后者不及格,而且说明前者比后者高 30 分。值得指出的是,定距数据可以进行加、减运算,不能进行乘、除运算。这是因为,定距尺度中没有绝对零点,其中的“0”是作为比较的标准,不表示没有。例如,气温为 0 ℃ 不表示没有温度。

定比数据是用比率尺度计量所获得的数据。所谓比率尺度,就是对事物类别和次序之间间距的测度,有绝对零点,数据表现为数字。

定比数据不仅能体现事物之间的数量差别,还能通过对比运算,即计算两个测度值之间的比值来体现相对程度。例如销售收入 3 亿元、身高 175 厘米、体重 65 千克、面积 100 平方米、平均亩产量 500 千克、人均国内生产总值 25000 元、第三产业比重 48％ 等,都是定比数据。

定距尺度与定比尺度的差别在于是否存在绝对零点(负数没有意义)。0 在两者间的意义是不同的,如某公司去年的总利润为 0,只能表示该公司去年没有赚到钱也没亏本,不等于说该公司没有业绩(比亏损要强),但如果说某人的身高为 0 米,则表示此人不存在。

以上介绍的四类数据按照其所包含的信息量的大小从小到大的排序为:定类数据、定序数据、定距数据、定比数据。

区分测量的尺度和数据的类型是十分重要的,因为对不同类型的数据需采用不同的统计方法来处理和分析。例如,对定类数据,通常计算出各组的频数或频率,计算其众数和异众比率,进行列联表分析和 χ^2 检验等;对定序数据,可以计算其中位数和四分位差,计算等级相关系数等非参数分析;对定距或定比数据,还可以用更多的统计方法进行处理,如计算各种统计量、进行参数估计和检验等。我们所处理的大多为数量数据。

1.2.2 观测数据和实验数据

按照统计数据的收集方法,可以将其分为观测数据和实验数据。

观测数据是通过调查或观测而收集到的数据。这类数据是在没有对事物人为控制的条件下得到的。有关社会经济现象的统计数据几乎都是观测数据。

实验数据则是在实验中控制实验对象而收集到的数据。例如对一种新药疗效的实验数据,对一种新的农作物品种的实验数据。自然科学研究领域收集的数据大多数为实验数据。

1.2.3 截面数据和时间序列数据

按照被描述的现象与时间的关系,可以将统计数据分为截面数据和时间序列数据。

截面数据是在相同或相近的时间点上收集的数据,这类数据通常是在不同的空间上获得的,用于描述现象在某一时刻的变化情况。例如,2018 年我国各地区的国内生产总值数据就是截面数据。

时间序列数据是在不同时间收集到的数据,这类数据是按照时间顺序收集到的,用于所描述现象随时间的变化。例如,1978—2018 年我国的国内生产总值数据就是时间序列数据。

统计数据分类的框图,如图 1.2.1 所示。

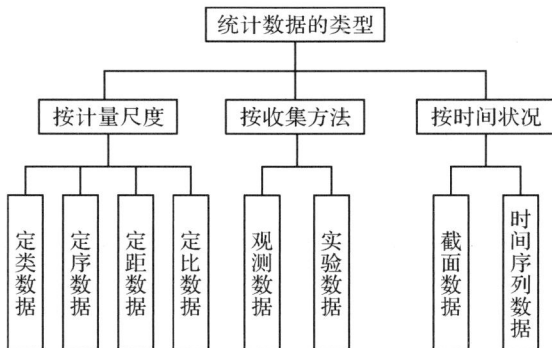

图 1.2.1 统计数据的分类

1.3 统计学的几个基本概念

统计学的概念很多,其中有几个是常用概念,有必要专节予以介绍。

1.3.1 总体与样本

(1)总体

总体是指统计所研究的事物的全体,它是客观存在的具有某种共同性质的个体组成的集合体。总体单位是指构成总体的个别事物,简称个体。

总体是一个集合的概念,总体单位(个体)则是集合的元素。

例如,在研究全国工业企业生产经营情况时,总体是全国所有的工业企业,个体是每一个工业企业。

作为总体,应具有大量性、同质性和差异性三个特征。

①大量性。大量性是指总体是由许多个体组成的。一个或少数个体不能形成总体,这是因为统计研究的目的是要揭示大量事物的普遍规律性,所以统计研究的对象必须包括足够多的个体。

②同质性。同质性是指构成总体的个体必须具有某种共同性质,这是形成总体的客观依据,也是我们确定总体范围的标准。各总体单位必须具有这种共同性质,它是由统计研究的目的决定的。

③差异性。差异性是指总体的各单位除了某一方面的同质性外,在其他方面必须是有差异的,这些差异是统计研究的基础和前提。

作为总体,必须同时具备上述三个特征,才能进行一系列的统计计算和分析研究,三者缺一不可。现象不同质,无法将其结合在一起;少量个体,反映不了现象的规律性;个体都一样,没有差别,无须进行统计研究。

例如,在全国工业企业总体中,同质性是指总体的每一个个体都是工业企业,大量性是指由许多个工业企业组成,差异性是指每个工业企业在经济类型、产品名称、行业、产值、利润、固定资产、职工人数、工资总额等方面存在着差别。

统计研究总体的数量特征,大量性是条件,同质性是基础,差异性是前提。

另外,总体根据其个体数是否有限,分为有限总体和无限总体。有限总体是指总体中包含的个体数量是有限的,无限总体是指总体中包含的个体数目是无限的。

总体和个体是相对而言的,是根据统计研究的目的来确定的。同一事物,在一定条件下是总体,在另一条件下可以是个体。总体和个体随着研究目的、研究范围的变化可以互相转化。

例如,如果考虑的是某校统计专业毕业生的就业状况,那么总体由该专业所有毕业生组成,即统计专业是总体;如果考虑的是某校各专业毕业生的就业率,那么总体是学校,每一个专业是个体。

(2)样本

所谓样本,就是从总体中抽取的一部分个体所组成的集合,也称为子样。样本中所包含的个体数,称为样本容量或样本单位数。

抽取样本的方式有很多种,其中最常见的是随机抽样,它包含两种形式:重复抽样和非重复抽样。

重复抽样也称为有放回抽样,就是每次抽取一个个体进行观察,观察后放回总体中,再从中随机抽取一个。

非重复抽样也称为无放回抽样,就是每次抽取一个个体进行观察,观察后不放回总体中,再从总体剩下的个体中随机抽取一个。

我们把从一个总体中最多可以抽取的不同样本数称为样本个数。假设总体包含 N 个个体,样本的容量为 n,则重复抽样的样本个数为 N^n,而非重复抽样的样本个数为 $N(N-1)\cdots(N-n+1)$。

更多的抽样方式我们将在第 2 章做详细介绍。

(3)总体和样本的关系

样本来自总体,但并不是总体本身,它只是总体的一部分。在统计学中,样本和总体之间的关系是多方面的。

首先,总体是所要研究的对象,而样本是所要观测的对象,样本是总体的代表和缩影。统计研究现象的数量是着眼于总体的,但由于很多情况下不能进行全面观测,或全面观测的成本很高,所以只能从样本着手,希望通过对样本数量特征的认识来达到对总体特征认识的目的,也就是通过样本的观测来研究总体。

其次,样本是用来推断总体的。对样本进行观测的目的是要对总体数量特征做出估计或判断,即通常所说的以样本推断总体。

最后,总体和样本的角色是可以改变的。随着考察角度的不同,一定意义上的研究总体也可以成为另一意义上总体的一个样本,即两者的角色是可以改变的。例如,一个国家的所有人口是一个总体,如果对所有人口进行调查就属于全面观测,即人口普查。但如果从历史上动态考察该国人口变化规律,则一定时点上的人口总体即具体总体就成为一个样本,而动态上的人口总体才是与之相对应的总体。从广义上看,对总体的观测也是一种样本观测,统计观测、收集的数据都是样本数据。从这个意义上可以说,统计学就是关于样本的科学。

1.3.2 标志和变量

（1）标志的含义和分类

用以描述或体现个体特征的名称，在统计学上称为标志，而标志在每个个体上的具体结果则称为标志表现。例如，对于人口总体中的个人而言，性别、身高、年龄、职业、文化程度、收入等都是标志，而某个人是男性、175厘米、35岁、教师、大学毕业、年薪20万元等，分别是上述各个标志的标志表现。

一般来讲，每个总体单位都有相同的标志，我们可以通过不同的标志表现来区别一个单位与另一个单位。

标志按其结果的表示方式不同，可分为品质标志与数量标志两种。品质标志表明事物的品质属性，它不能用数值表示，只能用文字说明，即只能表现为定性数据。例如，前述的性别、职业、文化程度等都属于品质标志。数量标志表明个体的数量特征，它可以用数值表示。例如前述的身高、年龄、收入等都属于数量标志。例如，在全国工业企业总体中，每一个工业企业是总体单位。每个工业企业所属的经济类型、产品名称、行业、主管部门、产品名称、所属行业等都是品质标志。而每个工业企业的产值、产品利润、职工人数、劳动效率、工资总额、固定资产、生产能力、流动资金等都是数量标志。

标志按其在每个个体上的表现结果是否相同，可以分为不变标志和可变标志。不变标志是指每个个体上的具体表现完全相同的标志。而可变标志则是指每个个体上的具体表现不相同的标志。例如，在高校学生总体中，个体的身份是不变标志，出生地、身高、专业等是可变标志。在一个总体中，每个总体单位都至少具有一个不变标志与若干可变标志。不变标志是总体同质性的基础，可变标志即变异性是构成总体的必要条件。

标志按其表现个体的直接程度不同，可分为直接标志和间接标志。直接标志也称为第一性标志，它直接表明个体的属性特征和数量特征。一般地，品质标志都是直接标志。间接标志也称为第二性标志，它是通过两个或两个以上数量标志计算后（通常是对比）间接表明个体数量特征的标志。例如，某高校学生的人数、女生的人数都是直接标志，但该高校女生的比例则是间接标志，因为它是高校女生人数标志与学生人数标志之比。很显然，间接标志是以直接标志为基础的。一般地，间接标志都是数量标志。

（2）变量

从狭义上看，变量是指可变的数量标志。例如，人的年龄、身高，企业的工资总额、年产量等都是变量，因为这些标志在不同个体上的表现都是不同的，是可变的。因此，变量是可变数量标志的抽象化。

从广义上看，可变的品质标志也可称为变量，因为可变的品质标志在每个个体上的表现结果也是不同的，在作为变量处理时所用的方法也有所不同（如前述的定类尺度和定序尺度）。

因此,变量可被认为就是可变标志。变量的具体表现结果,称为变量值,也称为标志值。

变量的种类有很多,主要按照以下三种方式来分类:

①按照其反映数据类型的计量尺度不同,变量可分为定性变量和定量变量。反映定性数据的变量就是定性变量,包括定类变量和定序变量。反映定量数据的变量就是定量变量,包括定距变量和定比变量。

②按照其所受影响因素的不同,变量可分为确定性变量和随机性变量。确定性变量是受确定性因素影响的变量,即影响变量值变化的因素是明确、可解释的或可人为控制的,因而变量的变化方向和变动程度是可确定的。随机变量是指受随机因素影响的变量,即影响变量值变化的因素是不确定的、偶然的,变量受随机因素影响的大小和方向是不确定的。例如,农作物的施肥总量受土地的面积和单位面积的施肥量所决定,而这两个因素都是人为控制的,对施肥总量的大小和方向是确定的。但是,农作物的产量则除了施肥量以外还受到诸如水分、气温、光照等随机性因素的影响,因而农作物的产量是随机性变量。

③按数值的变化是否连续,可分为离散型和连续型两种。离散型变量,其取值可以按一定次序一一列举,其变量值是以整数位断开的(通常取整数形式),可以用计数的方法取得。例如,企业的职工人数、设备台数;学生人数等。连续型变量,其取值是连续不断的,其取值可以充满整个区间,即其数值可以取区间内任何实数。连续型变量要用测量或计量的方法取得。如企业的产值、利润,学生的身高、体重。很显然,定类尺度和定序尺度只能用来计量离散型变量,而定距尺度和定比尺度既可用来计量离散型变量又可用来计量连续型变量。

变量的分类如图 1.3.1 所示。

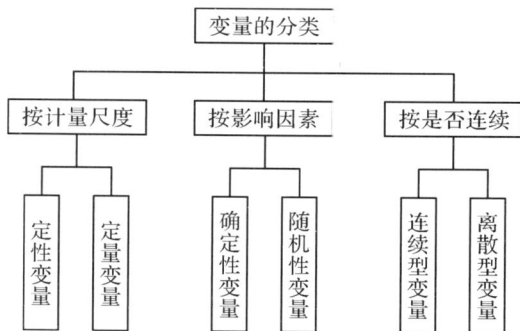

图 1.3.1　变量的分类

1.3.3　统计指标与指标体系

（1）统计指标

统计指标简称指标，是反映现象总体数量特征的概念及其数值。例如，下面这段话中所涉及的数值都是统计指标：

"2018年，全年国内生产总值达到900309亿元，比上年增长6.6%。分产业看：第一产业增加值64734亿元，比上年增长3.5%；第二产业增加值366001亿元，增长5.8%；第三产业增加值469575亿元，增长7.6%。"

统计指标由指标名称和指标数值两个基本部分构成。指标名称反映所研究现象的实际内容，是对现象本质特征的一种概括，是对总体数量特征的质的规定性。指标数值是所研究现象实际内容的数量表现，是对总体本质特征的量的规定性，是对个体特征综合和计算的结果。

由于所研究对象的范围是可变的，其发展过程是动态的，因此每个统计指标数值都必须有明确的空间界限和时间界限。同时，为了使同一指标在不同空间和时间上的数值具有可比性，必须确定统一的指标计算方法。最后，为了使指标数值意义明确，还必须有明确的计量单位。这样，统计指标就涉及指标名称、计算方法、空间限制、时间限制、具体数值和计量单位六个要素。例如，在"2018年，全年国内生产总值达到900309亿元"这句话中，指标名称是国内生产总值，计算方法是根据不同产业部门、不同支出构成的特点和资料来源情况而采用不同的方法，空间限制是中国大陆，时间限制是2018年，具体数值是900309，计量单位是亿元。

统计指标有三个特点，即数量性、综合性和具体性。数量性是指任何指标都可以用数值表示，没有不用数值表示的统计指标。综合性是指任何指标都是综合说明总体数量特征的。具体性是指任何指标数值都是反映所研究现象在具体时间、地点和条件下的规模、水平的。

（2）标志和指标的关系

统计指标与标志既有区别又有联系。

二者的区别主要体现在两个方面：首先，两者说明的对象不同，标志是说明个体属性或特征的名称，而指标是说明总体数量特征的名称；其次，两者的表现形式不同，标志有品质标志（表现为文字）与数量标志（表现为数值）两种，而指标都是用数值表现的。

二者的联系也包括两个方面：首先，标志是计算统计指标的依据，即统计指标值都是由个体的标志表现综合而来的；其次，由于总体和个体在一定条件下可以互相转化，因此总体的指标和反映个体的标志之间也可以互相转化。在很多场合标志和指标是不需要严格区分的。例如，企业人数、企业总产量、企业总产值等，既是指标也是标志。

（3）统计指标的分类

①按计算的范围不同,统计指标可以分为总体指标和样本指标。

总体指标也称总体参数。对于有限总体,总体指标是根据总体中所有个体的标志表现综合计算而得到的。对于无限总体,则可以通过概率统计的方法计算其理论值。虽然总体参数是客观存在的且是唯一的,但是在很多时候常常是未知的,它们需要相应的样本指标来估计或推断。

样本指标也称样本统计量,它是根据样本中个体的标志表现综合计算得到的,反映了样本的数量特征。由于样本是从总体随机选取的,因此样本指标的数值会随着样本的不同而不同,具有随机性。但是在样本选定后,统计指标就可以通过计算而确定了,具有可知性。

统计研究的一大任务就是要用可知但非唯一的样本指标去推断唯一却未知的总体数量指标。

②按反映现象的数量特点不同,统计指标分为数量指标和质量指标。

数量指标是指反映现象总规模、总水平和工作总量的统计指标,又称总量指标,一般用绝对数来表示。所谓绝对数,是指反映现象或事物绝对数量特征的数据,它以最直观、最基本的形式体现现象或事物的外在数量特征,有明确的计量单位。例如,国内生产总值、钢产量、商品零售额、粮食总产量、职工人数、工资总额、人口总数等均为数量指标。

质量指标是指反映现象总体内在对比关系或总体间对比关系的指标,表明现象所达到的相对水平、平均水平、工作质量或相互依存关系,它是总量指标的派生指标。例如,经济增长速度、人口自然增长率、城镇居民人均可支配收入、职工平均工资、学生平均成绩、合格品率等均为质量指标。质量指标又可以分为相对指标和平均指标。相对指标是反映事物内部或相关事物之间相对数量关系的指标,是两个有联系的统计指标对比的结果,包括结构相对指标（总体中部分与总体总量之比）、比例相对指标（总体中某部分总量与其他部分总量之比）、比较相对指标（两个同类指标之比）、动态相对指标（同一指标在不同时间之比）、强度相对指标（两个性质不同但有联系的总量指标之比）和计划完成程度相对指标（实际指标与计划指标之比）等。平均指标是反映变量分布集中趋势或中心位置的指标,表明变量的一般数量水平,包括算术平均指标、几何平均指标、调和平均指标、众数指标和中位数指标等（将在第3章详细介绍）。

由于数量指标（主要是总体指标总量）的数值大小一般与总体容量大小有关,所以又称为外延指标;而质量指标的数值大小一般与容量大小无直接关系,所以又称其为内涵指标。

（4）指标体系

统计指标体系是由一系列相互联系的统计指标所组成的有特定功能的整体。由于社会经济现象是由人类的各种活动组成的多层次、多系统的有机整体,其中包含着社会生活领域的各种现象,单个指标只可以反映其中的某一现象或现象的某一方面,要全面认识社会就必须建立统计指标体系,因此说统计指标体系比统计指标更重要。

统计指标体系是一个内容丰富而广泛的范畴,它可以从许多角度分类。如:(1)从指标体系的应用范围看,可以分为国家、地区、部门和基层单位统计指标体系;(2)按统计指标的内容不同可以分为经济、社会、科技指标体系;(3)按研究范围不同可以分为综合指标体系和专题指标体系。

拓展:统计学的产生和发展

任何科学都有其萌芽、发展和成熟的过程,统计学也是如此。在人类文明的开始就有了统计活动,即统计工作有着数千年的历史,在这数千年的统计活动中,人们对统计规律的认识逐渐加深,并不断总结规范为统计学。而统计学成为系统和独立的科学只有三百多年的历史。按统计方法及特征的历史演变顺序,一般可将统计学的发展史分为三个阶段。

1. 古典统计学的萌芽时期(17 世纪中叶至 19 世纪初期)

17 世纪中叶,欧洲各国相继进入资本主义工场手工业的经济迅速发展阶段,但是某些国家的封建制度尚未解体,此时的欧洲处于思想活跃的社会变革时期。为了适应各国经济发展的不同需要,欧洲各国不约而同地从不同领域开始了统计学的奠基工作,并相继形成了统计学的三大来源,即政治算术学派、国势学派和古典概率论。这三大来源到19 世纪初基本上都形成了各自的理论体系,并为近代统计学奠定了理论基础。一般称17 世纪中叶至 19 世纪初为古典统计学的萌芽时期。

(1)政治算术学派

政治算术学派产生于 17 世纪中叶的英国,主要代表人物是配第(1623—1687)和格朗特(1620—1674)。

配第是英国古典政治经济学的创始人,他于 1676 年完成了《政治算术》一书的写作。该书于 1690 年正式出版。配第倡导用统计即实证的方法研究社会经济问题。《政治算术》一书,是经济学和统计学史上的重要著作。在该书中,为了给英国资产阶级鼓气,配第采用"数字、重量、尺度"等定量的分析工具,对英国和当时的主要发达国家的经济实力进行了比较分析。其所采用的方法是前所未有的,因此,世人将其推举为统计学的创始人,并将其所代表的学派命名为政治算术学派。

1662 年,格朗特出版了《关于死亡表的自然观察与政治观察》一书。书中通过大量观察发现了人口各年龄组的死亡率、性别比例等重要的数量规律,并对人口总数进行了较为科学的估计。因此,格朗特被认为是人口统计学的创始人。

德国的苏斯密尔西(1707—1767)深受政治算术学派的影响,并成为该学派的主要代表人物和继承者,其代表作为《由人类之出生、死亡及繁殖证明在人类变动中所存在的神的秩序》(1741)一书。在书中,他对大量不确定现象的比例规律进行研究。这部书虽把事物的规律性看作是神的安排,但它在某种程度上为概率论应用于人类生活奠定了基础。

政治算术学派在当时的欧洲大陆广泛传播,并逐渐形成了两大支流,即以信奉配第为主的经济统计派和以信奉格朗特为主的人口统计派。18世纪人口统计派占主导地位,并以人口推算为其中心课题。

（2）国势学派

国势学派产生于18世纪的德国,其创始人是大学教授康令(1606—1681)。他于1660年把国势学从法学、史学、地理学等学科中独立出来,在大学中讲授"实际政治家所必需的知识"。后由休姆采尔(1679—1747),将其更名为《政治学·统计学讲义》。其中统计学(statisticum)一词的语意来源于拉丁语系的"状态",而后转化为"国家",可见统计学在国势学派看来是指对国家政治状况的研究。

国势学派的最重要的继承人是休姆采尔的学生阿亨瓦尔(1719—1772),当时他被誉为德国"统计学之父",而他自己则推崇康令为统计学之父。他在1749年确定了统计学(statistik)这一学科的名称及有关统计学的一些术语。

国势学派只是对国情进行记述,未能进一步揭示社会经济现象的规律,也不研究事物的计量分析方法,只是用比较级和最高级的词汇对事物的状态进行描述。因此人们也把它称为记述学派(旧学派或德国学派),并认为国势学派有统计学之名,而无统计学之实。

（3）古典概率论的应用

古典概率论的研究虽始于16世纪的意大利,但17世纪中叶才得到一般化的解法,并在18世纪的法国、瑞士等地得到广泛发展,最终于19世纪初叶由法国数学家、统计学家拉普拉斯(1749—1827)在总结前人成果的基础上,出版了名著《概率论分析理论》一书,从而形成了完整的应用理论体系。他对统计学的贡献可归纳为以下三点:①总结了古典概率论研究成果,初步奠定了数理统计学的理论基础;②把大数定律作为概率论与政治算术的桥梁;③提出应以自然科学的方法研究社会现象,为数理统计的产生提供了必要的理论依据。

2.近代统计学的形成时期(19世纪初至20世纪初)

近代统计学的主要贡献是建设和完善了统计学的理论体系,并逐渐形成了以随机现象的推断统计为主要内容的数理统计学和以传统的政治经济现象描述为主要内容的社会统计学两大学派。

（1）数理统计学派

比利时的凯特勒博士(1796—1874)深受拉普拉斯的影响,在其《社会物理学》中将概率论引入统计学。他认为概率论是适于政治及道德科学中以观察与计数为基础的方法。他以此方法对自然现象和社会现象的规律性进行观察,并认为要促进科学的发展,就必须更多地应用数学。他最先用大数定律论证了社会生活中随机现象的规律性,还提出了误差理论和"平均人"思想。他的统计学著作有 65 种之多,按其贡献可以认为他是古典统计学的完成者、近代统计学的先驱和数理统计学派的奠基人。同时,他还是第一届国际统计会议(1853 年)的召集人。因此,他被称为"近代统计学之父"。

(2)社会统计学派

社会统计学派产生于 19 世纪后半叶的德国。因德国的资本主义产生较晚,所以为之服务的社会统计学派,较英国的政治算术学派晚了近半个世纪。但由于当时数理统计学尚未充分发展,社会统计学派便在欧洲大陆占有优势地位,并向世界各国广泛传播。该学派的创始人是克尼斯(1821—1898),他认为统计学是一门独立的具有政治算术内容的社会科学。另一位有影响的创始人是范梅尔(1841—1925),他把统计学称为实质性研究的社会科学,并认为统计学是以社会集团的规律性为其独立的研究对象,以大量观察法为其特殊的研究方法,从而初步建立了社会统计的学科体系。

各国专家学者在社会经济指标的设定与计算、指数的编制、统计调查的组织和实施、经济社会发展评价与预测等方面取得了一系列的重要成果。德国统计学家恩格尔(1821—1896)通过工人家庭生活费用调查发现了著名的"恩格尔定律",并用一定消费单位"凯特"表示整个家庭的消费能力。美国经济学家库兹涅茨和英国经济学家斯通等人研究的国民收入和国内生产总值的核算方法等,都是社会统计学派的杰出贡献。

3. 现代统计学的发展时期(20 世纪初至今)

自 19 世纪末叶以来,欧洲自然科学飞跃发展,促进了数理统计学的发展。进化论和能量守恒定律的出现促进了描述统计的完善,是描述统计学派发展的顶峰。20 世纪 20 年代以后,在细胞学的发展推动下,统计学迈进了推断统计的新阶段,直到 50 年代,这一时期是推断统计学派发展最迅速的时期。这期间有影响的理论和大师很多,如 20 世纪初的戈赛特(1876—1937)的 t 分布理论,20 年代费歇(1890—1962)的 F 分布理论,30 年代的奈曼(1894—1981)等人的假设检验及置信区间估计等理论,40 年代的瓦尔德(1902—1950)等学者的统计决策理论、多元分布理论等。到了 50 年代,经过几代大师的努力,推断统计的基本框架已经建成,并逐渐成为 20 世纪的主流统计学。

20 世纪中期至今的几十年,是统计学全面发展的阶段。由于受计算机和新兴科学的影响,使统计学越来越依赖于计算技术,成为数量分析的方法论科学,尤其是在以数据信息为核心的大数据时代,更是如此。根据学科特点和历史沿革,在大数据时代,统计学应该针对大数据的特征,以服务和满足各领域需求为目标,不断创新和发展数据分析方法与理论。

练习题

一、填空题

1. 统计活动与统计学的关系是_____和_____的关系。

2. 统计指标反映的是_____的数量特征，数量标志反映的是_____的数量特征。

3. 统计研究过程的各个阶段，运用着各种专门的方法，如大量观察法、_____、综合指标法、_____和统计推断法等。

4. 统计指标按所反映的数量特点不同，可以分为_____和_____。

5. 古典统计学时期有两大学派，它们分别是_____和_____。

6. _____提出了著名的误差理论和"平均人"思想。

7. 统计学包括_____和_____两部分内容。

8. 总体的三大特征是_____、_____和_____。

9. 可变的数量标志的抽象化称为_____。它按其所受影响因素不同，可分为_____和_____两种，按其数值的变化是否连续出现，可分为_____和_____两种。

10. 统计研究的一大任务就是要用_____的样本统计量值去推断_____的_____总体参数值。

二、单项选择题

1. 社会经济统计的研究对象是（   ）。

A. 抽象的数量关系

B. 社会经济现象的规律性

C. 社会经济现象的数量方面

D. 社会经济统计认识过程的规律和方法

2. 标志是说明个体特征的名称，标志值是标志的具体表现，所以（   ）。

A. 标志值有两大类：品质标志值和数量标志值

B. 品质标志才有标志值

C. 数量标志才有标志值

D. 品质标志和数量标志都有标志值

3. 以产品的等级来衡量某种产品的质量好坏，则该产品等级是（   ）。

A. 数量标志   B. 品质标志

C. 数量指标   D. 质量指标

4. 工业企业的设备台数、产品产值是（   ）。

A.连续变量　　　　　　　　　　　B.离散变量

C.前者是连续变量,后者是离散变量　　D.前者是离散变量,后者是连续变量

5.几位学生的某门课成绩分别是 67 分、78 分、88 分、89 分、96 分,则"成绩"是(　　)。

A.品质标志　　　B.数量标志　　　C.标志值　　　D.数量指标

6.要了解 100 名学生的学习情况,则个体是(　　)。

A.100 名学生　　　　　　　　　B.每一名学生

C.100 名学生的学习成绩　　　　　D.每一名学生的学习成绩

7.下列指标中属于质量指标的是(　　)。

A.总产值　　　B.合格率　　　C.总成本　　　D.人口数

8.指标是说明总体特征的,标志是说明个体特征的,所以(　　)。

A.标志和指标之间的关系是固定不变的

B.标志和指标之间的关系是可以变化的

C.标志和指标都是可以用数值表示的

D.只有指标才可以用数值表示

9.统计研究要通过统计指标及其体系来达到认识现象的本质和规律的目的,这指的是统计学研究对象的(　　)。

A.方法性　　　B.数量性　　　C.总体性　　　D.描述性

10.在统计调查阶段,采用的基本方法是(　　)。

A.统计模型法　　　B.大量观察法　　　C.统计分组法　　　D.综合指标法

11.将教师按职称进行分组,则适合采用的测定尺度是(　　)。

A.定类尺度　　　B.定序尺度　　　C.定距尺度　　　D.定比尺度

12.下列统计指标中属于数量指标的是(　　)。

A.职工平均收入　　　B.亩产量　　　C.某省 GDP　　　D.产品合格率

13.统计研究现象总体数量特征的前提是总体存在(　　)。

A.大量性　　　B.同质性　　　C.差异性　　　D.数量性

14.以样本调查结果来推断总体数量特征,运用的方法是(　　)。

A.演绎推理法　　　B.概率估计法　　　C.数学分析法　　　D.主观判断法

15.杭州市准备在全市 130 万户城镇家庭中抽取 600 户家庭来推断该城市城镇家庭的年人均可支配收入、年人均消费支出、人均住房使用面积等。这项研究的总体是(　　),样本是(　　),参数是(　　),统计量是(　　)。

A.600 户家庭

B.130 万户家庭

C.600 户家庭的年人均可支配收入

D.130 万户家庭的年人均可支配收入

16.2013 年,中国农村居民家庭平均每人消费支出比例分别为:食品 37.67%,衣着

6.62％,居住 18.61％,家庭设备 5.84％,交通通信 12.01％,文教娱乐 7.34％,医疗保健 9.27％和其他支出 2.64％。居民家庭平均消费支出选择的计量尺度是（ ）。

    A.定类数据   B.定序数据   C.数值型数据   D.实验数据

    17.下列属于数量标志的是（ ）。

    A.性别   B.工资   C.文化程度   D.健康情况

    18.下列各项中,属于数量指标的是（ ）。

    A.城镇居民平均工资   B.集装箱吞吐总量

    C.每百元 GDP 能耗   D.人口密度

    19.将学校 300 名教师的工资加起来除以 300,这是（ ）。

    A.对 300 个标志求平均数   B.对 300 个变量求平均数

    C.对 300 个变量值求平均数   D.对 300 个指标求平均数

    20.一个统计总体（ ）。

    A.只能有一个标志   B.只能有一个指标

    C.可以有多个标志   D.可以有多个指标

三、判断题(把"√"或"×"填在题后的括号里)

    1.统计一词包含统计活动、统计数据、统计学等三种含义。   （   ）

    2.在全国工业普查中,全国工业企业数是统计总体,每个工业企业是个体。   （   ）

    3.社会经济统计的研究对象是社会经济现象总体的各个方面。   （   ）

    4.个体是标志的承担者,标志是依附于个体的。   （   ）

    5.品质标志表明个体属性方面的特征,其标志表现只能用文字来表现,所以品质标志不能转化为统计指标。   （   ）

    6.统计指标和数量标志都可以用数值表示,所以两者反映的内容是相同的。   （   ）

    7.通常情况下,数量指标的表现形式是绝对数,质量指标的表现形式是相对数和平均数。   （   ）

    8.一般地,品质标志用定类尺度和定序尺度来测定,而数量标志用定距尺度和定比尺度来测定。   （   ）

    9.统计学的研究对象既可以是具体现象的数量方面,也可以是抽象现象的数量方面。   （   ）

    10.差异性是统计研究现象总体数量的前提。   （   ）

    11.总体与样本的关系是固定不变的。   （   ）

    12.所谓大量观察法就是对总体中的所有个体进行调查。   （   ）

    13.统计分组法在整个统计活动过程中都占有重要地位。   （   ）

    14.推断统计学是描述统计学的基础。   （   ）

15. 样本个数就是指样本中所包含的个体数。　　　　　　　　　　（　　）

16. 样本是用来推断总体的,因而其推断结果是必然的。　　　　　（　　）

17. 可变标志是总体同质性特征的条件,而不变标志是总体差异性特征的条件。（　　）

18. 定比尺度具有另外三种尺度的功能。　　　　　　　　　　　　（　　）

19. 数量指标反映总体内在关系,质量指标反映总体外在关系。　　（　　）

20. 样本指标也称为样本统计量,它是随机变量。　　　　　　　　（　　）

四、简答题

1. 如何理解统计的不同含义?它们之间构成哪些关系?统计的本质是什么?

2. 统计学就其研究对象而言具有哪些特点?

3. 统计数据有哪些分类?不同类型的数据有什么不同特点?

4. 总体、样本、个体三者关系如何?

5. 如何理解标志、指标、变量三者的含义?

五、综合题

某公司三个地区部经济效益资料如下:

地区	Q3 收益	Q4					Q4 为 Q3 百分比
		计划		实际		计划完成 (%)	
		收益	比重	收益	比重		
	(1)	(2)	(3)	(4)	(5)	(6)	(7)
亚洲区	108.16	123.42		135.77			
欧洲区	141.82	172.44				95.00	
美洲区	91.54			114.00		105	
合计	341.52						

请填空并说明(1)～(7)是何种统计指标。

补充练习　　　　拓展阅读

第2章
统计数据的收集、整理与显示

本章阐述统计数据的收集、整理与显示的理论与方法。通过学习本章,理解统计调查的概念,掌握统计调查方案的设计内容,熟悉统计调查的各种方式、方法并能加以应用,基本掌握调查问卷设计,能根据研究目的和任务选择适当的调查方式,设计出调查方案。在统计调查的基础上,理解统计数据整理的含义、要求与步骤,理解统计分组的意义,正确掌握统计分组方法,掌握分布数列,尤其是变量数列的编制方法,学会统计表和统计图的绘制,并能加以熟练运用。

2.1 统计数据的收集

2.1.1 统计调查的概念和要求

统计数据的收集主要通过统计调查取得。统计调查就是按照统计研究的目的和任务,运用各种科学有效的统计调查方法,有组织、有计划地收集并反映总体各单位标志特征的数据资料的过程。

统计调查的资料包括原始资料和次级资料两种。原始资料是直接从各调查单位收集的用来反映个体特征的数据资料。次级资料是在对原始资料加工基础上得到的在一定程度上能反映总体特征的数据资料。

统计调查在统计活动中处于基础阶段,它是决定整个统计工作质量的重要环节,其质量直接关系着统计整理的质量和统计分析结具的正确性。为了保证统计调查资料的质量,使其结果能准确反映客观事物的特征,为预测、决策和搞好经营管理提供科学的依据,统计调查必须达到以下三个要求。

①准确性:如实反映客观实际情况。

②及时性:要求按照统计调查方案规定的时间如期提供统计资料。

③完整性:要求调查单位不重复、不遗漏,所列调查项目的资料收集齐全。

准确性是保证统计资料质量的首要环节,是统计数据收集的核心;及时性是统计数据信息价值的表现;完整性则是统计指标计算和统计分析的需要。

2.1.2　统计调查的种类

社会经济现象多种多样，根据不同的调查目的和任务，选取适当的调查方法和组织方式是统计调查的重要问题。根据不同情况，统计调查大致可以分为以下几大类：

（1）全面调查和非全面调查

按照调查对象包括的范围不同，可以分为全面调查和非全面调查。全面调查是指对调查对象中的全部单位，无一例外地都进行登记或观察的一种调查方式。例如，要了解全国人口的数量及其详细的分布情况，就需要对全国的全部人口进行调查，这样的调查就是全面调查。普查和全面统计报表都是全面调查。非全面调查是指对调查对象中的一部分进行调查登记或观察的一种调查方法。后面提到的重点调查、典型调查、抽样调查等均属于这一类调查。

（2）经常性调查和一次性调查

按照调查登记的时间是否具有连续性，可以分为经常性调查和一次性调查。经常性调查是随着时间的推移，连续不断地对调查单位的发展变化情况进行调查登记的一种调查方式。例如，对产品产量、原料、燃料和动力消耗等所进行的调查均属于经常性调查。一次性调查是间隔一个相当长的时间所做的调查，一般对被调查对象在某一时刻上的状况进行一次性的登记，以反映事物在一定时点上的发展水平。例如，对工业设备的拥有量、耕地数量等进行调查，这些指标的数量在短期内变化不大，不需要连续登记。

（3）统计报表和专门调查

按照调查的组织方式不同，可以分为统计报表和专门调查。统计报表是依据国家法律按照统一的规定、表式、上报时间、上报内容、计算方法和上报程序，自下而上逐级向上级和国家定期提供统计资料的一种报告制度。例如，工业统计报表制度、农业统计报表制度。专门调查是为了研究某种情况或某个问题而专门组织的调查。例如，残疾人状况调查、妇女生育率调查，等等。

（4）直接观察法、采访法、报告法、通讯法和卫星遥感法等

按照调查收集资料的方法不同，可分为直接观察法、采访法、报告法、通讯法和卫星遥感法等。

①直接观察法是指调查人员亲临现场对调查单位的调查项目直接清点、测量、计量，以取得资料的一种调查方法。例如，进行农产量抽样调查时，调查人员参加实割实测。这种方法的主要优点是取得的资料真实可靠，缺点是需要大量的人力、物力、财力和时间，因此，其应用受到很大限制。

②采访法，又称访问法，是由调查人员根据调查提纲或调查问卷向被调查者提出问题，根据被调查者的答复以取得统计数据的一种调查方法。在社会经济调查中，访问法是应用最普遍的方法之一。不论是以个人或家庭为调查单位，还是以机关团体、企业为

调查单位,往往都需要通过访问调查收集资料。采访法又可以分为面访式、电话式和自填式等几种。面访式是调查人员根据调查提纲或调查表,通过当面问答的形式获取被调查者的信息,即由调查人员提出问题并对被调查者的回答结果进行记录或填写,具体又可分为个人采访和集体采访两种形式。这种方法的主要特点在于,由于调查人员和被调查者直接接触,逐项研究问题,因而收集的资料比较准确,但是调查所需要的人力、费用较多,且对调查人员的要求也较高。电话式是由调查人员根据调查提纲,通过电话问答的形式获取被调查者的信息,其主要特点是调查成本低、调查范围广,可以借助计算机辅助系统进行自动选样、自动拨号并及时得到调查结果等,但是该方法的调查对象只限定为有电话的被调查者,拒访率可能较高。自填式是被调查者在没有调查人员协助的情况下完成调查表,并将其交还调查人员的一种数据收集方法,其主要特点是调查表的回收率较高,统计的调查表便于统计整理,但是需要注意,调查表不宜太长、结果不能复杂,对被调查者文化程度要求较高,耗时费力。

③报告法是由报告单位依据统计报表的格式和要求,按照隶属关系,逐级向有关部门提供统计资料的一种调查方法,我国现在各企业、机关向上级填报统计报表,就属于这一方法。其特点是可以保证资料的统一性、时效性和周期性,资料相对可靠,但是灵活性较差。

④通讯法是指调查者将调查表邮寄或电子传送给被调查者,由被调查者根据调查要求填写并寄回,以取得资料的一种调查方法。其特点是调查对象不受空间区域限制,统一的调查表易于统计整理,但是调查速度较慢,非强制性调查的调查表回收率较低,且对被调查者的文化程度要求较高。

⑤卫星遥感法是一种使用卫星高度分辨辐射来取得资料的一种调查方法。例如,采用卫星遥感法提供地面农作物的绿度资料,可以用于估计农产量。在统计中,卫星遥感资料要与地面其他资料相验证,以便做出综合分析。该方法运用得好,可以达到投入少、速度快、准确度高的要求。

2.1.3 统计调查方案的设计

统计调查是一项系统的工作,尤其是大型调查,涉及面广、涉及人员多,要想使调查圆满完成,无论采用什么样的调查方式方法,都要事先设计一个完整、周密的调查方案。设计调查方案是统计设计在统计调查阶段的具体化,它是保证调查顺利进行的前提。一个完整的调查方案主要包括:确定调查目的,明确调查对象、调查单位和报告单位,确定调查项目、拟订调查表,选择调查方式和方法,确定调查时间、期限及调查的具体措施。

（1）确定调查目的

制定调查方案的首要问题是明确调查的目的和任务。调查目的就是调查所要达到的具体目标,要求回答"为什么调查",要解决什么问题,对所研究现象要达到什么样的认识,调查具有什么样的社会经济意义和作用。具体来说,对于各类社会经济现象,从以下几个方面来考虑:首先,应说明调查研究课题是如何提炼出来的;课题对应的具体社会经济问题是什么;课题想如何解决,是对现象作一般性的描述分析,还是探究现象之间的因果或相关关系。其次,要说明调研课题的意义,具体可以包括调研的理论价值和应用价值,及其对社会发展的具体作用等。

（2）确定调查对象、调查单位和报告单位

在明确调查目的后,必须明确"向谁调查"的问题,即需要根据调研课题确定调查对象和具体的调查单位。调查对象是指在某项调查中需要进行调查研究的现象的总体,由许多性质相同的个别单位组成。调查单位是指在某项调查中登记其具体特征的单位,即调查单位是调查标志的承担者。报告单位,也称填报单位,是指负责报告调查内容的单位。例如,在研究全国工业企业生产经营情况时,调查对象是全国所有工业企业,调查单位是每一个工业企业,此时,调查单位与填报单位二者一致;又如,在进行工业设备普查时,调查对象是全国工业企业的所有设备,调查单位是每一台设备,报告单位是每一个工业企业,此时,调查单位与填报单位二者不一致。

（3）确定调查项目、拟订调查表

调查项目即调查标志,就是调查中所要登记的调查单位的特征,即向被调查单位登记什么内容。确定调查项目是调查方案设计中的核心工作,项目的选择要注重需要与实际相结合,并注重项目之间的相互联系,以便了解现象发生变化的原因、条件和后果。

确定调查项目后,将反映总体单位特征的调查项目,按逻辑顺序排列在表格上,就构成了调查表（登记表、记录表或问卷）。调查表包括表头、表体和表脚。表头是指调查表的名称和填报单位的名称、地址、性质、隶属关系、规模等,是复查、核实调查内容时不可缺少的内容。表体是调查表的主要部分,包括调查项目的名称及其具体表现、栏号、计量单位等。表脚包括填报单位、填报人的签名、填报日期等,以便明确责任,发现问题时也便于查询。在具体应用中,调查表有单一表和一览表。单一表是指在一份调查表上只登记一个调查单位的内容,适宜在调查项目较多时使用。一览表是指在一份调查表上登记许多个调查单位的项目,适宜在调查项目较少时使用。需要指出的是,问卷是一种特殊的调查表,在统计数据收集中具有非常重要的作用。至于如何设计一份好的问卷,我们将在后续小节中讨论。

（4）选择调查方式和方法

前面我们介绍了"为何调查""向谁调查""调查什么"的问题,接下来我们说明"如何调查"的问题,即采取什么样的调查方式和方法从调查对象那里获取资料,这直接关系到能否及时、准确、完整地收集到所需的统计数据,还涉及所需的人力、物力和财力。在统计调查中,通常根据研究目的、总体情况、相关条件和数据收集的需要,确定采取具体的统计方式和方法。例如,某企业想要了解本企业产品的市场占有率和消费者的使用意见,可以采用抽样调查方式和采访法。

(5)确定调查时间和期限

除了前面几个问题,设计调查方案还要考虑调查时间和期限。

调查时间是指调查资料所属的时间,通常时点现象要规定统一的标准时点,时期现象要明确规定所属资料的起止时间。例如,我国第四次人口普查的标准时间规定为 1990年 7 月 1 日 0 时,规定的时间属于调查时点,这可以保证普查数据的一致性;又如,2003年全国钢产量为 22233.6 万吨,则 2003 年为调查时期。

调查期限是指完成整个调查工作的时限,即调查工作从开始到结束的时间长度。例如,2003 年全国钢产量 22233.6 万吨的资料要求在 2004 年 1 月 15 日报出,则调查期限为 15 天。

(6)调查的具体措施

在实施调查前,我们需要制定调查的组织实施计划,做好对人、财、物的统筹安排问题,具体涉及调查人员的选择、培训和组织、调查经费的预算开支办法和调查的各种物质准备等。

2.1.4 统计调查方式

所谓统计调查方式,就是运用合适的统计调查手段去收集调查对象总体的全部或部分资料,通常通过调查对象总体的全部或部分有关标志特征,进行调查或观察的方式获取统计数据。常用的统计调查方式有普查、抽样调查、重点调查、典型调查等,其中抽样调查最为常用。

(1)普查

普查是根据特定的统计研究目的而专门组织的一次性的全面调查,用以收集所研究现象总体的全面资料。例如,人口普查、工业普查、农业普查、经济普查等。普查的主要目的在于掌握某些关系到国情国力的重要数据,为党和政府制定重大方针政策、编制国民经济长远规划提供依据。普查的特点主要有两个:

①它是全面性调查,主要用来反映国情国力的基本状况。

②它是一次性调查,主要用来调查时点现象的资料(但也不排斥时期现象的资料)。

普查的组织形式基本上有两种:一是组织专门的普查机构,配备一定数量的普查人员,对调查单位直接登记,例如我国历次的人口普查;二是利用被调查单位的原始记录和核算资料,由调查单位发放一定的调查表格,由被调查单位填报,如物资库存普查、工业普查等。后一种形式仍需要配备专门的机构和人员。

普查一般在全国范围内进行,涉及面广,资料要求细致,需要耗费较多的人力、物力、财力和时间,对数据要求高。为了保证取得准确的统计资料,保证普查工作的顺利进行,应遵循以下几项原则:

①规定统一的标准时间。如果收集的是时点数据的资料,必须规定一个标准时点,以避免由于现象的时空变动而使调查资料出现重复或遗漏。例如,我国第六次人口普查的标准时点为 2010 年 11 月 1 日 0 时,普查资料反映的是在这一时点上的我国的人口状况。

②在普查范围内各调查点要统一行动,在方法、步调上保持一致,并尽可能在最短的时间内完成登记工作。

③统一规定调查项目。历次普查的调查项目要尽可能保持一致和稳定,并按一定的周期进行,以便对比分析。

④选择最合适的普查工作时间,尽量减少乃至避免普查对其他各项工作的影响。

⑤注意普查的周期性,普查按固定的周期进行。例如,我国的人口普查每十年进行一次,经济普查每五年进行一次。

（2）抽样调查

抽样调查是一种非全面调查,它从总体中抽取样本,根据样本的有关数据,对总体的数量特征做出估计和推算。根据抽取样本时是否遵循随机原则,可将抽样调查分为概率抽样和非概率抽样。

概率抽样是按照随机原则从总体中抽取一部分作为样本并推断总体。例如,对某灯泡厂生产的 10000 只灯泡进行使用寿命的检验,常采用这一调查方式。概率抽样的特点如下:

①在样本的抽取上遵循随机原则,即抽选被调查单位时,不受任何主观因素的影响,使总体中每一个单位都等可能地被选中,以保证入选单位的代表性。

②在调查的功能上,能以部分推断总体。抽样调查的目的在于根据样本与总体之间的内在联系和抽样分布定律,依据样本的观测结果对总体的数量特征做出估计(即根据样本指标来推断总体指标)。

③在推断的手段上运用概率估计的方法。在统计分析中,我们只能在一定的概率保证下,以样本估计总体,并且精度是一定的,不能保证完全精确。

④在推断的理论上,以大数定律和中心极限定理为依据。从大数定理中,我们知道随着样本容量增加,样本平均数将趋向于总体平均数,而中心极限定理告诉我们,只要样本容量足够大,样本统计量的分布(比如样本平均数的分布)趋向于正态分布。综合大数定理和中心极限定理,只要样本容量足够大,统计推断就可以正态分布为依据,以样本估计总体,这可以保证较大的把握和较高的精度。

⑤在推断的效果上,抽样误差可以计算并加以控制。抽样调查的结果存在抽样误差,但此误差可以事先计算出来,并可以控制在一定的范围内。

概率抽样从抽样方法上看,可以分为重复抽样和不重复抽样两种。重复抽样又被称为重置抽样、有放回抽样。从总体 N 个单位中,用重复抽样的方法,随机抽取 n 个单位构成一个样本,则共可抽取 N^n 个样本。其特点是总体中每个个体有可能被重复抽中,而且每次抽取都是独立进行的。不重复抽样又被称为不重置抽样、不放回抽样,即总体 N 个单位中,用不重复抽样的方法,抽取 n 个单位样本,全部可能抽取的样本数目为 $N(N-1)\cdots(N-n+1)$ 个。其特点是总体中每个个体都不会重复出现在一套样本中,在连续抽取时,每次抽取都不是独立进行的。可以发现,重复抽样的样本个数总是大于不重复抽样的样本个数。

概率抽样从抽样组织形式上看,可以分为简单随机抽样、分层抽样、等距抽样、整群抽样和多阶段抽样。简单随机抽样,是指未对总体中的个体进行事先分组或组合,直接从总体中完全随机地抽取样本的一种抽样组织形式,这是抽样调查最基本的组织形式,具体可用抽签或随机数表抽取样本单位。分层抽样称为分类抽样或类型抽样,它是首先将总体的 N 个单位分成互不交叉、互不重复的 k 个部分(我们称之为层),然后每层分别抽取部分个体作为层内样本,构成容量为 n 的样本,最后以样本的观察结果估计或推断各层及总体数量特征的一种抽样组织形式。等距抽样也称为系统抽样或机械抽样,它是首先将总体中各单位按一定顺序排列,根据样本容量要求确定抽选间隔,然后随机确定起点,每隔一定的间隔抽取一个单位的一种抽样方式。整群抽样是首先将总体中各单位归并成若干个互不交叉、互不重复的集合(我们称之为群),然后以群为抽样单位抽取样本的一种抽样方式。多阶段抽样,也称为多级抽样,是指在抽取样本时,分为两个及两个以上的阶段从总体中抽取样本的一种抽样方式。

非概率抽样是凭人们的主观判断或根据便利性原则来抽取样本。这时,总体中每个个体被抽取的可能性是难以用概率来表示和计算的。通常总体的边界不太清楚,抽样框无法预先确定,或个体分布过于分散,采用概率抽样比较困难,这种情况可采用非概率抽样,具体可分为任意抽样、典型抽样、定额抽样、流动总体抽样等几种。任意抽样也叫随意抽样,是指调查者利用现有的名册、号簿和地图等资料,随意选取一些个体作为样本,或者采用偶遇的方式选取观测单位进行调查,样本通常由志愿者组成。例如,在马路上随意采访一些偶遇的行人,了解民众对"最多跑一次"改革的满意度。典型抽样也叫判断抽样,是指调查者凭自己对调查对象的了解和主观判断,有意识地从总体中选取若干具有代表性的个体作为样本。这个抽样可以发挥调查者的主观能动性,并充分利用已掌握的有关信息,避免产生极端的偏误,但是缺点在于对调查结果缺乏评估的客观标准,估计的误差也难以计算和控制。定额抽样是在对调查对象总体按一定标志分类后,每类分别按照一定比例依主观判断抽取若干有代表性的个体作为样本。该抽样由美国学者盖洛普提出,具有与典型抽样相同的优缺点。流动总体抽样,是采用"捕获－放回－再捕获"的方式来估计总体。

对照概率抽样和非概率抽样,可以发现前者采用随机原则,依据概率估计方法,以样本推断总体,前者比后者更具科学性和优越性。一般来说,我们提到的抽样调查就是指概率抽样。由于抽样调查具有经济节省、时效性强、准确度高、灵活方便等优点,在统计调查中应用较广,以下是几种常用领域:一是用于不可能或不必要进行全面调查的场合,如产品的破坏性检验、农产量抽样调查、城市职工家计调查等;二是与全面调查相结合,可以验证和补充修正全面调查的资料、数据,如人口普查前后进行的人口抽样调查;三是利用抽样方法进行生产过程的质量控制;四是可以用来检验总体特征的某些假设,判断假设的真伪,为行动决策提供依据。

(3)典型调查

典型调查是根据调查目的,在对总体进行全面分析的基础上,有意识地从中选择具有代表性的若干典型单位进行调查,用以概括说明同类现象发展变化的一般情况及趋势。例如,要研究工业企业的经济效益问题,可以在同行业中选择一个或几个经济效益突出的单位作为典型,做深入的调查,并从中找出经济效益好的原因和经验。其特点有以下几点:

①有意识地选择典型单位进行调查;

②调查目的是认识事物的本质和一般规律;

③在某种场合也可以从数量上推断总体,但不能计算推断误差。

这种调查的关键是选择典型单位,应根据具体调查目的选择典型单位,通常有以下方式:

①如果是为了近似地估算总体的数值,可以在了解了总体大致情况的基础上,把总体分成若干类型,从每一类型中按其在总体中所占比例,选出若干典型单位。

②如果是为了了解总体的一般数量表现,可以选择中等水平的典型单位进行调查。

③如果是为了研究成功的经验或失败的教训,则可以选择先进典型和后进典型,或选择上、中、下各类典型,进行比较,然后确定几个典型单位。

(4)重点调查

重点调查是指从总体中,选择出一部分标志值占总体绝大比重的重点个体进行的调查。

所谓重点个体,满足两个条件,一是这部分个体数目占总体数目很小,二是在调查标志中,这部分个体的标志值总量要占总体总量的绝大比重。通过对重点个体的调查,从数量上反映总体的基本情况。例如,了解我国钢铁生产的基本情况时,我们知道钢铁企业有数百家,但钢产量的高低差别较大,其中宝钢、首钢、武钢、鞍钢等十来个大型钢铁企业,在全国钢铁总产量中所占比重是绝对大的,只要对这十来家重点企业进行观测,就可以掌握我国钢铁生产的基本情况。其特点是选择重点单位进行调查。

重点调查既可以用于经常性调查,也可用于一次性调查,只要求掌握调查对象的基本情况,而在总体中确实存在重点个体时,进行重点调查是适宜的。但由于重点个体与一般个体差异较大,重点个体的调查资料不宜用来推算总体。

2.1.5　统计调查误差

统计调查误差是指调查结果所得的统计数字与调查总体实际数量表现的差别。在统计过程中,统计调查误差有两种:观测性误差和代表性误差。

（1）观测性误差

观测性误差也称登记性误差或调查误差,它是在调查过程中各个环节上造成的误差,包括计算错误、记录错误、计量错误、抄录错误等。此误差从理论上讲是可以避免的。

（2）代表性误差

代表性误差指在抽样调查中,由于样本不能完全代表总体而产生的估计结果与总体数量特征不符的误差。该误差可分为系统性代表性误差和偶然性代表性误差两种。

系统性代表性误差又称偏差,是由于从总体中抽取调查单位时违反随机原则、被调查者无回答等因素造成的误差。例如,等距抽样的抽样距离与现象的变化周期一致时,也会产生这种误差。通常这种误差是难以计算和控制的。

偶然性代表性误差也称抽样误差,是指在抽样调查中,即使严格按照随机原则抽取调查单位,也不可避免地造成误差,这是由于抽样的随机性造成的,但是这种误差可以计算和控制。

2.1.6　问卷设计

（1）问卷的概念和结构

①问卷的概念与种类。

问卷是依据统计研究目的和要求,按照一定的理论假设设计出来,由一系列问题、项目、备选答案及说明组成的,向被调查者收集资料的一种工具。通过问卷收集统计数据,可以使调查内容标准化或系统化,便于统计处理和分析。

问卷按照是否由被调查者自己填写分为自填式问卷和代填式问卷两类。其中自填式问卷是指调查者把问卷发给目标群体,由应答者自己填写问卷。而代填式问卷是由调查人员根据被调查者的口头回答来填写。

问卷根据发放的形式不同,可分为送发式问卷、报刊式问卷、邮寄式问卷、电话访问式问卷、网络问卷等。送发式问卷由调查者将调查问卷发送给选定好的目标群体,待回答完问题后再进行统一收回。报刊式问卷是把问卷设计在报纸上,随报纸把问题发送到各地,没有确切的目标,当读者看到报纸后在报纸上填写问卷,然后寄回报刊编辑部。其优点是有稳定的传播途径、保密性好、费用低,缺点是回收率不高。邮寄式问卷是指通过邮局把问卷邮寄给相应的人员,待答完问题后再通过邮局将问卷统一回收。电话访问式问卷更容易理解,就是通过互通电话的形式,向应答者提问,调研者根据应答者在电话中的回答情况进行填写。网络问卷是当前较为普遍运用的一种形式,是将问卷在网络上发布。这种形式的优势是保密措施好,不受时间和空间的限制,可以获得更多的信息。

②问卷的结构。

调查问卷的结构一般包括三个部分:引言、正文和结束语。

引言一般在问卷的开头,首先是问候语,并向被调查对象简要说明调查的宗旨、目的和对问题回答的要求等内容,引起被调查者的兴趣,同时消除他们回答问题的顾虑,并请求当事人予以协助。例如,"您好!我们是参加浙江省统计调查方案设计大赛的学生。本次调查目的是了解杭州市居民对于社区养老的认知以及意愿。本次调查只占用您几分钟的时间,希望得到您的配合和支持"。

正文是问卷的主体部分,主要包括被调查者信息和调查项目。

被调查者信息,主要是了解个人或企事业单位的相关资料。个人信息一般包括姓名、性别、年龄、职业、工作单位、受教育程度等。企事业单位的信息则包括行业类别、经济类型、单位规模、所在地区等。掌握这些信息,在调查分析时能提供重要的参考作用,甚至能针对不同群体写出针对性的调查报告。

调查项目,是调查问卷的核心内容,是组织单位所要调查了解的内容,具体包括要了解的一些问题和相对应的备选答案。若这一部分设计合理,则可以保证问卷调查取得有价值的资料。

结束语是在调查问卷的最后,简短地向被调查者强调本次调查活动的重要性以及再次表达谢意。有的问卷可以没有结束语。

(2)问题的设计

①问题的种类。

根据调查内容不同,问题可分为事实性问题、意见性问题、解释性问题。

事实性问题要求被调查者依据现有事实做出回答。例如,"你的职业是什么?""你使用什么品牌的手机?"等。事实性问题的主要目的在于获取事实资料,因此问题中的字眼定义必须清楚,应答者了解后能正确回答。

意见性问题用于了解被调查者的意见、看法、评价、态度、要求和打算等,例如,"您对您目前的职业是否满意?""您喜欢华为手机吗?""您是否喜欢××频道的电视节目?"等。通常而言,被调查者会受到问题所用字眼和问题次序的影响产生不同反应,因而答案也会有所不同。

解释性问题用于了解被调查者行为、意见、看法等产生的原因,了解个人内心的动机。例如:"您为什么从事××职业?""您为何购买华为手机?""您为什么喜欢××节目?"等。

根据回答方式不同,问题可分为开放式问题和封闭式问题。开放式问题是指不提供备选答案,允许被调查者用自己的话做出回答的问题。例如,"你对我国个税改革政策有什么看法?""你对浙江省高考改革政策有什么意见?"等。这类问题事先无法列出或不能知道所有可能的答案,有利于被调查者给出不受限制或富有启发性的回答。但是这类问题的答案多样,不利于资料统计分析,因此,在调查问卷中不宜过多出现。封闭式问题,是指已列出所有可能答案,被调查者可以从中选择自己的答案的问题。例如,"你的最高学历是什么? ①高中及以下;②大学专科;③大学本科;④研究生及以上。"这类问题用于可列出所有答案且答案个数不多的情况,被调查者容易回答,后期统计处理和分析也比较容易。

问题种类的框架如图 2.1.1 所示。

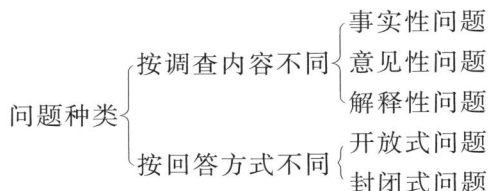

$$
问题种类\begin{cases}按调查内容不同\begin{cases}事实性问题\\意见性问题\\解释性问题\end{cases}\\按回答方式不同\begin{cases}开放式问题\\封闭式问题\end{cases}\end{cases}
$$

图 2.1.1　问题种类

②问题设计的原则。

前面我们介绍了问题的种类,接下来考虑如何设计问题、如何组织问题,这关系到问卷设计的质量。在问卷设计中,我们需要掌握相应问题的设计原则。

a. 所列问题必须符合客观实际情况。问题设计要和调查主题相关,设计的问题要符合当前社会经济发展情况和科学发展水平,符合大多数人的思想意识、文化素质、语言习惯、生活水平和生活方式。例如,21 世纪调研问题可以关于智能产品的使用情况,而不应该调研手表、自行车、缝纫机的使用情况,因为这是 20 世纪 70 年代的"结婚三大件",不太切合当前的时代主题。

b. 问题不能太多。一份问卷包括多少问题,应根据调查目的、调查对象特点、财力、物力和时间要求等确定。在满足需求的情况下,问题尽量精简,减轻被调查者的负担,避免其产生厌烦情绪,以提高问卷的有效回收率。

c. 问题必须是被调查者有能力回答的。凡是不太可能或不太容易被理解和回答的问题,应该避免出现在问卷中,尤其要避免出现理论性或专业性很强的问题。例如,向居民提出"我国外商直接投资如何影响当地经济发展?"问题;又如,不考虑被调查者身份,向未婚者提出"你对婚姻状况是否满意?"等问题。

d. 不要直接提禁忌性的和敏感性的社会问题。由于风俗和习惯不同,有些问题容易引起纠纷,需要加以避免。另外,涉及个人隐私的问题,由于其敏感性和隐私性,也要避免。例如,"您的体重是多少?""您有多少存款?"等。

e. 问题不能带有诱导性,是指问题设置要保持客观中立、不能提示或流露出调查者的主观臆断,将被调查者的独立性与客观性摆在问卷操作的限制条件的位置上。如果问题设置具有诱导性和提示性,就会无意识地掩盖事物的真实性。例如,"多数人认为保护环境很重要,你认为有保护环境的必要吗? ①有;②没有;③说不清。"这就有明显的倾向性。

f.问题的内容要具体、单一。其中,具体是指命题是否准确,提问是否清晰明确、便于回答。单一则是指一个问题只能包含一个询问内容。做到具体、单一,可以保证被调查者能准确回答问题。例如,"你的父母是工人吗?"这一问题就不够具体,父母包括两人,可能两者都是工人,可能其中一位是工人,另一位不是工人,也可能两位都不是工人。所以,对于这一问题,要分开询问。

g.问题的语言要简单易懂、标准规范。每一个问题对于被调查者而言都只能有一种解释,问题中的用语必须明确规范。例如,"您是否经常看电视?"这一问题中,对于不同调查者而言,"经常"的标准不一定相同,回答可能引起歧义。因此,问题中要避免含义不明确,概念不清楚,容易引起不同理解,过于抽象的语言,也不能用缩略语。

h.问题的排列要讲究逻辑性。问卷的设计要有整体感,这种整体感即是问题与问题之间要具有逻辑性,独立的问题本身也不能出现逻辑上的谬误。问题设置紧密相关,因而能够获得比较完整的信息。一般来说,问题的排列应该先显示比较容易回答的问题,然后是比较难回答的问题;先事实性问题,再意见性问题和解释性问题;先封闭式问题,再开放式问题。按问题的时间先后顺序排列次序,先过去,再现在,后未来。

（3）问题答案的设计

①问题答案的设计形式。

问题答案的设计是针对封闭式问题而言的,其常见形式有以下五种:

a.是非式。是非式也称对选式,要求被调查者在两个可能答案中选择一个,例如"是"与"否"、"有"与"无"、"赞成"与"否定"等。又如,"您使用过电脑吗? ①有;②无。"这种设计便于回答,可以收集简单的事实或态度,对于既不肯定也不否定的答案就无法表示。

b.多项式。多项式是指问题有三个或三个以上的答案可供选择,由被调查者选出最符合自己情况和意见的答案。优点是答案有一定的范围,便于被调查者取舍。但是,备选答案不可能穷尽所有可能的情况,故常用"其他"来处理。例如:"决定您对应聘者取舍的重要因素:①仪表;②谈吐;③学历或职称;④专业素质或工作经验;⑤其他。"被调查者可以选择一个或多个答案,这类题型问题明确,便于资料的分类整理。

c.顺位式。顺位式要求被调查者对备选答案,按照重要性程度或喜好程度确定先后顺序,表示自己的态度和倾向。例如,"请您对国航的下列改进项目排列顺序:①食品服务;②卫生服务;③登机时间;④行李服务;⑤售票服务。"顺位式便于被调查者对其意见、动机、感觉等做衡量和比较性的表达,也便于对调查结果加以统计。但调查项目不宜过多,过多则容易分散,很难顺位,同时所询问的排列顺序也可能对被调查者产生某种暗示影响。

d. 程度评价式。程度评价式是直接测定被调查者主观感觉和意见强弱程度,所得结果即为定类数据。例如,"您喜不喜欢喝矿泉水? ①很不喜欢;②不太喜欢;③一般;④比较喜欢;⑤很喜欢。"

这种方式从计分的角度进行资料整理,通常把答案按程度高低分为3挡、7挡或9挡。

e. 比较式。比较式是把若干可比较的事物整理成两两对比的形式,由被调查者进行比较。例如,"您出国旅行优先考虑哪些国家的航空公司:①中国与美国;②中国与日本;③中国与泰国;④中国与新加坡。"

②问题答案的设计原则。

a. 所列答案应包括所有可能的答案,即穷尽原则。只有将全部可能答案列出,才能使每个被调查者都有答案可选。为了避免遗漏,可用"其他"来弥补。

b. 不同答案之间不能互相包容,即互斥原则。一个问题所列出的答案必须互不相容,互不重叠,否则被调查者可能做出重复内容的双重选择,影响调查效果。

c. 答案的表达必须简单易懂、标准规范。一是要求简单明确;二是要用规范的语言,不使用晦涩难懂的词语;三是分类要符合通用标准的分类,符合惯例。

d. 每一项答案都应有明确的填答标记,答案与答案之间要留下足够的空格。答案的填空标记有"A、①、( )、[ ]、√、×"等。

2.2 统计数据的整理

2.2.1 统计数据整理的概念

统计数据整理,简称统计整理,是根据统计研究的目的,将统计调查所获得的数据进行科学的分类和汇总,使之条理化、系统化和综合化,成为能反映现象总体数量特征,满足统计分析需要的统计数据的过程。统计整理包括两类:一是对原始统计数据的整理,即通过分组和汇总,使大量零散反映个体特征的数据,转化为综合反映总体特征的数据;二是对次级数据的整理,即通过新的分组、计算和调整,使之满足分析需要。

例如,某班50名学生,其统计学成绩如下:

77 65 83 56 68 70 99 65 73 72 88 66 74 63 71 84 62
52 80 78 84 79 81 64 58 82 76 62 73 75 89 79 61 65
54 92 86 73 68 51 69 64 78 63 76 68 72 77 81 76

上述资料的特点是零星分散、不系统、无规律,不能反映学生总体的学习情况。

表 2.2.1　某班学生统计学成绩的分组表 ①

按分数分组（分）	学生人数（人）
60 以下	5
60—70	15
70—80	18
80—90	10
90 以上	2
合　　计	50

由表 2.2.1 可见，整理后的学生分数资料，较整理前的分数资料明显要有条理、系统；在学生总体中，60 分以下和 90 分以上的学生人数都较少，绝大多数学生的考分分布在 60—89 分之间。

由此可见，统计整理是统计调查的继续，是统计分析的前提，它实现了从个体的标志表现（标志值）向总体综合指标的过渡，在统计研究中起着承前启后的重要作用。

2.2.2　统计整理的步骤

统计整理包括以下五个步骤：整理方案的设计、数据预处理、统计分组和汇总、整理数据的显示和整理数据的保存与公布。

（1）整理方案的设计

方案设计是以数据收集方案为基础，围绕统计研究目的，确定相应的统计分组，需要汇总计算的统计指标，数据处理的方法与工具，以及数据显示的形式等。

（2）数据预处理

数据预处理是指对调查资料进行审核和订正。对收集的各类统计资料，整理时的首要工作就是对资料的准确性和完整性进行审查。

①准确性审查：主要审查统计调查过程中的误差。统计误差通常可分为两类：一是登记误差；二是随机误差，即抽样推断系统产生的代表性误差。代表性误差是可以控制的，因此，审查的重点是前一种情况产生的误差，即因统计人员素质产生的登记误差。其检查方法有两种，即逻辑性检查和技术性检查。

a.逻辑性检查用来检查各资料的内容是否合理、有关项目之间是否存在矛盾。这就要求检查人员要有高度的责任感、实事求是的思想品德，并要熟悉内容情况，有熟练的业务能力。

---

① 表中存在分数重叠，采用"上限不在内"原则统计，全书同，将在后续小节详细介绍。

b.技术性检查主要包括：填报有无遗漏或重复；调查项目是否填齐,内容是否合规,有无错行错栏情况；计量单位是否正确；合计、乘积等计算是否正确等。

②完整性审查：主要检查应调查的单位有无遗漏,应调查的内容是否齐全,是否有未按时报送的资料等。注意在审核过程中,当遇到数据缺失、无效或不一致时,要进行数据插补。数据插补有很多方法,如推理插补、均值插补、比率/回归插补、最近邻值插补等。

（3）统计分组和汇总

这是统计整理的关键步骤,要根据统计研究的目的和研究对象的特点,通过选择分组标志和界限,将观测个体及其原始数据进行分类,最终汇总得到有关统计指标。

（4）整理数据的显示

整理数据的显示是表现统计整理结果的步骤,通过编制统计表,绘制统计图,显示整理结果以表明研究对象总体的有关数量特征。

（5）整理数据的保存与公布

这是统计整理的最后一个步骤,是把统计整理的结果以适当的形式加以保存,并以适当的内容、形式和范围加以公布。

2.2.3　统计分组

（1）统计分组的概念

统计分组是根据现象总体内在特点和统计研究的目的,选择一定的标志（一个或多个）将总体划分为若干性质不同又有联系的组或类的一种统计方法。例如,企业按经济类型分组可分为：国有企业、集体企业、个体企业和其他企业；学生按考分分组可分为：60 分以下（不及格）、60~70 分（及格）、70~80 分（中等）、80~90 分（良好）和 90 分以上（优秀）。

统计分组的目的在于揭示现象之间存在的差别,要保持同一组内统计资料的同质性和各组间统计资料的差异性。统计分组有两个方面的含义：对总体而言是分,即将总体区分为性质不同的若干组成部分；对总体单位而言是合,即将性质相同的总体单位合为一组。通过统计分组,可以划分现象所属类型,反映现象总体的内部结构,分析现象之间的依存关系。

（2）统计分组的种类

①按分组标志的性质不同,可分为品质标志分组与数量标志分组。

品质标志分组也叫属性分组,是指选择反映事物属性差异的品质标志作为分组标志,并在品质标志的变异范围内划定各组界限,根据每个个体的标志表现,将总体划分成为若干个性质不同的组。一般而言,按品质标志分组多适用于定类尺度或定序尺度测定的事物,其概念较为明确,分组也相对稳定。例如,人口总体按性别分为男、女两组,而按城乡分为城镇和乡村两组；企业总体按所有制,分为全民、集体、合营、个体等组。

数量标志分组也叫变量分组,是指选择反映事物数量差异的数量标志为分组标志,并在数量标志的变异范围内划定各组界限,根据每个个体的标志表现(标志值或变量值),将总体划分为性质不同的组。例如,居民家庭按子女数分组,可分为 0 人(无子女)、1 人、2 人、3 人,等等。

②按分组标志的多少不同,可分为简单分组和复合分组。

简单分组是指将总体按一个标志分组,只反映总体某一方面的分布状况或内在结构。例如,表 2.2.1 中按学生考分分组。在实际工作中,简单分组很难满足多方面的要求,而从不同角度运用多个分组标志进行分组,形成一个分组体系,是多角度认识事物的必须。若对同一总体采用两个或两个以上的分组标志分别进行简单分组,则可形成平行分组体系。例如,某企业职工分别按工龄、技术等级和操作形式分组,就可以形成一个平行分组体系。平行分组体系特点是每次分组只能区分一个因素对差异的影响。

例如,对全国工业企业总体分别按经济类型和行业分组,便形成一个平行分组体系。如表 2.2.2 及表 2.2.3 所示。

表 2.2.2   全国工业企业总体按经济类型分组表

企业按经济类型分组	企业数(家)
国有企业	
集体企业	
个体企业	
其他企业	
合　计	

表 2.2.3   全国工业企业总体按行业类型分组表

企业按行业分组	企业数(家)
机械工业	
电子工业	
纺织工业	
冶金工业	
煤炭工业	
汽车工业	
……	
合　计	

复合分组是指对总体按两个或两个以上的分组标志,进行重叠式分组。例如,对高

校教师,可以同时选择性别、年龄、职称和学位等分组标志进行分组。复合分组本身形成的树型结构分组体系称为复合分组体系。建立复合分组体系,应根据统计研究目的的要求,确定分组标志的主辅顺序,先按主要标志对总体进行第一层次的分组,再按辅助标志在第一次分组的基础上进行第二次分组,各组可以按相同的分组标志,也可以按不同的分组标志继续分组,直至最后一层为止。复合分组的结果表明所有分组标志下各界限范围内的个体数或比重。例如,对某高中学生总体按年级、性别分组所形成的复合分组体系,如表2.2.4所示。

表 2.2.4 某高中学生总体按年级性别分组表

学生按年级性别分组		学生数（人）
一年级	男生	170
	女生	180
二年级	男生	180
	女生	170
三年级	男生	160
	女生	140
合　计		1000

统计分组的种类的框架如图2.2.1所示。

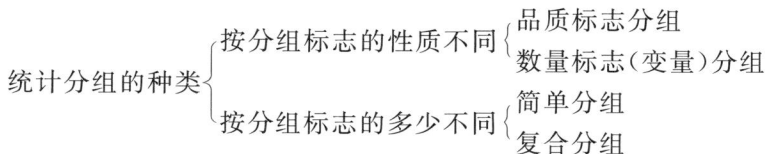

$$
\text{统计分组的种类}
\begin{cases}
\text{按分组标志的性质不同}
\begin{cases}
\text{品质标志分组} \\
\text{数量标志（变量）分组}
\end{cases} \\
\text{按分组标志的多少不同}
\begin{cases}
\text{简单分组} \\
\text{复合分组}
\end{cases}
\end{cases}
$$

图 2.2.1 统计分组的种类

（3）统计分组的方法

统计分组的关键在于选择分组标志和划分各组界限。选择分组标志是统计分组的核心问题,其选择原则是结合一定的历史条件或经济条件,根据统计研究的目的和任务,选用那些最能反映现象本质特征的标志作为分组标志。例如,若研究乡镇企业规模大小,考虑从研究目的出发,可以按照职工人数、产值等能够反映企业规模的标志分组;研究社会经济类型时,为抓住事物的本质,可以按所有制进行分组;如企业按规模分组,考虑特定的经济条件,在技术比较落后的条件下,一般是按职工人数来划分的,而在技术装备比较先进的条件下,则要采用固定资产的价值或生产能力来划分。

我们选定分组标志后,可以根据标志性质,得到不同的分组种类,前面分析已知,常分为品质分组和数量分组。我们着重讨论如何进行数量(变量)分组。

进行数量分组时,首先必须要明确和掌握以下两点:一是要明确分组的目的,即是通过数量的变化来区分各组质的差别,而不是单纯的数量差别;二是采用适当的分组形式,即究竟要以什么样的数量作为划分标准? 是单项式或是组距式? 组距大小? 组数多少? 等距或异距? 组限如何确定?

①单项式分组与组距式分组。

a. 单项式分组。

按数量标志分组时,将每一个变量值作为一组,称为单项式分组。例如,居民家庭按子女数分组,如表 2.2.5 所示。

表 2.2.5　居民家庭的单项式分组表

居民家庭按子女数分组	户数(户)
0	5000
1	30000
2	12000
3	3000
合　计	50000

单项式分组适用于变量值变化范围不大、不同变量值个数较少的离散型变量的场合。对某些取整数的连续性变量(如年龄),如果变量值的种类不多(如高校学生的年龄),也可采用单项式分组。

b. 组距式分组。

组距式分组是指将所有的变量值依次划分为几个区间,一个区间内的所有变量值归为一组。区间的距离称为组距,这样的分组称为组距式分组。例如,企业按照职工人数分组,如表 2.2.6 所示。

表 2.2.6　企业职工人数的组距式分组表

企业按职工人数分组	企业数(万家)
499 及以下	100
500—999	100
1000—2999	60
3000 及以上	40

企业按职工人数分组	企业数（万家）
合　计	300

组距式分组适用于变量值变化范围较大、不同变量值个数较多的离散型变量及连续型变量的场合。需要注意的是，对于连续型变量，当不能一一列举变量值时，不能作单项式分组，只能作组距式分组。因此，在实际工作中数量标志多采用组距式分组。

②组距式分组应注意的问题。

a.组限。组限是指各组变量值变动的两端界限，是每组的起点和终点。每组的起点称为下限，每组的终端称为上限。由于变量有离散型和连续型两种类型，考虑其结果是否可以列举，可以选择重叠组限和不重叠组限，这主要取决于相邻两组的上下限是否为同一个数值。

离散型变量可以一一列举，且相邻两组的组限数值之间没有中间数值，可采用不重叠组限。例如，企业按职工人数分组可以表示为：499 及以下，500—999，1000—1999，2000 及以上等。

连续型变量在两个变量值之间可以有无限多个中间数值，不可能一一列举，在这种情况下，可采用重叠组限。例如，表 2.2.1 中学生按考分分组：60 分以下（不及格）、60—70 分（及格）、70—80 分（中等）、80—90 分（良好）和 90—100 分（优秀）。这里的 70 分，是第二组的上限，也是第三组的下限。为了明确变量值正好等于组限的个体的归属问题，我们采用"上限不在内"原则，即某变量值刚好等于相邻两组上下限时，一般把此值归并到作为下限的那一组，如：把 70 归到第三组中。

组限的确定还需要注意分组之后对变量值的高低分布情况进行仔细审查，在分布比较集中的变量值中确定组距的中心位置，然后根据组距大小定出上下限，做到最小组的下限略低于最小变量值，最大组的上限略高于最大变量值，尽可能使各组的变量值在组内分布比较均匀。

b.组距与组数。在组距式分组中，各组的上限与下限之差就是组距，所划分的区间数，称为组数。组距与组数一般是用整数表示。

进行组距式分组，需要考虑对全体变量划分多少组才恰当，可以发现组距过大或过小，或者组数过多或过少都不能真实反映总体分布特征，因此，组距与组数的确定应能全面反映组间差异和总体数量特征，不能强求一致。美国学者斯特吉斯曾提出一个经验公式用于确定组数和组距，当总体大致服从正态分布时，有

$$n = 1 + 3.322 \lg N$$

$$d = \frac{R}{n} = \frac{x_{\max} - x_{\min}}{n}$$

其中 n 为组数，N 为总体容量，d 为组距，R 为全距，即最大值(x_{max})与最小值(x_{min})的差。

c. 等距式分组与异距式分组。等距式分组，指各组组距相同。当变量值分布比较均匀时，可以采用等距式分组。例如，身高、体重的分组，都是常见的等距式分组。采用等距式分组便于各组间单位数与变量值的直接对比，便于计算各项综合指标和进行对比分析，也便于绘制统计图。

异距式分组，指各组组距不相等的分组。当变量值变动很不均匀，或者变量分布具有特殊规律时，可以采用异距式分组。例如，对少年儿童年龄的分组，注意到不同年龄生理变化的特点，可分为 1 岁以下，1—2 岁，3—6 岁，7—15 岁等组。

d. 组中值。组中值是代表各组变量值的一般水平的数值，指各组上限和下限的简单平均数。其计算公式为：

$$组中值＝(上限＋下限)/2$$

在组距式分组中，若第一组出现"……以下"或最末组出现"……以上"字样的组叫作开口组。假定各组内变量值均匀分布时，开口组的组中值可按如下公式计算：

$$首组组中值＝上限－相邻组组距的一半；$$
$$末组组中值＝下限＋相邻组组距的一半。$$

例如，表 2.2.1 中 60 分以下组，根据上述公式，计算得到组中值为 55；90 分以上组，其组中值为 95。

2.2.4　分布数列

(1)分布数列的概念

在统计分组的基础上，将总体的所有个体按组归类，就构成了频数分布。分布在各组的个体数称为次数，也叫频数。将各组的频数与频数总和相比求得的比重称为频率，它表明各组变量值对总体的相对作用程度，也可表明各组变量值出现的概率大小。频数分布满足两个性质，一是各组频率是介于 0 和 1 之间的分数；二是各组频率之和等于 1。

按顺序列出各组的频数或频率，就可以形成分布数列，如表 2.2.1。分布数列由两个要素构成，即总体按某标志所分的各个组和各组频数或频率。

(2)分布数列的种类

分布数列按分组标志性质不同，主要有如下分类：

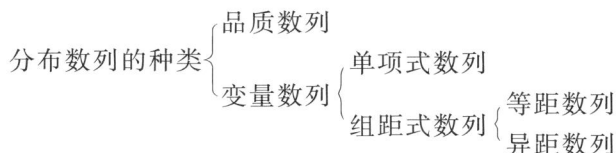

$$分布数列的种类 \begin{cases} 品质数列 \\ 变量数列 \begin{cases} 单项式数列 \\ 组距式数列 \begin{cases} 等距数列 \\ 异距数列 \end{cases} \end{cases} \end{cases}$$

图 2.2.2　分布数列的种类

①品质数列。

品质数列是指按照品质标志分组形成的分布数列，如表 2.2.7 所示。

表 2.2.7　学生的品质数列

学生按性别分组	学生数（人）
男生	800
女生	700
合　计	1500

②变量数列。

变量数列按数量标志分组所形成的分布数列叫变量分布数列，简称变量数列，如表 2.2.1 所示。根据分组采用变量值和变量区间的不同，变量数列又可分为单项式数列和组距式数列。

单项式数列是指以每一个变量值作为一组，按各组顺序简单排列而编制的变量数列。例如，某城市居民家庭总体按照子女数分组，其变量值有 0、1、2、3、4 共五种，分别列出各子女数的家庭数目，就构成了单项式数列，如表 2.2.8 所示。

表 2.2.8 居民家庭的单项式数列

居民家庭按子女数分组	户数（户）
0	2000
1	30000
2	8000
3	6000
4	4000
合　计	50000

组距式数列是指以一个变量区间表示一个组，按各组顺序排列而编制的变量数列，例如表 2.2.1。组距式数列的编制需要注意对应分组涉及的问题，比如，组限、组距、组数、组中值、等距和异距等。

根据组距式数列各组的组距是否相等，可分为等距数列和异距数列。异距数列中，各组频数和频率不能直接比较。为了消除异距数列中组距不同对各组次数的影响，需要计算频数密度和频率密度，其中频数密度是频数与组距之比，频率密度是频率与组距之比。

2.2.5　频数与频率的累计分布

在研究频数和频率的分布时，我们常常需要编制频数或频率的累计分布数列，它是将变量数列各组的频数或频率逐组累计相加得到的分布。它表明总体变量在某一水平以上或以下所包含的频数和频率的总和,累计分布有以下两种:

（1）向上累计分布

向上累计分布是指将各组频数或频率由变量值低的组向变量值高的组逐组累计,表明各组上限值及以下各组变量值所包含的频数或频率。

（2）向下累计分布

向下累计分布是指将各组频数或频率,由变量值高的组向变量值低的组逐组累计,表明各组的下限值及以上各组变量值所包含的频数或频率。

表 2.2.1 的向上累计和向下累计频数或频率的结果如表 2.2.9 所示。

表 2.2.9　某班"统计学"分数分布数列

学生按分数 分组(分)	学生人数 （人）	频率 （％）	向上累计		向下累计	
			频数	频率（％）	频数	频率（％）
60 以下	5	10	5	10	50	100
60—70	15	30	20	40	45	90
70—80	18	36	38	76	30	60
80—90	10	20	48	96	12	24
90 以上	2	4	50	100	2	4
合　计	50	100	—	—	—	—

表 2.2.9 中 80—90 分这一组,向上累计结果说明该班 90 分以下的学生共 48 人,占 96％;向下累计结果说明该班 80 分以上的同学共 12 人,占 24％。其他各组向上或向下累计的结果有类似含义。

2.3　统计数据的显示

2.3.1　统计表

（1）统计表的概念及其构成

①统计表的概念。

统计表是将经过汇总整理的统计数据,按一定顺序和格式列在相应的表格上。广义的统计表包括调查表、汇总表、计算表以及各种各样容纳资料的表格。

②统计表的构成。

常见的统计表外形结构一般包括总标题、横行标题、纵栏标题、指标数值四个部分。

总标题是统计表的名称,可以概括说明统计表的内容,通常列在统计表的顶端。横行标题则表示横行内容的名称,是待说明的对象,可以是总体和个体,也可以是组,或者时间,一般列在表的左方。纵栏标题是纵栏的名称,用于说明横行标题的具体指标名称。指标数值则列在横行标题和纵栏标题的交叉位置,说明具体数值。具体表示如表 2.3.1 所示。

统计表的内容结构包括主词和宾词两部分。主词是统计表所要说明的总体及其主要分组情况,通常列在横行标题的位置,所以该栏也叫主栏。宾词用以说明主词各组的其他标志或综合特征的具体表现,通常列在纵栏标题的位置,所以该栏也叫宾栏。有时,为了编制的合理和阅读方便,也可以互换。

表 2.3.1　2003 年我国各产业国内生产总值及构成→总标题

按产业分组	国内生产总值(亿元)	比重(%)
第一产业	17247	14.78
第二产业	61778	52.94
第三产业	37669	32.28
合计	116694	100.00

横行标题／　　　主词　　　　　　　宾词　　　＼纵标题栏、指标数值

（2）统计表的种类

统计表按照主词是否分组,以及分组标志的多少,可以分为三种:简单表、简单分组表、复合分组表。

①简单表。简单表是指主词未经任何分组的统计表。简单表的主词只是按总体各个单位简单排列或只按时间顺序简单排列。

②简单分组表。简单分组表是指主词按一个标志分组的统计表。可以按品质标志分组,也可以按数量标志分组。例如,表 2.2.1、表 2.2.7、表 2.2.8。

③复合分组表。复合分组表是指主词按两个或两个以上标志重叠分组的统计表。见表 2.2.4。

（3）统计表的设计

在编制统计表时,应注意遵循下列几项规则:

①统计表的各种标题应简明、确切地表达其内容,特别是总标题,应十分简要地概括出统计表的基本内容和表中资料所属的时间地点。

②表中主栏各行和宾栏各列,一般是按先局部后整体的原则排列,即排列出项目后再列合计,在没有必要列出所有项目时,应先列总计后列出其中部分重要项目。

③如表的栏次较多,通常要加编号。主词栏和计量单位栏用(甲)、(乙)等文字标明,

宾词栏常用(1)、(2)、(3)等标明。表中有关栏次如有计算上的等式关系,可同时标明,如(3)＝(1)＋(2)等。

④统计表中必须注明计量单位。若横行有不同的计量单位,可专设计量单位一栏,纵栏的计量单位,可写在指标名称下(后)面,如果各纵栏的计量单位一样,可以将计量单位标在表的右上方。

⑤表中数字应对准位数,填写整齐。当数字为 0 或不足单位起点时,应写上"0";当缺乏某项数字时,用"……"表示;无法计算的数字用"—"表示。

⑥统计表的表式,通常是开口式,即左右两端不画纵线,上下边线画粗线或双线。

⑦必要时,应在统计表下方注明表中某些资料的来源或对某些数据的计算方法、计算口径作出说明。

2.3.2　统计图

统计图是指利用各种图形来表现统计资料的形式。利用统计图来表现和分析统计资料的方法叫作统计图示法,它具有简明、直观、形象等优点。下面简单介绍常用的统计图,包括直方图、折线图和曲线图。

(1)直方图

直方图是用直方形的高度和宽度来表示频数分布的图形,即在直角坐标系上,以横轴表示变量,以纵轴表示频数或频率,以各个宽度为组距、高度为频数或频率的直方块矩形所构成的图形。

例如,表 2.2.1 中某班学生统计学成绩的分组为 50—60,60—70,70—80,80—90,90—100,则该班成绩的直方图如图 2.3.1 所示。

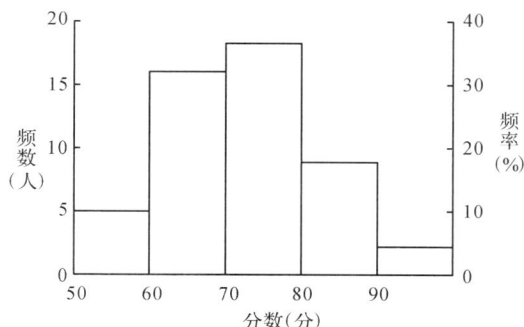

图 2.3.1　某班学生统计学成绩的直方图

(2)折线图

在直方图的基础上,将各组直方形顶边线的中点用直线连接起来,再把原来的直方图抹掉,就形成了折线图,如图 2.3.2 所示。

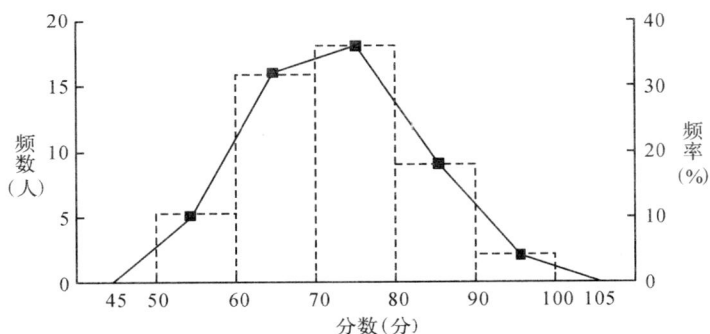

图 2.3.2　某班学生统计学成绩的折线图

（3）曲线图

当变量数列的分组数较多、组距较小时，折线图就变成了平滑的曲线图。曲线图是组数趋向于无限多时折线图的极限描绘，实质上是对应于连续变量的频数或频率分布的函数关系图。例如，根据表 2.2.1 绘制的曲线图，如图 2.3.3 所示。

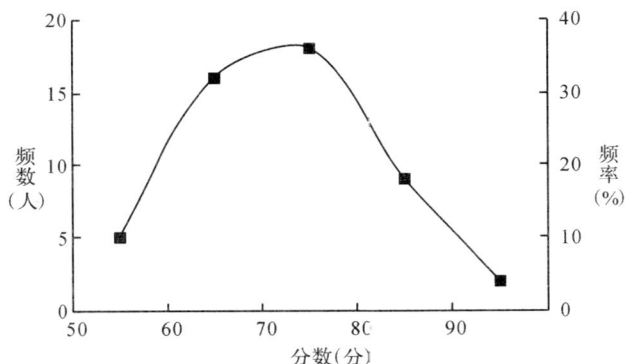

图 2.3.3　某班学生统计学成绩的曲线图

常用的次数分布，按其分布形态可分为三种主要类型，包括钟形分布、U 型分布和 J 型分布，其形态常用曲线图表现。

①钟形分布

钟形分布是以某变量值为中心，其分布次数最多，而两边标志值的分配次数逐渐减少的分布形态，即其分布曲线形如一口古钟，故称钟形分布。例如，人的身高、体重、职工工资、农作物亩产量、市场价格等现象都属于钟形分布，具体分为以下两种：

a.正态分布。中间变量值分布的次数最多，两侧变量值分布的次数随着与中间变量值距离的增大而渐次减少，并且围绕中心边两侧呈对称分布，如图 2.3.4 所示。

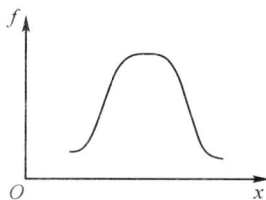

图 2.3.4　正态分布

b.偏态分布。偏态分布是相对于正态分布而言的非对称钟形分布。当变量值存在极大值时,次数分布曲线会较正态分布向右延伸,称为右偏分布,如图 2.3.5 所示。

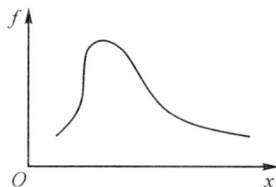

图 2.3.5　右偏分布

当变量值存在较小极端值时,次数分布曲线就会较正态分布向左延伸,称为左偏分布,如图 2.3.6 所示。

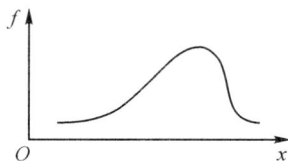

图 2.3.6　左偏分布

②U 型分布

U 型分布是与钟形分布图形相反的分布,其特点是:靠近中间的变量值分布次数较少,靠近两端的变量值分布的次数较多。例如,人口死亡率的分布,由于人口总体中幼儿死亡人数和老年死亡人数均较高,而中年死亡人数最低,因而按年龄分组的人口死亡率便表现为 U 形分布,如图 2.3.7 所示。

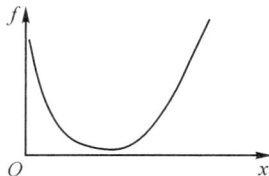

图 2.3.7　U 型分布

③J 型分布

J 型分布的特征是一边小一边大的单调分布,即形如字母 J。J 型分布有两种类型,即正 J 型分布、反 J 型分布。例如,投资额按利润率大小分布,一般呈正 J 型分布;而人口总体按年龄大小分布,则一般呈反 J 形分布,如图 2.3.8 所示。

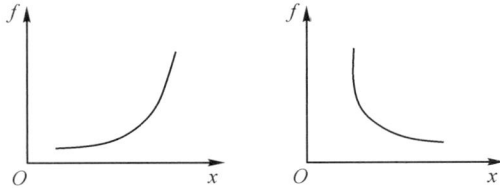

图 2.3.8　正 J 型分布(左)和反 J 型分布(右)

练习题

一、填空题

1.统计调查的基本要求是_____、_____和_____。

2.对调查对象的所有单位都进行调查,这是_____调查;而重点调查、抽样调查、典型调查都属于_____调查。

3.典型调查中的典型单位是_____选取的,抽样调查中的样本单位是_____选取的。

4.抽样调查属于_____调查,但其调查目的是要达到对_____特征的认识。

5.普查是_____、_____、_____调查。

6.重点调查中重点单位是以_____原则来确定的,具体方法有_____和_____两种。

7.在我国新确立的统计调查方法体系中,占主体地位的统计调查方法是_____。

8.统计数据收集过程中,可能存在两种误差:_____和_____。

9.代表性误差包括系统性代表性误差和偶然性代表性误差,不可避免,但可以计算和控制的是_____。

10.统计整理是把反映_____特征的大量原始资料转化为反映_____的统计活动。

11.统计整理的关键在于_____,统计分组的关键在于_____。

12.在组距列数中,表示各组界限的变量值叫_____,各组上限与下限之间的中点叫_____。

13.设考试成绩的全距为 100,如果将 60 分以下设为一组,其余按等距分成四组,则各组的组距为_____。

14.为了消除异距数列中组距不同对各组次数的影响,需要计算_____。

15.统计分组按分组标志的多少分为_____分组和_____分组。

16.连续变量划分组限时,相邻组的组限必须_____,习惯上规定各组不包括其__
_____的单位,即所谓的_____原则。

二、单项选择题

1.对一批商品进行质量检验,最适宜采用的调查方法是(　　　)。
A.全面调查　　　　B.抽样调查　　　　C.典型调查　　　　D.重点调查

2.全面调查是对调查对象总体的所有个体都进行调查,下述调查属于全面调查的是
(　　　)。
A.对某种连续生产的产品质量进行抽查
B.某地区对工业企业设备进行普查
C.对全国钢铁生产中的重点单位进行调查
D.抽选部分地块进行农产量调查

3.抽样调查与重点调查的主要区别是(　　　)。
A.作用不同　　　　　　　　　　B.组织方式不同
C.灵活程度不同　　　　　　　　D.选取调查单位的方法不同

4.先对总体中的个体按主要标志加以分类,再以随机原则从各类中抽取一定的单位
进行调查,这种抽样调查形式属于(　　　)。
A.简单随机抽样　　　　　　　　B.等距抽样
C.整群抽样　　　　　　　　　　D.类型抽样

5.对全国各铁路交通枢纽的货运量、货物种类等进行调查,以了解全国铁路货运概
况,这种调查属于(　　　)。
A.典型调查　　　　　　　　　　B.全面调查
C.重点调查　　　　　　　　　　D.抽样调查

6.调查时限是指(　　　)。
A.调查资料所属的时间　　　　　B.进行调查工作的期限
C.调查工作登记的时间　　　　　D.调查资料的报送时间

7.下列调查中,调查单位与填报单位一致的是(　　　)。
A.企业设备调查　　　　　　　　B.人口普查
C.农村耕畜调查　　　　　　　　D.工业企业生产经营现状调查

8.对某省饮食业从业人员的健康状况进行调查,调查单位是该省饮食业的(　　　)。
A.全部网点　　　　　　　　　　B.每个网点

C. 所有从业人员　　　　　　　　　D. 每个从业人员

9. 作为一个调查单位（　　）。

A. 只能调查一个统计标志　　　　　B. 只能调查一个统计指标

C. 可以调查多个统计指标　　　　　D. 可以调查多个统计标志

10. 调查项目（　　）。

A. 是依附于调查单位的基本标志　　B. 是依附于调查对象的基本指标

C. 与调查单位是一致的　　　　　　D. 与填报单位是一致的

11. 在对现象总体进行分析的基础上，有意识地选择若干调查单位进行调查，这种调查方法是（　　）。

A. 抽样调查　　　　　　　　　　　B. 典型调查

C. 重点调查　　　　　　　　　　　D. 普查

12. 按照随机原则来确定调查单位的非全面调查方法是（　　）。

A. 重点调查　　　　　　　　　　　B. 典型调查

C. 抽样调查　　　　　　　　　　　D. 统计推算

13. 问卷设计的主体部分是（　　）。

A. 被调查者基本情况　　　　　　　B. 引言和注释

C. 问题和答案　　　　　　　　　　D. 结语

14. 研究某高校在校学生月生活消费支出，抽取 4 个班级的学生进行调查，这种调查方法是　　　　　　　　　　　　　　　　　　　　（　　）

A. 简单随机抽样　　　　　　　　　B. 整群抽样

C. 分层抽样　　　　　　　　　　　D. 系统抽样

15. 研究某高校在校学生月生活消费支出，将全校学生名单按照拼音顺序排列，每隔 50 名抽取一名学生进行调查，这种调查方法是　　　　　　　　　　（　　）

A. 简单随机抽样　　　　　　　　　B. 整群抽样

C. 分层抽样　　　　　　　　　　　D. 系统抽样

16. 下面陈述中错误的是（　　）。

A. 抽样误差只存在于概率抽样中

B. 非抽样误差只存在于非概率抽样中

C. 无论是概率抽样还是非概率抽样都存在非抽样误差

D. 在全面调查中也存在非抽样误差

17. 下面陈述中错误的是（　　）。

A. 抽样误差可以避免　　　　　　　B. 非抽样误差可以避免

C. 抽样误差不可避免　　　　　　　D. 抽样误差是可控制的

18. 某企业职工月收入依次分为 2000 元以下，2000—3000 元，3000—4000 元，

4000—5000 元,5000 元以上几个组,最后一组的组中值近似为(　　　　)。

    A. 5000　　　　　　　B. 5500　　　　　　　C. 6000　　　　　　　D. 6500

19. 对某校学生先按年级分组,在此基础上再按性别分组,这种分组方法是(　　　　)。

    A. 简单分组　　　　　B. 复合分组　　　　　C. 再分组　　　　　　D. 平行分组

三、判断题(把"√"或"×"填在题后的括号里)

1. 全面调查和非全面调查是根据调查结果所取得的资料是否全面来划分的。　　(　　　)

2. 我国的人口普查每十年进行一次,因此它是一种连续性调查方法。　　　　　(　　　)

3. 典型调查与概率抽样调查的根本区别是选择调查单位的方法不同。　　　　　(　　　)

4. 在统计调查中,调查标志的承担者是调查单位。　　　　　　　　　　　　　(　　　)

5. 典型调查既可以收集数字资料,又可以收集不能用数字反映的实际情况。　　(　　　)

6. 制定调查方案的首要问题是确定调查对象。　　　　　　　　　　　　　　　(　　　)

7. 如果调查间隔时间相等,这种调查就是连续性调查。　　　　　　　　　　　(　　　)

8. 开放式问题是指有备选答案可供选择的问题。　　　　　　　　　　　　　　(　　　)

9. 为了便于被调查者作出回答,问卷中问题的设计可以有一定的倾向性或诱导性。

                                                                (　　　)

10. 统计推算既是间接取得统计资料的方法,又是深入进行分析研究的方法。　　(　　　)

11. 统计分组中的"分"是针对个体而言的,而"合"则是针对总体而言的。　　　(　　　)

12. 对一个既定的统计总体而言,合理的分组标志只有一个。　　　　　　　　　(　　　)

13. 在异距数列中,计算频数密度主要是为了消除组距因素对次数分布的影响。　(　　　)

14. 频数表示标志值对总体绝对作用程度,而频率则说明标志值对总体相对作用的程度。　　　　　　　　　　　　　　　　　　　　　　　　　　　　　　　　　(　　　)

15. 组中值是各组上限和下限之中点数值,故在任何情况下它都能代表各组的一般水平。　　　　　　　　　　　　　　　　　　　　　　　　　　　　　　　　　(　　　)

16. 统计整理的关键是对各项整理的指标进行汇总。　　　　　　　　　　　　　(　　　)

17. 能够对统计总体进行分组,是由统计总体中的各个单位所具有的"同质性"特点决定的。　　　　　　　　　　　　　　　　　　　　　　　　　　　　　　　　　(　　　)

18. 按数量标志分组,可以通过组间数量差异体现出性质上的区别。　　　　　　(　　　)

19. 连续型变量可以作单项分组或组距式分组,而离散型变量只能作组距式分组。

                                                                (　　　)

20. 分布数列的实质是把总体单位总量按照总体所分的组进行分配。　　　　　　(　　　)

四、简答题

1. 统计调查有哪些分类?它们有什么特点?分别运用于什么样的社会经济现象?

2.为什么统计调查应事先制定调查方案？一个完整的统计调查方案应包括哪些主要内容？

3.抽样调查、重点调查和典型调查这三种非全面调查的区别是什么？

4.什么是抽样调查？其有什么特点？有哪几方面的优越性和作用？

5.数据收集过程中,可能有哪些误差？并说明原因。

五、综合题

以"农村劳动力资源现状调查"为题确定调查项目。

下面是根据某项课题"农村劳动力资源现状调查"确定的部分问题,观测标志包括:家庭成员、家庭人均耕地面积、收入来源、家庭成员从事的行业、家庭支出、家庭拥有家电的情况、家庭人均居住面积、经济状况、家庭成员在外打工从事的工种、家中田地菜地荒芜程度、家中老人收入来源、老人身体状况、家庭获得财政资助情况、希望国家对农村发展做出的举措、身体状况、子女状况、家庭资助子女情况、子女资助家庭情况等。

(1)这些观测标志能否充分反映课题研究目的,是否有必要增减？

(2)设计一份调查问卷。

补充练习　　　　拓展阅读

第 3 章
变量分布特征的描述

通过本章学习,正确理解平均指标及标志变异指标等的概念、意义、作用和种类;掌握各综合指标的计算原则、计算方法,明确它们之间的联系与区别,并能应用它们进行统计资料的整理与分析。

本章重点内容包括:集中趋势和平均指标的概念与种类;离中趋势和离散指标的概念与种类;各综合指标的计算方法,尤其是加权算术平均数和加权调和平均数的计算、标准差和标准差系数的计算。

本章难点包括:各综合指标的计算方法、适用条件及其关系。

3.1 集中趋势的描述

变量分布特征可以从以下三个方面加以描述:一是变量分布的集中趋势,反映变量分布中各变量值向中心值靠拢或聚集的程度;二是变量分布的离中趋势,反映变量分布中各变量值远离中心值的程度;三是变量分布的形状,反映变量分布的偏斜程度和尖陡程度。

本节主要讨论集中趋势。

3.1.1 集中趋势与平均指标

集中趋势亦称为趋中性,是指变量分布以某一数值为中心的倾向。作为中心的数值就称为中心值,它反映变量分布中心点的位置所在。对集中趋势的描述,就是要寻找变量分布的中心值或代表值,以反映某变量数值的一般水平。这个中心值或代表值,一般用平均指标来反映。

平均指标又称统计平均数,用以反映社会经济现象总体各单位某一数量标志在一定时间、地点条件下所达到的一般水平的综合指标。

平均指标有以下两个特点:(1)它是一个抽象值,即它是把总体某一数量标志在各单位之间的数量差异抽象化了的数值;(2)它是一个代表值,即它用一个数值来代表总体各单位某一数量标志在具体时间地点条件下的一般水平(代表总体各单位标志值的一般水平)。

平均指标在统计研究中的应用较广，其作用主要有以下几个方面：(1)通过反映变量分布的一般水平，帮助人们对研究现象的一般数量特征有一个客观的认识；(2)可以对不同空间的发展水平进行比较；(3)用来对同一现象总体在不同时期的发展水平进行比较；(4)可以用来分析现象之间的依存关系等；(5)可以作为研究和评价事物的一种数量标准或参考。

平均指标按计算方法不同，可分为算术平均数、调和平均数、几何平均数、众数和中位数。前三种平均数是根据总体所有标志值计算的，所以称为数值平均数，后两种平均数是根据标志值所处的位置确定的，因此称为位置平均数。

3.1.2 数值平均数

(1)算术平均数

算术平均数也称为均值，是变量的所有取值总和除以变量值个数的结果。算术平均数是计算平均指标的最常用方法，它的基本公式形式是总体标志总量除以总体单位总量。即：

$$算术平均数 = \frac{总体标志总量}{总体单位总量} \tag{3.1.1}$$

[例 3.1.1] 有五名工人的工资额分别为 4600 元、5200 元、6000 元、7000 和 8500 元，试计算工人的平均工资。

解 工人的平均工资 $= \dfrac{总体工资总额}{总体工人总数}$

$$= \frac{4600 + 5200 + 6000 + 7000 + 8500}{5} = \frac{31300}{5} = 6260(元／人)$$

算术平均数是最常用的一种平均数，它的计算方法符合众多现象中"总体各单位标志值的算术和等于其总体标志总量"这一客观数量关系。

在实际工作中，由于掌握资料的不同，算术平均数有两种计算形式，即简单算术平均数和加权算术平均数。

①简单算术平均数（适用于计算未分组数列的平均数）。

设总体包含的个体数为 N，变量 X 所有的取值为 $x_1, x_2, \cdots, x_N$，则变量 X 的简单算术平均数的计算公式为

$$\mu_X = \frac{x_1 + x_2 + \cdots + x_N}{N} = \frac{1}{N} \sum_{i=1}^{N} x_i \tag{3.1.2}$$

为了简洁，有时算术平均数公式简记为

$$\mu_X = \frac{1}{N} \sum x \tag{3.1.3}$$

②加权算术平均数（适用于计算分组数列的平均数）。

设变量 X 可以按照个体的标志值划分为 k 组,第 i 组的标志值为 x_i,其包含的单位数为 f_i,则加权算术平均数的计算公式为

$$\mu_x = \frac{x_1 f_1 + x_2 f_2 + \cdots + x_k f_k}{f_1 + f_2 + \cdots + f_k} = \frac{\sum\limits_{i=1}^{k} x_i f_i}{\sum\limits_{i=1}^{k} f_i} \tag{3.1.4}$$

或简记为

$$\mu_x = \sum x \cdot \frac{f}{\sum f} \tag{3.1.5}$$

[例 3.1.2] 某厂工人各级别工资额和相应工人数资料见下表:

工资额(元)	工人数(人)
4600	5
5200	15
6000	18
7000	10
8500	2
合　计	50

试计算工人平均工资。

解　工人平均工资计算过程见下表:

工资额(元)	工人数(人)	工资总额(元)
x	f	xf
4600	5	23000
5200	15	78000
6000	18	108000
7000	10	70000
8500	2	17000
合　计	50	296000

$$各组工资额(x) = \frac{各组工资总额(xf)}{各组工人数(x)}$$

平均工资为

$$\mu_x = \frac{\sum xf}{\sum f} = \frac{296000}{50} = 5920\,(\text{元}/\text{人})$$

注：由组距数列计算加权算术平均数，可用组中值代表各组变量值，此时算出来的是近似值。

[**例 3.1.3**]　某公司所属 6 个企业，按生产某产品平均单位成本高低分组，其各组产量占该公司总产量的比重资料如下表：

按平均单元成本分组（元/件）	企业数（家）	各组产量占总产量比重（%）
10—12	1	22
12—14	2	40
14—18	3	38
合　计	6	100

试计算该公司所属企业的平均单位成本。

解　该公司所属企业的平均单位成本计算过程如下表：

按平均单位成本分组（元/件）	企业数（家）	组中值 x	各组产量占总产量比重（%）$f/\sum f$
10—12	1	11	22
12—14	2	13	40
14—18	3	16	38
合　计	6	—	100

故平均单位成本为

$$\mu_x = \sum x\frac{f}{\sum f} = 11 \times 0.22 + 13 \times 0.4 + 16 \times 0.38 = 13.7\,(\text{元}/\text{件})$$

在计算加权算术平均数时应注意以下两个问题：

首先是影响加权算术平均数的因素。由加权算术平均数的计算公式可知，加权算术平均数的大小受两个因素的影响，一是受各组标志值（x）大小的影响，二是受各组单位数（f）或各组单位数比的影响。

其次是权数大小的影响。当各组标志值已确定，若哪一组标志值分配的单位数越多，则该组标志值对平均数的影响越大。反之，影响越小。（即在一个数列中，当标志值较大的单位数居多时，平均数就会趋近标志值大的一方；当标志值较小的单位数居多时，平均数就会趋近标志值小的一方；当标志值较大的单位数与标志值较小的单位数基本平分时,平均数居中)。可见,各组标志值的单位数(频数)的多少对平均数的大小有权衡轻重的作用,所以称各组单位数为权数,用权数乘以各组标志值叫加权,由此计算的平均数叫加权算术平均数。

权数可分为绝对数权数(即频数 f)和相对数权数(即频率 $f/\sum f$)。

在分组数列的条件下,当各组标志值出现的次数或各组次数所占比重均相等时,权数就失去了权衡轻重的作用,这时用加权算术平均数计算的结果与用简单算术平均数计算的结果相同。

注意:权数对算术平均数大小的影响程度,并不取决于权数本身数值(f)的大小,而是取决于作为权数的各组单位数占总体单位数比重的大小,即频率($f/\sum f$)的大小。

[**例3.1.4**] 甲、乙两个企业各级别工资额、相应的工人数及工人数比重资料见下表:

各组标志值	各组单位数		各组单位数比重	
	工人数(人)		工人数比重(%)	
工资额(元)x	甲企业 $f_{甲}$	乙企业 $f_{乙}$	甲企业 $f_{甲}/\sum f_{甲}$	乙企业 $f_{乙}/\sum f_{乙}$
4600	5	10	10	10
5200	15	30	30	30
6000	18	36	36	36
7000	10	20	20	20
8500	2	4	4	4
合　计	50	100	100	100

试计算甲、乙两个企业工人的平均工资,并观察计算结果。

解 甲企业工人平均工资:

$$\mu_{甲} = \sum x \cdot \frac{f_{甲}}{\sum f_{甲}}$$

$$= 4600 \times 0.10 + 5200 \times 0.30 + 6000 \times 0.36 + 7000 \times 0.20 + 8500 \times 0.04 = 5920(元/人)$$

乙企业工人平均工资:

$$\mu_{乙} = \sum x \cdot \frac{f_{乙}}{\sum f_{乙}}$$

$$= 4600 \times 0.10 + 5200 \times 0.30 + 6000 \times 0.36 + 7000 \times 0.20 + 8500 \times 0.04 = 5920(元/人)$$

尽管甲乙两企业的工人人数不同,但相同工资水平所对应的相对数权数相等,从而导致两个企业的平均工资相等。

③算术平均数的数学性质和特点。

算术平均数具有如下的数学性质:

a.各变量值与其平均数离差之和等于零,即

$$\sum_{i=1}^{N}(x_i - \mu_X) = 0 \tag{3.1.6}$$

或

$$\sum_{i=1}^{k}(x_i - \mu_X)f_i = 0 \tag{3.1.7}$$

b.各变量值与其平均数离差的平方和是一个极小值,即对于任意实数 c,有

$$\sum_{i=1}^{N}(x_i - \mu_X)^2 \leqslant \sum_{i=1}^{N}(x_i - c)^2 \tag{3.1.8}$$

当且仅当 $c = \mu_X$ 时,等号成立。

c.如果原变量与新变量之间的关系是: $Y = a + bX$,其中和为常数,则有

$$\mu_Y = a + b\mu_X \tag{3.1.9}$$

尽管算术平均数计算简单且具有较好的性质,但也有局限性——算术平均数易受特殊值的影响;根据组距数列计算平均数时,由于组中值具有假定性而使得结果只是一个近似值,尤其存在开口组时,准确性会更差。

(2)调和平均数

调和平均数是变量分布中各单位标志值倒数的算术平均数的倒数,又称"倒数平均数"。

根据所掌握资料的不同,调和平均数具体计算可分为简单调和平均数和加权调和平均数。

①简单调和平均数。

若已知总体单位总数 N 和变量 X 所有可能取值 $x_i(i=1,2,\cdots,N)$,则简单调和平均数的计算公式为

$$H_X = \frac{1}{\dfrac{\dfrac{1}{x_1} + \dfrac{1}{x_2} + \cdots + \dfrac{1}{x_N}}{N}} = \frac{N}{\sum\limits_{i=1}^{N}\dfrac{1}{x_i}} \tag{3.1.10}$$

或简记为

$$H_X = \frac{N}{\sum \dfrac{1}{x}} \tag{3.1.11}$$

②加权调和平均数。

在实际应用中,调和平均数更多是以算术平均数的变形存在。设个体标志值即变量 X 的取值可以分为 k 组,其中位于第 i 组的标志值为 x_i,标志总量为 $m_i(i=1,2,\cdots,k)$,则此时平均标志水平可以用如下的加权调和平均数计算:

$$H_X = \frac{m_1 + m_2 + \cdots + m_k}{\dfrac{m_1}{x_1} + \dfrac{m_2}{x_2} + \cdots + \dfrac{m_k}{x_k}} = \frac{\displaystyle\sum_{i=1}^{k} m_i}{\displaystyle\sum_{i=1}^{k} \dfrac{m_i}{x_i}} \tag{3.1.12}$$

或简记为

$$H_X = \frac{\sum m}{\sum \dfrac{m}{x}} \tag{3.1.13}$$

注意: 根据上面的计算公式,加权调和平均数 H_X 不过是加权算术平均数 μ_X 的变形,它们在数值上是相等的,所不同的只是已知条件。事实上,由 $m_i = x_i f_i (i=1,2,\cdots,k)$,有

$$H_X = \frac{\displaystyle\sum_{i=1}^{k} m_i}{\displaystyle\sum_{i=1}^{k} \dfrac{m_i}{x_i}} = \frac{\displaystyle\sum_{i=1}^{k} x_i f_i}{\displaystyle\sum_{i=1}^{k} f_i} = \mu_X \tag{3.1.14}$$

由上式可知,若已知标志值 x 和相应的频数 f,则用加权算术平均数计算公式。若已知标志值 x 和对应组的标志总量 m,则用加权调和平均数计算公式。因为两者均符合总体标志总量 $(\sum xf)$ 与总体单位总量 $(\sum f)$ 的对比关系,所以,加权调和平均数是加权算术平均数的变形。

两者的不同在于计算平均指标时应用的权数资料不同,加权算术平均数是以各组单位数 (f) 为权数,加权调和平均数是以各组标志总量 $(m = xf)$ 为权数。

[**例 3.1.5**]　某企业工人各级别的工资额及相对应的工资总额资料如下表:

工资额(元)	工资总额(元)
4600	23000
5200	78000
6000	108000
7000	70000
8500	17000
合　计	296000

试计算工人平均工资。

解 该企业工人平均工资计算过程下表：

工资额(元)x	工资总额(元)$m=xf$	工人数(人)$f=m/x$
4600	23000	5
5200	78000	15
6000	108000	18
7000	70000	10
8500	17000	2
合　计	296000	50

平均工资为

$$H_x=\frac{m_1+m_2+\cdots+m_k}{\dfrac{m_1}{x_1}+\dfrac{m_2}{x_2}+\cdots+\dfrac{m_k}{x_k}}=\frac{23000+78000+108000+70000+17000}{\dfrac{23000}{4600}+\dfrac{78000}{5200}+\dfrac{108000}{6000}+\dfrac{70000}{7000}+\dfrac{17000}{8500}}$$

$$=\frac{23000+78000+108000+70000+17000}{5+15+18+10+2}=\frac{296000}{50}=5920(元/人)$$

与例 3.1.4 按加权算术平均数计算的结果完全相同。

③相对数或平均数计算平均数。

在以相对数或平均数计算平均数时,不论是用加权算术平均数公式还是用加权调和平均数公式,都要从相对数或平均数指标本身的经济含义出发来计算。

下面通过具体例题来加以说明。

[例 3.1.6] 某工业局所属企业的产值计划完成程度、企业数和实际产值资料见下表：

产值计划完成程度(%)	企业数(家)	实际产值(万元)
90—100	5	95
100—110	8	840
110—120	2	115
合　计	—	1050

试计算该工业局所属企业的平均产值计划完成程度。

分析 计划完成程度是一个相对数,基本公式为

$$计划完成程度(x)=\frac{实际完成产值(m)}{计划完成产值(f)}\times100\%$$

在本题中,已知各组的计划完成程度 x 和公式右端分子的实际完成产值 m(子项数

值），这时按照经济意义，应该用加权调和平均数公式来计算平均计划完成程度，即

$$H_X = \frac{\sum m}{\sum m/x}$$

其中 $\sum m$ 为实际完成的总产值，$\sum m/x$ 为计划完成的总产值。

解　该企业工人平均工资计算过程见下表：

产值计划完成 程度（％）	企业数（家）	组中值（％） x	实际产值（万元） m	计划产值（万元） $f = m/x$
90—100	5	95	95	100
100—110	8	105	840	800
110—120	2	115	115	100
合　计	—	—	1050	1000

于是，平均产值计划完成程度为

$$H_X = \frac{\sum m}{\sum \dfrac{m}{x}} = \frac{95 + 840 + 115}{\dfrac{95}{0.95} + \dfrac{840}{1.05} + \dfrac{115}{1.15}} = \frac{95 + 840 + 115}{100 + 800 + 100} = \frac{1050}{1000} = 105\,\%$$

把上例的已知条件改变一下，就形成了下面这个例题。

［例 3.1.7］　某工业局所属企业产值计划完成程度、企业数和计划产值资料见下表：

产值计划完成程度（％）	企业数（家）	计划产值（万元）
90—100	5	100
100—110	8	800
110—120	2	100
合　计	15	1000

试计算该工业局所属企业的平均产值计划完成程度。

分析　本例已知条件是计划完成程度 x 和公式右端分母的计划完成产值 f（母项数值），此时根据经济意义，应该用加权算术平均数公式来计算平均计划完成程度，即

$$\mu_X = \frac{\sum xf}{\sum f}$$

其中 $\sum f$ 是计划完成的总产值，$\sum xf$ 是实际完成的总产值。

解　平均产值计划完成程度计算过程如下表：

产值计划完成 程度（%）	企业数（家）	组中值（%） x	计划产值（万元） f	实际产值（万元） xf
90—100	5	95	100	95
100—110	8	105	800	840
110—120	2	115	100	115
合　计	—	—	1000	1050

于是，平均产值计划完成程度为

$$\mu_x = \frac{\sum xf}{\sum f} = \frac{0.95 \times 100 + 1.05 \times 800 + 1.15 \times 100}{100 + 800 + 100} = \frac{1050}{1000} = 105\%$$

综上所述，可知调和平均数的应用场合为：

a. 在采用算术平均数计算平均指标时，由于资料的限制，当我们无法直接得到被平均标志值（x）相对应的各组单位数（f）时，可通过调和平均数的形式以求出所需的各组单位数（f）。

b. 在由相对数或平均数计算平均指标时，如果掌握的权数资料是相对数或平均数的母项数值（即各组单位数 f），应采用加权算术平均数计算；如果掌握的权数资料是相对数或平均数的子项数值（即各组标志总量 xf），应采用加权调和平均数计算。

调和平均数的缺陷：一是它易受极端标志值和开口组的影响；二是当数列中某项标志值为零时，无法计算调和平均数。

（3）几何平均数

几何平均数是计算平均比率或平均速度常用的一种方法，例如用于计算水平法的平均发展速度、流水作业生产的产品合格率、复利法的平均利率等。根据所掌握资料不同，几何平均数的计算分为简单几何平均数和加权几何平均数两种方法。

①简单几何平均数。

简单几何平均数就是变量的 N 个变量值连乘积的 N 次方根。若以 x_i 表示第 i 个个体的标志值（$i=1,2,\cdots,N$），则简单几何平均数的计算公式为

$$G_X = \sqrt[N]{x_1 \cdot x_2 \cdot x_3 \cdot \cdots \cdot x_N} = \sqrt[N]{\prod_{i=1}^{N} x_i} \tag{3.1.15}$$

［例 3.1.8］ 某机械厂五个流水作业车间的合格品率分别为 96%，94%，95%，95% 和 96%，则五个车间合格品率的平均数为

$$G_X = \sqrt[5]{0.96 \times 0.94 \times 0.95 \times 0.95 \times 0.96} = 95.20\%$$

②加权几何平均数。

设变量 X 可以按照个体的标志值划分为 k 组，第 i 组的标志值为 x_i，其包含的单位

数为 f_i，则加权几何平均数的计算公式为

$$G_X = \sum_{i=1}^{k} f_i \sqrt{x_1^{f_1} \cdot x_2^{f_2} \cdots x_k^{f_k}} = \sum_{i=1}^{k} f_i \sqrt{\prod_{i=1}^{k} x_i^{f_i}} \qquad (3.1.16)$$

[**例 3.1.9**]　某企业最近 11 年产值发展速度如下表：

环比发展速度（%）	次数 f
102	3
104	5
98	1
103	2

求产值的年平均发展速度。

解　产值的年平均速度为

$$G_X = \sqrt[11]{1.02^3 \times 1.04^5 \times 0.98 \times 1.03^2} = 102.71\%$$

下面介绍平均增长率的计算。

设开始的数值为 x_0，逐年增长率为 $g_1, g_2, \cdots, g_n$，则第 n 年的数值为

$$x_n = x_0(1+g_1)(1+g_2)\cdots(1+g_n) = x_0 \prod_{i=1}^{n}(1+g_i) \qquad (3.1.17)$$

假设从 x_0 经过 n 年到 x_n 每年的增长率相等，那么这个增长率就是平均增长率，记为 $\bar{g}$，并且 $x_n = x_0(1+\bar{g})^n$，从而有

$$\bar{g} = \sqrt[n]{\prod_{i=1}^{n}(1+g_i)} - 1 \qquad (3.1.18)$$

③几何平均数的特点。

a. 易受极端标志值的影响。

b. 数列（总体）中某一标志值为零或负数时，无法计算几何平均数。

④几何平均数、算术平均数和调和平均数的关系。

从数学上看，算术平均数、调和平均数和几何平均数都是幂平均数的一种。幂平均数的定义为

$$\mu(t) = \sqrt[t]{\frac{\sum_{i=1}^{n} x_i^t}{n}} \qquad (3.1.19)$$

当 $t=1$ 时，就是算术平均数；当 $t=-1$ 时，就是调和平均数；当 $t \to 0$ 时，它的极限就是几何平均数。

由于幂平均数 $\mu(t)$ 是 t 的单调递增函数，所以由上面的讨论可知，对于同一组变量值

$x_1, x_2, \cdots, x_n$,有下面的不等式成立

$$H_X \leqslant G_X \leqslant \mu_X \tag{3.1.20}$$

下面的例题有助于加深读者对于三种数值平均数使用场合的理解。

[例 3.1.10] 企业三个车间 2018 年的产品生产情况如下表所示：

车间	合格率(%)	合格品产量(辆)	生产总工时数(小时)
A	98	19600	2200
B	95	18620	2800
C	99	18434	3200
合　计		56654	8200

要求：

第一,若这三个车间是分别(依次)完成整辆产品的其中某一道工序的加工装配过程,则三个车间的平均合格率和平均废品率应如何计算？全厂总合格率为多少？

第二,若这三个车间是独立(各自)完成整辆产品的生产加工过程,则平均合格率和平均废品率应如何计算？此时全厂总合格率又为多少？

第三,若这三个车间生产的产品使用价值完全不同,则全厂平均合格率和废品率应如何计算？

解 （1）由题意,应该采用几何平均数。

平均合格率：

$$G_X = \sqrt[3]{98\% \times 95\% \times 99\%} = 97.32\%$$

平均废品率：

$$1 - G_X = 1 - 97.32\% = 2.68\%$$

全厂总合格率：

$$98\% \times 95\% \times 99\% = 92.17\%$$

（2）由题意,应该采用调和平均数,权重为合格品的产量 m。

平均合格率：

$$H_X = \frac{\sum m}{\sum m/x} = \frac{56654}{19600/98\% + 18620/95\% + 18434/99\%} = 97.31\%$$

平均废品率：

$$1 - H_X = 1 - 97.31\% = 2.69\%$$

全厂总合格率就是平均合格率。

（3）由于各车间产品的使用价值不同,所以合格率只能用生产合格品所用的工时数与总工时数之比来计算,故用加权算术平均来计算平均合格率：

$$\mu_X = \frac{2200 \times 98\% + 2800 \times 95\% + 3200 \times 99\%}{2200 + 2800 + 3200} = 97.37\%$$

平均废品率：

$$1 - \mu_X = 1 - 97.37\% = 2.63\%$$

3.1.3　位置平均数

算术平均数、调和平均数和几何平均数是根据总体各单位标志值计算的，所以称为数值平均数。众数和中位数不是根据总体的全部标志值计算的，而是根据与其所处的特殊位置有关的一部分标志值计算的，故众数和中位数是两个位置平均数。

（1）中位数与分位数

将变量分布中各单位标志值依其大小顺序排列并等分为若干部分后，处于分点位置的数值称为分位数。常用的分位数有四分位数、十分位数和百分位数，它们是分别将变量分布分为 4 个部分、10 个部分和 100 个部分的 3 个点、9 个点和 99 个点上的数值。中位数是一个特殊的分位数，它是位于中间位置的标志值，记为 m_e。例如，四分位数中第 2 个点的数值、十分位数中第 5 个点的数值和百分位数中第 50 个点的数值，就是中位数。

以四分位数为例。

假设变量的 N 个数据按大小、强弱等顺序排列后的结果为：$x_{(1)}, x_{(2)}, \cdots, x_{(N)}$。$Q_L$，$Q_M$ 和 Q_U 分别表示第 1 个、第 2 个和第 3 个四分位数，则它们的位置分别为：$\frac{N+1}{4}$，$\frac{2(N+1)}{4}$ 和 $\frac{3(N+1)}{4}$，根据位置即可确定各个分位数，如图 3.1.1 所示。

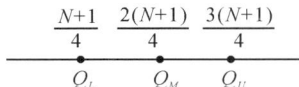

图 3.1.1　四分位数示意图

四分位数的具体确定规则为：

①若 $\frac{N+1}{4}$ 是整数，则 $Q_L = x_{\left(\frac{N+1}{4}\right)}$，$Q_M = x_{\left(\frac{N+1}{2}\right)}$，$Q_U = x_{\left(\frac{3(N+1)}{4}\right)}$。

[**例 3.1.11**]　设 7 名体育竞技专家对某运动员协调性的评级依次为：

$$B, A^-, A, A, A, A^+, A^+$$

试确定该运动员协调性评级的第 1 个和第 3 个四分位数。

解　由于 $N = 7$，所以第 1 个和第 3 个分位数的位置分别为 2 和 6，故这两个四分位数分别为 $Q_L = A^-$ 和 $Q_U = A^+$。

②若 $\frac{N+1}{4}$ 不是整数，令 a_L 为 $\frac{N+1}{4}$ 的最大整数部分，则第 1 个四分位数可用下面的

插值公式计算：

$$Q_L = \left(a_L + 1 - \frac{N+1}{4}\right) \cdot x_{(a_L)} + \left(\frac{N+1}{4} - a_L\right) \cdot x_{(a_L+1)} \qquad (3.1.21)$$

若 $\frac{3(N+1)}{4}$ 不是整数，记 a_U 为 $\frac{3(N+1)}{4}$ 的最大整数部分，则第三个四分位数为：

$$Q_U = \left(a_U + 1 - \frac{N+1}{4}\right) \cdot x_{(a_U)} + \left(\frac{N+1}{4} - a_U\right) \cdot x_{(a_U+1)} \qquad (3.1.22)$$

[**例 3.1.12**] 某高校学生男子篮球队有 10 名队员的身高（单位：厘米）从矮到高排序为：181，182，182，183，183，185，186，186，188，189，则三个四分位数的位置分别为 2.75，5.5，8.25，它们的最大整数部分依次为 2，5，8，故由上面插值公式，第 1 个和第 3 个四分位数为：

$$Q_L = (3 - 2.75) \times x_{(2)} + (2.75 - 2) \times x_{(3)} = 0.25 \times 182 + 0.75 \times 182 = 182（厘米）$$

$$Q_U = (9 - 8.25) \times x_{(8)} + (8.25 - 8) \times x_{(9)} = 0.75 \times 186 + 0.25 \times 188 = 186.5（厘米）$$

下面重点讨论中位数。

中位数表明，数列中有一半单位的标志值不小于中位数，一半单位的标志值不大于中位数。

例如，有 9 名工人，每人日产零件数按从小到大的顺序排列如下：15，17，19，20，22，23，23，24，25，则中位数为 22 件/人。这个数字反映了工人总体日产零件数的一般水平。下面介绍确定中位数的方法。

①由未分组数列确定中位数。

假设变量的 N 个数据按大小、强弱等顺序排列后的结果为：$x_{(1)}, x_{(2)}, \cdots, x_{(N)}$，则

$$m_e = \begin{cases} x_{\left(\frac{N+1}{2}\right)}, & N \text{ 为奇数} \\ \frac{1}{2}\left[x_{\left(\frac{N}{2}\right)} + x_{\left(\frac{N}{2}+1\right)}\right], & N \text{ 为偶数} \end{cases} \qquad (3.1.23)$$

在例 3.1.11 中，由于 $N = 7$，中位数位置是 4，所以该运动员协调性评级中位数是 $m_e = A$。

[**例 3.1.13**] 设售货小组为 6 个人，某天的销售额按从小到大的顺序排列为 440 元、480 元、520 元、600 元、750 元、760 元，问销售额中位数是多少？

解 由于 $N = 6$，故由 (3.1.23) 式，中位数为

$$m_e = \frac{1}{2}\left[x_{(3)} + x_{(4)}\right] = \frac{1}{2}(520 + 600) = 560（元）$$

②由分组数列确定中位数。

通过一个例题来介绍确定中位数的近似公式。

[**例 3.1.14**] 某企业某日工人的日产量资料如下表：

日产量(件)	工人人数(人)	向上累计次数	向下累计次数
200 以下	3	3	50
200—400	7	10	47
400—600	32	42	40
600 以上	8	50	8
合　计	50	—	—

试确定中位数。

第一步,确定中位数所在组(采用向上或向下累计方法)。

该例题的表中我们用向上累计次数的方法。根据所给的数据,由于总单位数是偶数,因此中位数的位置为 $\left(\sum f+1\right)/2=51/2=25.5$,根据表中向上累计次数这一列可以看出,中位数应该位于日产量 400—600 这一组,即中位数在区间 $[400,600)$ 内。

接下来的问题是,中位数到底应该取区间 $[400,600)$ 内的哪一个值比较合理?

第二步,确定计算中位数近似值的公式。

如图 3.1.2 所示,设中位数位于区间 $[L,U)$ 内,在该区间内的频数为 f_m,小于 L 的变量值的累计频数为 S_{m-1},则中位数的位置 $\sum f/2$ 将区间 $[L,U)$ 分成两部分,左边部分区间包含的变量值的频数为 $\sum f/2-S_{m-1}$。假设变量值在该区间内是均匀分布的,则左边部分区间的长度为 $\dfrac{\sum f/2-S_{m-1}}{f_m}\times d$,其中 $d=U-L$ 为区间长度,由此可得中位数为

$$m_e = L + \frac{\dfrac{\sum f}{2}-S_{m-1}}{f_m}\times d \qquad (3.1.24)$$

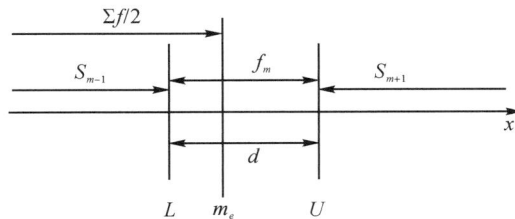

图 3.1.2　中位数公式示意图

同理,如果记 S_{m+1} 为不小于 U 的变量值的总频数,则还可以用下列公式计算中位数:

$$m_e = U - \frac{\dfrac{\sum f}{2}-S_{m+1}}{f_m}\times d \qquad (3.1.25)$$

公式(3.1.24)和(3.1.25)分别称为下限公式和上限公式。两个公式中各符号的含义说明如下：L 为中位数所在组的下限；U 为中位数所在组的上限；$\sum f$ 为变量值的频数总和；$\sum f/2$ 为中位数的位次；f_m 为中位数所在组的频数；S_{m-1} 为中位数所在组之前那组的向上累计频数；S_{m+1} 为中位数所在组之后那组的向下累计频数。

回到例 3.1.14，已知中位数在区间 $[400,600)$ 内，$L = 400$，$U = 600$，$S_{m-1} = 10$，$\sum f/2 = 25$，$d = 200$，$f_m = 32$，故由下限公式，有

$$m_e = L + \frac{\dfrac{\sum f}{2} - S_{m-1}}{f_m} \times d = 400 + \frac{25 - 10}{32} \times 200 = 493.75 \approx 494（件）$$

或由上限公式，有

$$m_e = U - \frac{\dfrac{\sum f}{2} - S_{m+1}}{f_m} \times d = 600 - \frac{25 - 8}{32} \times 200 = 493.75 \approx 494（件）$$

中位数具有以下优点：a. 概念较为清晰，可以比较容易确定；b. 不受数列中特殊值的影响，具有一定的代表性；c. 当组距数列出现开口组时，对中位数无影响；d. 当某些变量不能表现为数值但可以定序时，不能计算数值平均数但可以确定中位数。

当然中位数也有其局限性：a. 中位数不能像算术平均数那样可以进行代数运算；b. 除了变量数列的中间部分数值外，其他数值的变化都不对中位数产生影响，因此中位数的灵敏度较低。

（2）众数

众数就是变量分布中最常出现（频数或频率最大）的标志值，记为 m_o。数列中最常出现的标志值说明该标志值最具有代表性，因此可以反映数列的一般水平。

[**例 3.1.15**] 某集贸市场某种商品价格及商户资料如下表：

商品价格（元/斤）	商户（户）f
1.5	1
1.6	4
1.8	15
2.2	3
2.4	2
合　计	25

试确定众数。

解　商品价格为 1.8 元/斤便是众数。

众数可以用来测定任何种类变量的集中趋势，包括定类变量和定序变量。例如，某班级要搞一次暑期社会实践活动，有 A、B、C、D、E 五种备选方案。如果经投票 B 方案的得票明显高于其他方案，那么众数就是 B 方案。再如，如果某高校有 10 个学院，其中经济学院的学生最多，那么众数就是经济学院。

单项式数列的众数比较容易确定。下面介绍组距式数列确定众数的近似公式。

首先要在组距式数列中找出频数最多的一组作为众数组。

如图 3.1.3，设众数组下限为 L，上限为 U，Δ_1 为众数组频数与左邻数组的频数之差，Δ_2 为众数组频数与右邻数组的频数之差，$d=U-L$，则计算 m_o 的下限公式为

$$m_o = L + \frac{\Delta_1}{\Delta_1 + \Delta_2} \times d \tag{3.1.26}$$

$$m_o = U - \frac{\Delta_2}{\Delta_1 + \Delta_2} \times d \tag{3.1.27}$$

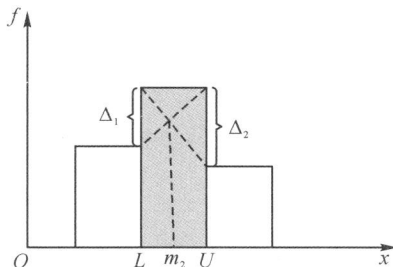

图 3.1.3　众数公式示意图

[例 3.1.16]　某乡农民家庭有关资料如下表：

农民家庭按年人均纯收入分组(元)	家庭数(户)
1000－1200	240
1200－1400	480
1400－1600	1050
1600－1800	600
1800－2000	270
2000－2200	210
2200－2400	120
2400－2600	30
合　　计	3000

试确定众数。

解 该乡农民家庭年人均纯收入的众数组为 $1400-1600$，用下限公式可得：

$$m_o = L + \frac{\Delta_1}{\Delta_1 + \Delta_2} \times d$$

$$= 1400 + \frac{1050 - 480}{1050 - 480 + 1050 - 600} \times 200 = 1511.8(\text{元})$$

众数是一种位置平均数，不受极端标志值或开口组的影响。也就是说，当总体出现极端标志值时，众数比算术平均数更能反映总体各单位标志值的一般水平。不过，众数不能像算术平均数那样进行代数运算。

众数具有较广的应用面，可用于测定任何变量的集中趋势。在总频数充分多且某一组的频数明显高于其他组时，众数才有意义，而各组的频数没有明显集中趋势或呈大致均匀分布的情况下，则不能确定众数。

（3）中位数、众数和算术平均数的关系

把中位数、众数和算术平均数结合起来，通过比较它们之间的数量关系，可以帮助我们更好地认识变量分布的特征。

①在变量分布完全对称时，中位数、众数和算术平均数三者完全相等，即有 $\mu_X = m_e = m_o$。此时变量分布曲线呈现出以均值为中心的钟形对称形状，如图 3.1.4 所示。

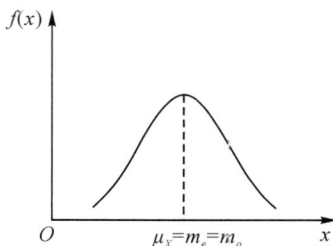

图3.1.4 对称钟形分布时中位数、众数和算术平均数的关系

②在变量分布不对称（偏态分布）时，中位数、众数和算术平均数三者之间存在着差异。若三者之间的关系为 $m_o < m_e < \mu_X$，则变量分布向右偏，此时称相应的分布为右偏分布，如图 3.1.5 所示。若三者之间的关系为 $\mu_X < m_e < m_o$，则变量分布向左偏，此时称相应的分布为左偏分布，如图 3.1.6 所示。

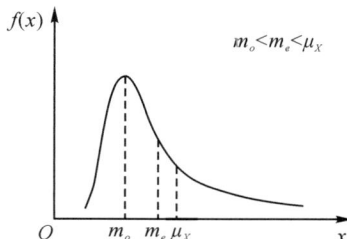

图 3.1.5 右偏分布时中位数、众数和算术平均数的关系

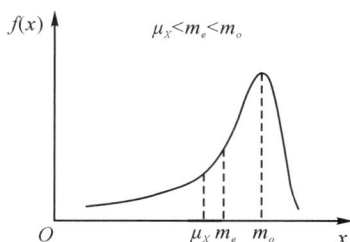

图 3.1.6　左偏分布时中位数、众数和算术平均数的关系

根据经验,在轻微偏态时,不论是右偏还是左偏,众数与算术平均数的距离等于中位数与算术平均数的距离的 3 倍,即

$$m_o - \mu_X = 3(m_e - \mu_X) \tag{3.1.28}$$

3.2　离中趋势的描述

3.2.1　离中趋势和离散指标

变量分布既有集中趋势的一面,又有离中趋势的一面。所谓离中趋势,就是变量分布中各变量值背离中心值的趋势。如果说,集中趋势是总体或变量分布同质性的体现,那么离中趋势就是总体或变量分布差异性的体现。对离中趋势的描述,就是要反映变量分布中各变量值远离中心值或代表值的状况,以便更客观地反映变量分布的特征。

反映离中趋势的指标称为离散指标或变异指标,它是反映变量分布(总体)中各单位标志值差异程度的综合指标。

离散指标的作用主要有以下几点:

(1)用来衡量和比较平均数的代表性

平均指标掩盖了各变量值之间的差异,具有抽象性与代表性。然而,平均数的代表性的高低不仅仅取决于它本身,而是更多地取决于它背后各变量之间的差异程度。离散指标值越大,则平均指标的代表性越小;反之,离散指标值越小,则平均指标的代表性越大。

(2)用来反映各种现象活动过程的均衡性、节奏性或稳定性

现象的活动过程通常都以平均数为中心而呈现出波动,波动的大小说明现象活动过程的均衡性、节奏性或稳定性高低,而这种波动同样可以通过离散指标来反映。例如,"国民经济发展过程中增长速度是否大起大落?""股票价格的波动是否剧烈?""产品生产质量是否稳定?"等等,都可以用相应的离散指标加以反映。

（3）为统计推断提供依据

在统计推断中，无论是抽样估计还是假设检验，离散指标都是必不可少的要素，也是得出统计推断结论或判断推断效果的重要依据。

3.2.2 离散指标的种类和计算方法

离散指标包括以下几种：全距、四分位差、异众比率、平均差、方差和标准差、变异系数。

（1）全距

全距是变量的最大值（$x_{\max}$）与最小值（$x_{\min}$）之差，又称"极差"，它说明变量的变动范围，一般用 R 表示，即

$$R = x_{\max} - x_{\min} \qquad (3.2.1)$$

对于组距式数据，$x_{\max}$ 是最高组上限或开口组假定上限，而 $x_{\min}$ 则是最低组下限或开口组假定下限。

全距是测定标志变动度的一种粗略方法，在实际中也有众多的应用。例如，每天天气预报中最高温和最低温的温差，股票市场中各股票每天最高成交价和最低成交价之间的价差等，都是全距的表现。

全距的特点是计算简单，含义明确，对于测定对称分布的数列具有特殊优点。但是，全距仅取决于两个极端数值，带有较大的偶然性，不能全面反映总体各单位标志值变异的程度，用其作为评价平均指标代表性程度的话，参考价值不大。

（2）四分位差

四分位差是四分位数中第 3 个四分位数与第 1 个四分位数之差，也称为内距或四分间距，通常用 Q_d 表示，即

$$Q_d = Q_U - Q_L \qquad (3.2.2)$$

例如，在例 3.1.11 中，已知 $Q_U = A^+$，$Q_L = A^-$，故四分位差 $Q_d = A^+ - A^-$ 等于两个等级差。

四分位差通常与中位数相结合，用以表明分布中间 50% 数值的离散程度，其值越小（越大），表明变量中间数值的分布越集中（越离散），中位数代表越好（越差）。

（3）异众比率

异众比率是分布数列中非众数组的频数与总频数之比，通常用 V_r 来表示，即

$$V_r = \frac{\sum f_i - f_{m_o}}{\sum f_i} = 1 - \frac{f_{m_o}}{\sum f_i} \qquad (3.2.3)$$

其中 f_{m_o} 为众数组的频数。

在例 3.1.15 中，商品价格为 1.8 元/斤便是众数，而异众比率为 $V_r = 0.4$。

异众比率通常与众数相结合,用以表明众数代表性的高低。异众比率越大(越小),说明数列分布越分散(越集中),众数代表性就越差(越好)。

(4)平均差

平均差是变量分布(总体)中各单位标志值与其算术平均数之间离差绝对值的平均数,一般用 AD 表示。

由于掌握的资料不同,平均差的计算可分为简单平均差和加权平均差两种形式,即

$$AD = \frac{\sum_{i=1}^{N} |x_i - \mu_X|}{N} \tag{3.2.4}$$

或

$$AD = \frac{\sum_{i=1}^{k} |x_i - \mu_X| f_i}{\sum_{i=1}^{k} f_i} \tag{3.2.5}$$

显然,平均差弥补了全距之不足,它考虑了所有的标志值,利用了全部数据的信息,能较好地反映总体各单位标志值的平均差异(离散)程度。

在计算平均离差时,为了保证正、负离差和不会相互抵消而采用了绝对值,这在数学处理上不太方便,数学性质上也不是最优,具有局限性。

[**例 3.2.1**]　设有 A、B 两个组的学生考分资料如下表:

学生序号	学生考分(分)	
	A 组	B 组
甲	65	68
乙	70	70
丙	75	76
丁	80	80
戊	85	81
合　计	375	375

试问 A、B 两组哪一组学生的平均考分更有代表性?

解　计算过程见下表:

学生序号	考分（分）		平均数离差 $x_A - \mu_A$	离差绝对值 $|x_A - \mu_A|$	平均数离差 $x_B - \mu_B$	离差绝对值 $|x_B - \mu_B|$
	x_A	x_B				
甲	65	68	−10	10	−7	7
乙	70	70	−5	5	−5	5
丙	75	76	0	0	1	1
丁	80	80	5	5	5	5
戊	85	81	10	10	6	6
合计	375	375	—	30	—	24

根据表中的数据计算可得 $\mu_A = \mu_B = 75$，即两组的平均分数是相等的，而 A 组的平均差为

$$AD_A = \frac{\sum |x_A - \mu_A|}{N} = \frac{30}{5} = 6$$

B 组的平均差为

$$AD_B = \frac{\sum |x_B - \mu_B|}{N} = \frac{24}{5} = 4.8$$

因为 B 组学生的平均差更小，所以 B 组学生平均考分比 A 组学生平均考分更有代表性。

[例 3.2.2] 计算下表中某公司职工月工资的平均差。

月工资（元）	组中值	职工人数（人）
300 以下	250	208
300—400	350	314
400—500	450	382
500—600	550	456
600—700	650	305
700—800	750	237
800—900	850	78
900 以上	950	20
合　计	—	2000

解 月平均工资为

$$\mu_A = \frac{250 \times 208 + \cdots + 950 \times 20}{2000} = \frac{1045900}{2000} = 522.95（元）$$

平均差为

$$AD = \frac{\sum \mid x - \mu_X \mid f}{\sum f}$$

$$= \frac{\mid 250 - 522.95 \mid \times 208 + \cdots + \mid 950 - 522.95 \mid \times 20}{2000}$$

$$= \frac{277893.6}{2000} = 138.95(元)$$

(5)方差和标准差

方差是各变量值与其均值的离差平方的算术平均数,而标准差则是方差的平方根。方差和标准差是测度变量分布离散程度的最重要指标,在统计学中具有非常重要的作用。

由于掌握的资料不同,方差和标准差的计算可分为简单标准差和加权标准差两种形式。

若变量 X 的所有可能取值为 $x_1, x_2, \cdots, x_N$,则 X 的方差的计算公式为

$$\sigma_X^2 = \frac{1}{N} \sum_{i=1}^{N} (x_i - \mu_X)^2 \qquad (3.2.6)$$

若变量 X 可以按照个体的标志值划分为 k 组,第 i 组的标志值为 x_i,其频数为 f_i,则 X 的方差的计算公式为

$$\sigma_X^2 = \frac{\sum_{i=1}^{k} (x_i - \mu_X)^2 f_i}{\sum_{i=1}^{k} f_i} \qquad (3.2.7)$$

标准差的计算公式为

$$\sigma_X = \sqrt{\frac{1}{N} \sum_{i=1}^{N} (x_i - \mu_X)^2} \qquad (3.2.8)$$

或

$$\sigma_X = \sqrt{\frac{\sum_{i=1}^{k} (x_i - \mu_X)^2 f_i}{\sum_{i=1}^{k} f_i}} \qquad (3.2.9)$$

方差和标准差利用了所有的数据信息,因而能准确反映变量分布的离散程度。方差和标准差越大,表示变量分布的离散程度越大;方差和标准差越小,表示变量分布的离散程度越小。

如果两组数据的算术平均数相等,那么方差较小的那一组其平均数要更具有代表性。

标准差与平均差都不易受极端数值的影响，因而能综合反映全部单位标志值的实际差异程度。不过与平均差不同的是，标准差用平方的方法消除各标志值与算术平均数离差的正负值问题，便于用于数学处理和统计分析运算。

[例 3.2.3] 根据例 3.2.1 中的资料，试问 A、B 两组哪一组学生的平均考分更有代表性？

解 计算分析过程见下表：

学生序号	考分/分		平均数离差	离差平方	平均数离差	离差平方
	x_A	x_B	$x_A - \mu_A$	$(x_A - \mu_A)^2$	$x_B - \mu_B$	$(x_B - \mu_B)^2$
甲	65	68	-10	100	-7	49
乙	70	70	-5	25	-5	25
丙	75	76	0	0	1	1
丁	80	80	5	25	5	25
戊	85	81	10	1C0	6	36
合计	375	375	—	250	—	136

由上表可知，A 组和 B 组学生的平均考分均为 $\mu_A = \mu_B = 375 \div 5 = 75$，它们的标准差分别为

$$\sigma_A = \sqrt{\frac{1}{n}\sum(x_A - \mu_A)^2} = \sqrt{\frac{250}{5}} = 7.07(\text{分})$$

$$\sigma_B = \sqrt{\frac{1}{n}\sum(x_B - \mu_B)^2} = \sqrt{\frac{136}{5}} = 5.2(\text{分})$$

因为 $\sigma_A > \sigma_B$，所以 B 组学生的平均考分比 A 组学生的平均考分更有代表性。

[例 3.2.4] 根据例 3.2.2 中的数据，计算月工资的标准差。

解 已知月平均工资为 $\mu_X = 522.95(\text{元})$，由公式(3.2.8)，标准差为

$$\sigma_X = \sqrt{\frac{(250 - 522.95)^2 \times 208 + \cdots + (950 - 522.95)^2 \times 20}{2000}}$$

$$= \sqrt{\frac{56386595.01}{2000}} = 167.9(\text{元})$$

比较例 3.2.2 和例 3.2.4 的结果，可知月工资的标准差 167.9 要大于月工资的平均差 138.95。这个大小关系不是偶然的。事实上，若 $a_i \geq 0(i = 1, 2, \cdots, N)$，则有以下不等式成立：

$$\sqrt{\frac{1}{N}\sum_{i=1}^{N} a_i^2} \geq \frac{1}{N}\sum_{i=1}^{N} a_i \tag{3.2.10}$$

当 $a_i = |x_i - \bar{x}|$，上式左端就是标准差，右端就是平均差。

有时候为了计算方便,常常用下面公式计算方差和标准差:

$$\sigma_X^2 = \frac{1}{N} \sum_{i=1}^{N} x_i^2 - \mu_X^2 \tag{3.2.11}$$

或

$$\sigma_X^2 = \frac{\sum_{i=1}^{k} x_i^2 f_i}{\sum_{i=1}^{k} f_i} - \mu_X^2 \tag{3.2.12}$$

（6）变异系数

标准差（或平均差）数值的大小不但取决于变量分布的离散程度,而且要受其变量值平均水平高低的影响,并且都明确有计量单位。因此,不同的均值水平和不同计量单位的绝对离散指标是不能直接比较的。为了实现不同变量分布之间离散程度的可比性,必须消除不同均值水平和计量单位的影响,此时应该计算相对离散指标。

相对离散指标用变异系数来表示,它是变量的标准差 σ 与均值 μ 之比,记为 V_σ,即

$$V_\sigma = \frac{\sigma}{\mu} \tag{3.2.13}$$

变异系数也称为离散系数或标准差系数。变异系数越大,说明变量分布的离散程度越强,平均数的代表性越差;变异系数越小,说明变量分布的离散程度越弱,平均数的代表性越好。

[例 3.2.5]　有 A、B 两个组的学生考分资料如下表:

学生序号	学生考分（分）	
	A 组	B 组
甲	65	80
乙	70	85
丙	75	90
丁	80	95
戊	85	100
合　计	375	450

试问 A、B 两组哪一组学生的平均考分更有代表性?

解　计算分析过程见下表:

学生序号	考分（分）		平均数离差	离差平方	平均数离差	离差平方
	x_A	x_B	$x_A - \mu_A$	$(x_A - \mu_A)^2$	$x_B - \mu_B$	$(x_B - \mu_B)^2$
甲	65	80	-10	100	-10	100
乙	70	85	-5	25	-5	25
丙	75	90	0	0	0	0
丁	80	95	5	25	5	25
戊	85	100	10	100	10	100
合计	375	450	—	250	—	250

由表中数据，可得 A、B 组的平均分数分别为 $\mu_A = 75$（分）和 $\mu_B = 90$（分）。

A 组的标准差为

$$\sigma_A = \sqrt{\frac{1}{N} \sum (x_A - \mu_A)^2} = \sqrt{\frac{250}{5}} = 7.07 \text{（分）}$$

B 组的标准差为

$$\sigma_B = \sqrt{\frac{1}{N} \sum (x_B - \mu_B)^2} = \sqrt{\frac{250}{5}} = 7.07 \text{（分）}$$

A 组的变异系数为

$$V_{\sigma_A} = \frac{\sigma_A}{\mu_A} = \frac{7.07}{75} = 0.094$$

B 组的变异系数为

$$V_{\sigma_B} = \frac{\sigma_B}{\mu_B} = \frac{7.07}{90} = 0.079$$

因为 $V_{\sigma_A} > V_{\sigma_B}$，所以 B 组学生的平均考分比 A 组学生的平均考分更有代表性。

注意：标准差与标准差系数的不同应用条件。

在比较两个不同数列（总体）标志变异程度大小（或说明其平均数代表性大小）时，当其平均水平相同时，可直接计算标准差进行比较，当其平均水平不相同（或其计量单位不同）时，需消除平均水平不同或计量单位不同的影响，计算标准差系数进行比较。

3.3 是非标志总体的平均数和标准差

3.3.1 是非标志（属性）总体的比例

总体按所研究标志的类型的不同，可分为变量总体（即研究数量标志的总体）和属性总体（即研究品质标志的总体）。

　　在属性总体中,当所研究的标志表现只有两种属性,即"是"或"非"时,则将该属性总体称为是非标志总体。例如:如果我们关心的属性是男生,那么学生按性别分组,可分为男生(是)和女生(非);如果我们关心的属性是不合格品,那么产品可分为不合格品(是)和合格品(非);如果我们关心的属性是企业的经济类型是否属于国有,那么企业可分为国有企业(是)和其他类型的企业(非);等等。

　　在是非标志(属性)总体中,设总体有 N 个单位,其中有 N_1 个单位的标志表现为"是",则比例 $\pi = N_1/N$ 表示总体中标志表现为"是"的个体在总体中所占的比重,称为总体比例或总体成数。显然,标志表现为"非"的个体所占的比例为 $1-\pi$。

3.3.2　是非标志(属性)总体的平均数和标准差

　　虽然品质标志(是非标志)的表现不能用数值表示,但为了研究问题的方便,我们可以将品质标志(是非标志)数量化,即用 1 表示标志表现为"是",用 0 表示标志表现为"非"。于是,任选一个个体,记它的标志表现为 X,则 X 的可能取值只有两个:0,1。

　　设总体共有 N 个个体,第 i 个个体的标志值为 $x_i (i = 1,2,\cdots,N)$,其可能取值为 1 或 0,则有

$$N_1 = \sum_{i=1}^{N} x_i \tag{3.3.1}$$

算术平均数为

$$\mu_X = \frac{1}{N} \sum_{i=1}^{N} x_i = \frac{N_1}{N} = \pi \tag{3.3.2}$$

也就是说,在把是非标志用 1 或 0 加以赋值后,总体比例 π 就是算术平均数。

方差为

$$\sigma_X^2 = \frac{1}{N} \sum_{i=1}^{N} x_i^2 - \mu_X^2 = \pi - \pi^2 = \pi(1-\pi) \tag{3.3.3}$$

标准差为

$$\sigma_X = \sqrt{\pi(1-\pi)} \tag{3.3.4}$$

　　由(3.3.4)式可知,当比例 $\pi = 0.5$ 时,是非标志(属性)总体的方差(即比例的方差)达到最大值 0.25。

3.4 随机变量的概率分布及数字特征

本节介绍一些相关的概率论知识。

3.4.1 离散型随机变量的概率分布

定义 3.4.1 如果随机变量只取有限或可列无穷（可以表示成一个数列）个值，则称它为离散型随机变量。

对于离散型随机变量，关键是要确定以下两点：(1) 所有可能的取值；(2) 取每一个值的概率。

定义 3.4.2 设离散型随机变量的所有可能取值为 $x_1, x_2, \cdots$，则称

$$P(X = x_i) = p_i, i = 1, 2, \cdots \tag{3.4.1}$$

为离散型随机变量的分布律或概率分布。

分布律也表示成如下的表格形式：

x	x_1	x_2	$\cdots$	x_i	$\cdots$
P	p_1	p_2	$\cdots$	p_i	$\cdots$

或

$$X \sim \begin{bmatrix} x_1 & x_2 & \cdots & x_i & \cdots \\ p_1 & p_2 & \cdots & p_i & \cdots \end{bmatrix}$$

由概率的性质，离散型随机变量的分布律具有以下两个基本性质：

(1) 非负性：$0 \leqslant p_i \leqslant 1$；

(2) 规范性：$\sum\limits_{i=1}^{\infty} p_i = 1$。

设总体可以按照个体的标志值划分为 k 组，第 i 组的标志值为 x_i，其包含的单位数即频数为 f_i，现任选一个个体，记该个体的标志值为 X，则 X 恰好为 x_i 的概率为 $f_i / \sum\limits_{i=1}^{k} f_i$，即 X 的分布律为

$$P\{X = x_i\} = \frac{f_i}{\sum\limits_{i=1}^{k} f_i}, i = 1, 2, \cdots, k \tag{3.4.2}$$

也就是说，通过构造适当的概率模型之后，原来分组数据中各标志值的频率分布就构成了某一离散型随机变量的概率分布。

3.4.2　常见离散型随机变量的分布律

(1)两点分布(0—1 分布)

在是非标志的属性总体中,假如标志表现为"是"的个体比例(即总体成数)为 π,"非"的个体比例为 $1-\pi$,现在任选一个个体,用 $X=1$ 表示该个体的标志表现为"是",用 $X=0$ 表示"非",则 X 就是一个离散型随机变量,其分布律为

$$P(X=i)=\pi^i(1-\pi)^{1-i},i=0,1 \tag{3.4.3}$$

或

X	0	1
P	π	$1-\pi$

此时我们称 X 服从参数为 π 的两点分布或 0—1 分布。

(2)二项分布

在是非标志的属性总体中,假如标志表现为"是"的个体比例(即成数)是 π,做重复抽样,样本容量为 n,记 X 为样本中标志表现为"是"的个体数,则 X 的分布律为

$$P\{X=k\}=C_n^k\pi^k(1-\pi)^{n-k},k=0,1,2,\cdots,n \tag{3.4.4}$$

其中

$$C_n^k=\frac{n!}{k!(n-k)!}$$

此时,称 X 服从参数为 n,π 的二项分布,记作 $X\sim B(n,\pi)$ 或 $X\sim b(n,\pi)$。

[例 3.4.1]　已知 100 件产品中有 5 件次品,现从中任取 1 件,有放回地取 3 次,求所取 3 件中恰有 2 件次品的概率。

解　由于是有放回地抽取 3 次,因此这 3 次试验的条件是完全相同的,属于 3 重伯努利试验。根据题意,每次取到次品的概率为 5%,故次品数 X 服从二项分布 $B(3,0.05)$,所求的概率为

$$P\{X=2\}=C_3^2(0.05)^2(0.95)=0.007125$$

如果将上述问题中的"重复抽样"改为"不重复抽样",那么各次试验条件就不相同了,此时在所取的 3 件中恰有 2 件次品的概率就成了

$$P\{X=2\}=\frac{C_5^2C_{95}^1}{C_{100}^3}=0.0059$$

这种做不重复抽样得到的概率分布也是一种很重要的概率分布,称为超几何分布。

(3)超几何分布

设是非总体单位数为 N,其中标志值为"是"的个体数为 M,做不重复抽样,样本容量为 $n(n\leqslant M)$,记其中"是"的个体数为 X,则分布律为

$$P\{X=i\}=\frac{C_M^i C_{N-M}^{n-i}}{C_N^n}\ ,i=0,1,2,\cdots,n \qquad (3.4.5)$$

此时称 X 服从超几何分布。

对于抽样问题来说，当 N 相当大而抽样比 $f=n/N$ 很小时，"不重复抽样"可以当作"重复抽样"来处理，此时超几何分布可用二项分布近似。

（4）泊松分布

如果随机变量 X 的分布律为

$$P\{X=k\}=\frac{\lambda^k}{k!}\mathrm{e}^{-\lambda},k=0,1,2,\cdots \qquad (3.4.6)$$

则称 X 服从参数为 λ 的泊松分布，记为 $X\sim P(\lambda)$。

泊松分布是用来描述在一定时间范围内或在指定的面积或体积内某一事件出现的次数的分布。例如某企业每月发生的事故的次数、单位时间内到达某一服务平台（服务站、诊所、超市收银台、电话总机等）需要服务的顾客人数、人寿保险公司每天收到的死亡声明的个数、某种仪器每月出现的故障数等等，都可以用泊松分布来描述。

当 π 很小，而 n 很大时，二项分布可用泊松分布近似，即

$$C_n^k\pi^k(1-\pi)^{n-k}\approx\frac{\lambda^k}{k!}\mathrm{e}^{-\lambda} \qquad (3.4.7)$$

其中 $\lambda=n\pi$。

在实际应用中，当 $\pi\leqslant0.25,n>20,n\pi\leqslant5$ 时，用泊松分布近似二项分布效果较好。

3.4.3 离散型随机变量的数字特征

定义 3.4.3（数学期望） 若离散型随机变量 X 的分布律为 $P\{X=x_i\}=p_i,i=1,2,\cdots$，则当

$$\sum_{k=1}^{+\infty}|x_k|p_k<\infty \qquad (3.4.8)$$

时，称随机变量 X 的数学期望存在，并称 $\sum\limits_{k=1}^{+\infty}x_kp_k$ 为随机变量 X 的数学期望或期望，记作 $E(X)$，即

$$E(X)=\sum_{i=1}^{+\infty}x_kp_k \qquad (3.4.9)$$

随机变量 X 的数学期望也常记为 μ_X，即 $\mu_X=E(X)$。

定义 3.4.4（方差） 设 X 的数学期望 μ_X 存在，若 $E(X-\mu_X)^2$ 也存在，则称 $E(X-\mu_X)^2$ 为随机变量 X 的方差，记作 $D(X)$ 或 σ_X^2，称 $\sqrt{D(X)}$ 为随机变量 X 的标准差，记作 σ_X。

对离散型随机变量来说,方差的具体计算公式为

$$D(X) = \sum_{i=1}^{\infty} (x_i - \mu_X)^2 p_i \qquad (3.4.10)$$

其中 $p_i = P\{X = x_i\}$。

方差可以用下面的简化公式来计算:

$$\sigma_X^2 = D(X) = E(X^2) - [E(X)]^2$$
$$= \sum_{i=1}^{n} x_i^2 p_i - \mu_X^2 \qquad (3.4.11)$$

设总体可以按照个体的标志值划分为 k 组,第 i 组的标志值为 x_i,其包含的单位数即频数为 f_i,则根据(3.4.2)式任选一个个体,其标志值 X 的数学期望为

$$\mu_X = \sum_{i=1}^{k} x_i \frac{f_i}{\sum_{i=1}^{k} f_i} \qquad (3.4.12)$$

X 的方差为

$$\sigma_X^2 = \sum_{i=1}^{k} (x_i - \mu_X)^2 \frac{f_i}{\sum_{i=1}^{k} f_i} \qquad (3.4.13)$$

将(3.4.12)式和(3.4.13)式与第 3 章的(3.1.4)式和(3.3.3)式进行比较后,就可以发现,它们实际上就是分组数据的加权算术平均数和方差。也就是说,在引入了适当的随机变量后,分组数据的加权算术平均数和方差与这里所说的数学期望和方差是一回事。

根据定义可以计算得到一些重要分布的数学期望和方差。

① 0—1 分布。

设随机变量 X 服从参数为 π 的 0—1 分布,则

$$E(X) = \pi, D(X) = \pi(1 - \pi) \qquad (3.4.14)$$

② 二项分布。

设随机变量 X 服从参数为 n,π 的二项分布,即 $X \sim B(n,\pi)$,则

$$E(X) = n\pi , D(X) = n\pi(1 - \pi) \qquad (3.4.15)$$

③ 超几何分布。

设随机变量 X 服从超几何分布,分布律由(3.4.5)式给出,记 $\pi = \dfrac{M}{N}$(总体成数),则有

$$E(X) = n\pi, D(X) = n\pi(1 - \pi) \cdot \frac{N - n}{N - 1} \qquad (3.4.16)$$

④ 泊松分布。

设随机变量 X 服从参数为 λ 的泊松分布，则

$$E(X) = \lambda \ , D(X) = \lambda \tag{3.4.17}$$

3.4.4 连续型随机变量的概率分布

由于连续型随机变量可以取某一区间或整个实数轴上的任意一个值，所以我们不能像对离散型随机变量一样列出每一个值及其相应的概率，此时我们要用到另一个称为概率密度函数的重要概念。

概率密度函数 $f(x)$ 是满足下列两个条件的函数：

① 非负性：$f(x) \geqslant 0$；

② 规范性：$\int_{-\infty}^{+\infty} f(x)\mathrm{d}x = 1$。

如果连续型随机变量 X 的概率密度函数为 $f(x)$，那么就有下式成立：

$$P\{a \leqslant X \leqslant b\} = \int_a^b f(x)\mathrm{d}x \tag{3.4.18}$$

即图 3.4.1 中的阴影部分的面积。

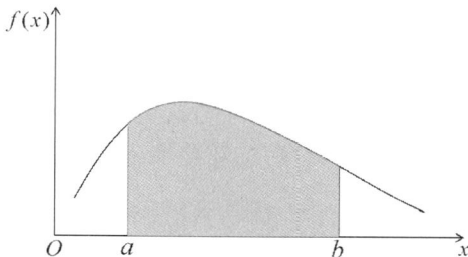

图 3.4.1　概率 $P\{a \leqslant X \leqslant b\}$

由于连续型随机变量 X 取任意一个实数的概率为零，因此有

$$P(a < X < b) = P(a < X \leqslant b) = P(a \leqslant X < b) = P(a \leqslant X \leqslant b) \tag{3.4.19}$$

连续型随机变量也可以用分布函数 $F(x)$ 表示，具体定义为：

$$F(x) = P\{X \leqslant x\} = \int_{-\infty}^x f(x)\mathrm{d}x \tag{3.4.20}$$

如果已知分布函数 $F(x)$，则有

$$P\{a < X \leqslant b\} = F(b) - F(a) \tag{3.4.21}$$

3.4.5　几种常见的连续型分布

（1）均匀分布

设 X 是一个连续型随机变量，如果其密度函数为

$$f(x) = \begin{cases} \dfrac{1}{b-a}, & a \leqslant x \leqslant b \\ 0, & \text{其他} \end{cases} \tag{3.4.22}$$

则称随机变量 X 服从区间 $[a,b]$ 上均匀分布，记作 $X \sim U(a,b)$。

对于任意一个子区间 $[c, c+l] \subset [a,b]$，有

$$P\{c \leqslant X \leqslant c+l\} = \int_c^{c+l} f(x)\mathrm{d}x = \int_c^{c+l} \frac{1}{b-a}\mathrm{d}x = \frac{l}{b-a}$$

上式表明，X 落在区间 $[a,b]$ 内任意等长度的子区间内的概率是相同的。在这个意义上我们说，服从均匀分布的随机变量在其可能取值的区间内具有"等可能性"。

（2）指数分布

若连续型随机变量 X 的密度函数为

$$f(x) = \begin{cases} \lambda \mathrm{e}^{-\lambda x}, & x \geqslant 0 \\ 0, & x < 0 \end{cases} \tag{3.4.23}$$

则称随机变量 X 服从参数为 λ 的指数分布，记作 $X \sim E(\lambda)$。

指数分布在可靠性和排队论中有广泛的应用。

（3）正态分布

若随机变量 X 的密度函数为

$$f(x) = \frac{1}{\sqrt{2\pi}\sigma} \mathrm{e}^{-\frac{(x-\mu)^2}{2\sigma^2}} \quad (-\infty < x < +\infty) \tag{3.4.24}$$

则称随机变量 X 服从参数为 μ, σ^2 的正态分布，记作 $X \sim N(\mu, \sigma^2)$，其分布函数为

$$F(x) = \frac{1}{\sqrt{2\pi}\sigma} \int_{-\infty}^x \mathrm{e}^{-\frac{(t-\mu)^2}{2\sigma^2}} \mathrm{d}t \tag{3.4.25}$$

正态分布是概率论与数理统计中最重要的一种分布。很多随机现象可以用正态分布描述，例如人的身高、体重，测量误差，稳定生产条件下产品的质量指标等都可以用正态分布描述。

正态分布的密度函数 $f(x)$ 的图形如图 3.4.2 所示，被称为钟形曲线。容易看出：

① $f(x)$ 关于 $x = \mu$ 对称，且在 $x = \mu$ 处有最大值 $f(\mu) = \left(\sqrt{2\pi}\sigma\right)^{-1}$；

② 曲线在 $x = \mu \pm \sigma$ 处有拐点；

③ 当 $x \to \infty$ 时，曲线以 x 轴为渐近线；

④ 若固定 σ，改变 μ 的值，则图形沿 x 轴平行移动，而不改变形状，即正态分布密度函

数的位置由参数 μ 确定,因此称 μ 为位置参数；

⑤ 如果固定 μ,改变 σ 的值,由于最大值为 $f(\mu) = (\sqrt{2\pi}\sigma)^{-1}$,所以当 σ 越小时图形越尖,当 σ 越大时图形越平,即正态分布密度函数的尺度由参数 σ 确定,因此称 σ 为尺度参数。

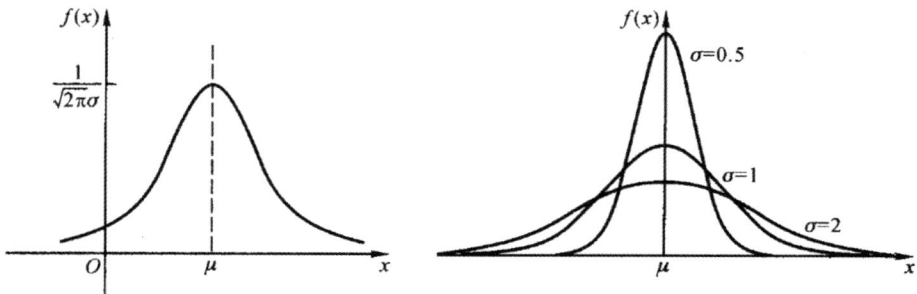

图 3.4.2　正态概率密度以及参数 σ 对曲线形状的影响

称 $\mu = 0, \sigma = 1$ 时的正态分布为标准正态分布,其密度函数、分布函数分别用 $\varphi(x)$ 和 $\Phi(x)$ 表示,即

$$\varphi(x) = \frac{1}{\sqrt{2\pi}}e^{-\frac{x^2}{2}} \tag{3.4.26}$$

$$\Phi(x) = \frac{1}{\sqrt{2\pi}}\int_{-\infty}^{x}e^{-\frac{t^2}{2}}dt \tag{3.4.27}$$

设 $X \sim N(\mu, \sigma^2)$,则其分布函数为

$$F(x) = \int_{-\infty}^{x}\frac{1}{\sqrt{2\pi}\sigma}e^{-\frac{(t-\mu)^2}{2\sigma^2}}dt \qquad (令\ u = \frac{t-\mu}{\sigma})$$

$$= \int_{-\infty}^{\frac{x-\mu}{\sigma}}\frac{1}{\sqrt{2\pi}}e^{-\frac{u^2}{2}}du = \Phi\left(\frac{x-\mu}{\sigma}\right)$$

因此有如下的正态概率计算公式

$$P\{a < X \leqslant b\} = \Phi\left(\frac{b-\mu}{\sigma}\right) - \Phi\left(\frac{a-\mu}{\sigma}\right) \tag{3.4.28}$$

该公式将任意正态分布的概率计算问题均转化为标准正态分布的概率计算。

设 $X \sim N(\mu, \sigma^2)$,则有

$$P(|X-\mu| < \sigma) = \Phi(1) - \Phi(-1) \approx 0.6826 \tag{3.4.29}$$

$$P(|X-\mu| < 2\sigma) = \Phi(2) - \Phi(-2) \approx 0.9544 \tag{3.4.30}$$

$$P(|X-\mu| < 3\sigma) = \Phi(3) - \Phi(-3) \approx 0.9973 \tag{3.4.31}$$

这说明,$X-\mu$ 的绝对值超过 3σ 的概率还不到 0.003,因此事件 $(|X-\mu| > 3\sigma)$ 的概率很小,根据小概率原理,在实际问题中常常认为它在一次观测中是不会发生的。也就是

说,对服从 $X \sim N(\mu,\sigma)$ 的随机变量 X 来说,基本上可以认为有 $|X-\mu| \leqslant 3\sigma$。这种近似的说法被一些实际工作者称为正态分布的"$3\sigma$ 原则"。上面三式可用图 3.4.3 表示。

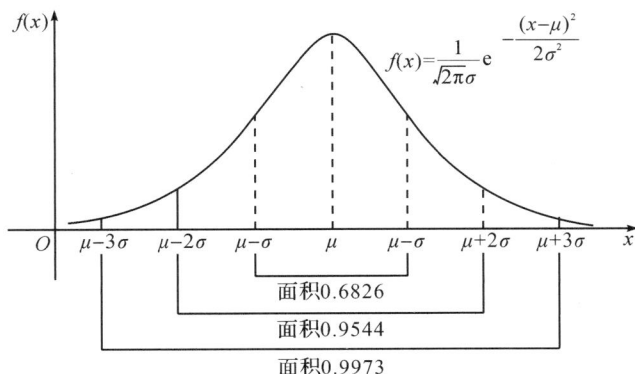

图 3.4.3 3σ 原则

3.4.6 连续型随机变量的数字特征

设连续型随机变量 X 的概率密度为 $f(x)$,则 X 的数学期望定义为

$$E(X) = \int_{-\infty}^{+\infty} x f(x) \mathrm{d}x = \mu_X \tag{3.4.32}$$

X 的方差定义为

$$D(X) = \int_{-\infty}^{+\infty} (x-\mu_X)^2 f(x) \mathrm{d}x = \sigma_X^2 \tag{3.4.33}$$

方差还可以用下列公式计算:

$$D(X) = E(X^2) - [E(X)]^2 = \int_{-\infty}^{+\infty} x^2 f(x) \mathrm{d}x - \mu_X^2 \tag{3.4.34}$$

下面是常见的概率分布的数学期望和方差。

(1) 均匀分布

设随机变量 X 服从区间 $[a,b]$ 上的均匀分布 $U(a,b)$,则有

$$E(X) = \frac{a+b}{2}, D(X) = \frac{(b-a)^2}{12} \tag{3.4.35}$$

(2) 指数分布

若随机变量 X 服从参数为 λ 的指数分布 $E(\lambda)$,则有

$$E(X) = \frac{1}{\lambda}, D(X) = \frac{1}{\lambda^2} \tag{3.4.36}$$

(3) 正态分布

设随机变量 X 服从正态分布 $N(\mu,\sigma^2)$,则

$$E(X) = \mu, D(X) = \sigma^2 \tag{3.4.37}$$

下面介绍上侧 α 分位数的概念。

设随机变量 X 的概率密度为 $f(x)$，如果 X 大于某一个数的概率为 α，则称该数为 X 的上侧 α 分位数，记为 x_α。根据定义，有

$$P\{X > x_\alpha\} = \int_{x_\alpha}^{+\infty} f(x)\mathrm{d}x = \alpha \tag{3.4.38}$$

当 $\alpha = 1/2$ 时，上侧 α 分位数 $x_{1/2}$ 就是中位数。

标准正态分布的上侧 α 分位数记为 z_α，即若随机变量 $Z \sim N(0,1)$，则有

$$P\{Z > z_\alpha\} = \alpha \tag{3.4.39}$$

由于

$$P\{Z > z_\alpha\} = 1 - \Phi(z_\alpha) \tag{3.4.40}$$

故有

$$\Phi(z_\alpha) = 1 - \alpha \tag{3.4.41}$$

因此，给定 α 可以通过上式查标准正态分布表得到 z_α。例如，当 $\alpha = 0.025$ 时，标准正态分布表中 0.975 所对应的自变量值为 1.96，故 $z_{0.025} = 1.96$。

由标准正态分布的对称性，有

$$\Phi(-z_\alpha) = \alpha, P\{|Z| < z_\alpha\} = 1 - 2\alpha \tag{3.4.42}$$

标准正态分布的上侧分位数在区间估计和假设检验中起着非常重要的作用。

3.4.7 偏度系数和峰度系数

定义3.4.5 若 $E(X^3)$ 存在，则称

$$\beta_1 = \frac{E[X - E(X)]^3}{(D(X))^{3/2}} \tag{3.4.43}$$

为随机变量 X 的偏度系数。若 $E(X^4)$ 存在，则称

$$\beta_2 = \frac{E[X - E(X)]^4}{(D(X))^2} - 3 \tag{3.4.44}$$

为随机变量 X 的峰度系数。

由定义可知，偏度系数 β_1 和峰度系数 β_2 都是无量纲的。对于正态分布，有 $\beta_1 = \beta_2 = 0$。对于一般的分布，可以通过与正态分布的比较来理解这两个概念的直观含义。

若 $\beta_1 = 0$，即偏度系数等于零，则分布是对称的；若 $\beta_1 \neq 0$，即偏度系数不为零，则分布是不对称的；当 $\beta_1 > 0$ 时，分布是右偏的，即随机变量 X 落在其均值 $E(X)$ 右边的可能性要更大一些；当 $\beta_1 < 0$ 时，分布是左偏的。

若 $\beta_2 > 0$，即峰度系数大于零，则概率密度趋向于 0 的速度要比正态分布的密度慢，即从直观上看，它的尾部要比正态分布的尾部粗；若 $\beta_2 < 0$，即峰度系数小于零，则概率密

度的尾部要比正态分布的尾部细;若 $\beta_2 = 0$,则概率密度的尾部和正态分布的尾部相当。

偏度系数和峰度系数都是随机变量分布的形状特征数,偏度系数刻画的是分布的对称性,而峰度系数刻画的是分布的陡峭性。

练习题

一、填空题

1. 算术平均数的基本公式是_____与_____之比。对于组距式资料,通常要用_____来代表各组的一般水平,这时是假定各组的变量值均匀或对称分布的。

2. 加权算术平均数受_____大小和_____大小的影响,其中_____决定了算术平均数的取值范围,_____影响了算术平均数的大小。

3. 各个变量值与其算术平均数的_____等于零,并且_____为最小值。

4. 某班 70% 同学的平均成绩为 85 分,另 30% 同学的平均成绩为 70 分,则全班总平均成绩为_____分。

5. 几何平均数最适于计算_____和_____的平均。

6. 某一连续工序的四道环节合格率分别为 96%,98%,95%,99%,则平均合格率为_____。

7. 最常用的位置平均数有_____和_____两种。

8. 直接用平均差或标准差比较两个变量数列平均数的代表性的前提条件是两个变量数列的_____相等。

二、单项选择题

1. 下列情况下次数对平均数不发生影响的是( )。
   A. 标志值较小而次数较多时　　　　　B. 标志值较大而次数较少时
   C. 标志值较小且次数也较少时　　　　D. 标志值出现次数全部相等时

2. 在下列两两组合的平均指标中,哪一组的两个平均数完全不受极端数值的影响?( )。
   A. 算术平均数和调和平均数　　　　　B. 几何平均数和众数
   C. 调和平均数和众数　　　　　　　　D. 众数和中位数

3. 计算相对数的平均数时,如果掌握了分子资料而没有掌握分母资料,则应采用( )。
   A. 算术平均数　　　　　　　　　　　B. 几何平均数
   C. 调和平均数　　　　　　　　　　　D. 算术平均数和调和平均数

4.如果所有标志值的频数都减少为原来的 1/5，而标志值仍然不变，那么算术平均数（　　　）。

　　A.不变　　　　　　　　　　　　　　B.扩大到 5 倍

　　C.减少为原来的 1/5　　　　　　　　D.不能预测其变化

5.某企业有 A、B 两车间，2013 年 A 车间人均月工资 3720 元，B 车间人均月工资 3780 元，2014 年 A 车间增加 10％工人，B 车间增加 8％工人，如果 A、B 两车间 2014 年人均月工资都维持上年水平，则全厂工人平均工资 2014 年与 2013 年相比，结果是（　　　）。

　　A.提高　　　　　　B.下降　　　　　　C.持平　　　　　　D.不一定

6.若两数列的标准差相等而平均数不等，则（　　　）。

　　A.平均数小的代表性大　　　　　　　B.平均数大的代表性大

　　C.代表性相等　　　　　　　　　　　D.无法判断

7.计算平均指标时最常用的方法和最基本的形式是（　　　）。

　　A.中位数　　　　　　　　　　　　　B.众数

　　C.调和平均数　　　　　　　　　　　D.算术平均数

8.某小组 40 名职工，每人工作天数相同。其中 20 人每天工作 10 小时，15 人每人工作 8 小时，5 人每天工作 6 小时，则计算该组职工平均每天工作时数应采用（　　　）。

　　A.简单算术平均数　　　　　　　　　B.加权算术平均数

　　C.简单调和平均数　　　　　　　　　D.加权调和平均数

9.已知某银行定期存款占全部存款的 60％，则该成数的方差为（　　　）。

　　A.20％　　　　　　B.24％　　　　　　C.25％　　　　　　D.30％

10.最易受极端值影响的标志变异指标是（　　　）。

　　A.全距　　　　　　B.AD　　　　　　C.σ　　　　　　D.V_σ

11.平均差与标准差的主要区别是（　　　）。

　　A.意义上有本质的不同　　　　　　　B.适用条件不同

　　C.对离差的数学处理方法不同　　　　D.反映了变异程度的不同

12.平均差的最大缺点是（　　　）。

　　A.受极端值的影响　　　　　　　　　B.计算方法较复杂

　　C.计算结果未反映标志变异范围　　　D.不便于代数运算

13.统计学中最常用的标志变异指标是（　　　）。

　　A.AD　　　　　B.σ　　　　　C.V_σ　　　　　D.V_{AD}

14.各变量值与其算术平均数离差平方的平均数称为（　　　）。

　　A.极差　　　　　　B.平均差　　　　　C.方差　　　　　D.标准差

15.变异系数主要用于（　　　）。

　　A.反映一组数据的离散程度　　　　　B.反映一组数据的平均水平

C. 比较多组数据的离散程度　　　　　　D. 比较多组数据的平均水平

三、判断题(把"√"或"×"填在题后的括号里)

1. 平均指标抽象了各单位标志值数量差异。　　　　　　　　　　　　　（　　）

2. 权数的最大作用是权衡各单位标志值在总平均值中的作用。　　　　（　　）

3. 加权调和平均数是加权算术平均数的变形。　　　　　　　　　　　　（　　）

4. 计算单利利率的平均值时,最适宜采用几何平均数。　　　　　　　　（　　）

5. 最能体现权数实质的权数形式是频率权数。　　　　　　　　　　　　（　　）

6. 位置平均数不受极端值的影响。　　　　　　　　　　　　　　　　　（　　）

7. 在正态分布情况下,X 与 m_o、m_e 之间近似相等。　　　　　　　　（　　）

8. 连续作业车间废品率 x_i 的平均数应为 $\sqrt[n]{\prod x_i}$。　　　　　　　　　（　　）

9. 同一批产品的合格品率的标准差与不合格品率的标准差是相等的。　（　　）

10. 某一变量的 10 个变量值总和为 100,它们的平方和为 1500,则方差为 500。
　　　　　　　　　　　　　　　　　　　　　　　　　　　　　　　　（　　）

11. 几何平均数实际上是变量值的对数值的算术平均数。　　　　　　　（　　）

12. 若每个变量值的权数(次数)都减小 10%,则总平均数也减小 10%。　（　　）

四、简答题

1. 什么是平均指标? 它的特点和作用是什么?

2. 什么是位置平均数? 最常用的位置平均数有哪几个? 它们和算术平均数之间存在什么关系?

3. 简述标志变异指标的意义和作用。

4. 什么是变异系数? 变异系数的应用条件是什么?

五、计算题

1. 某管理局所属 36 家企业，职工月平均工资资料如下：

月工资水平（元/人）	企业数（个）	职工人数（人）
3000 以下	2	632
3000—5000	10	4560
5000—8000	20	10254
8000 以上	4	1074
合　计	36	16520

要求：(1)计算全局职工的平均工资。

(2)计算平均每个企业的职工人数。

(3)计算平均每个企业工资的发放总额。

2. 某企业 6 月份奖金如下：

月奖金（元）	职工人数（人）
1000—1500	6
1500—2000	10
2000—2500	12
2500—3000	35
3000—3500	15
3500—4000	8
合　计	86

要求：计算算术平均数（分别采用绝对数权数和比重权数）、众数、中位数，并比较位置说明月奖金的分布形态。

3. 某班的数学成绩如下：

成绩（分）	学生人数
60 以下	2
60～70	8
70～80	25
80～90	10
90 以上	5
合　计	50

要求:计算算术平均数、平均差、标准差。

4.某乡两种稻种资料如下:

甲稻种		乙稻种	
播种面积(亩)	亩产量(斤)	播种面积(亩)	亩产量(斤)
20	800	15	820
25	850	22	870
35	900	26	960
38	1020	30	1000

要求:试比较哪种稻种的稳定性比较好。

5.某汽车厂三个车间2018年的产品生产情况如下:

车间	废品率(%)	产量(辆)	生产总工时数(小时)
A	3	700	28000
B	2	600	24000
C	4	800	32000
合 计		2100	84000

要求:

(1)若这三个车间分别负责汽车生产的某一道工序,则三个车间的平均合格率和平均废品率应如何计算?

(2)若这三个车间是独立(各自)完成汽车生产的全过程,则平均合格率和平均废品率应如何计算?

(3)若这三个车间生产的汽车的价值完全不同,则全厂平均合格率和平均废品率应如何计算?

拓展阅读

第 4 章
抽样估计

通过对本章有关内容的学习,要求学生对随机抽样的意义、抽样方法及一些基本概念有正确的理解,掌握抽样平均误差、样本容量的计算方法。在此基础上,能运用抽样估计的一般原理推断总体的指标数值及其概率保证程度等。

本章重点包括:有关抽样推断的基本概念、抽样误差概念的理解、抽样平均误差的计算及影响因素,总体平均数和总体比例的区间估计的方法、必要样本容量的确定。

本章难点包括:抽样平均误差的计算、区间估计的方法及样本容量的确定。特别是抽样极限误差、概率度、置信度等指标之间的关系。

4.1 统计量和抽样分布

4.1.1 随机抽样

通常我们把所研究对象的全体称为总体,而把组成总体的元素叫作个体。对每个个体来说,它有许多方面的特性,但在具体的问题中,人们关心的往往只是个体的某个标志以及该标志的表现(变量)在总体中的概率分布情况。例如,在研究一批电子元件组成的总体时,可能关心的是电子元件的寿命以及所有电子元件寿命的分布情况。虽然每一个电子元件的寿命是客观存在的,但是却无法事先确定任何一个电子元件的寿命,因此可以认为电子元件的寿命是一个随机变量。这样,我们就把总体与一个随机变量联系起来了,而把对总体的研究转化为对某个随机变量的研究。由于一个随机变量的分布函数全面描述了该随机变量的统计规律,因此对总体进行研究的一个重要目的就是确定相应的随机变量的分布。

总体 X 的分布函数 $F(x)$ 常常是未知的,统计推断的主要任务就是确定总体的分布。为此,就必须从总体中抽取一部分个体进行试验,通过试验获取一定的数据,然后利用这些数据来分析推断总体 $F(x)$ 的具体形式。例如,为了确定电子元件寿命 x 的分布,最精确的方法就是把每个元件的寿命测出来。然而,寿命试验是一种破坏性试验(即使试验是非破坏性的试验,当总体所包含的元素个数很多时,对每一元素进行逐一考察也将花费大量的人力、物力、时间等资源)。因此,一般来讲,我们只能抽取一部分电子元件来做试验,然后通过这些元件的寿命数据来推断这批元件总体的寿命分布。

因此,推断统计的一个基本任务就是通过部分来推断总体。这样就涉及两方面的问题:其一是如何获取部分信息,这实际上就是如何抽样的问题;其二是如何利用这部分信息,说得更具体一些,就是如何根据样本所提供的统计资料建立合理的统计模型并对被研究总体的分布做出合理推断。由于在很多时候,总体分布函数的形式是已知的,其参数是未知的[如,已知总体服从正态分布 $N(\mu, \sigma^2)$,但 μ, σ^2 至少有一个未知],因此抽样推断的一个重要任务就是对这些参数做出"合理"估计。

我们在第 2 章比较详细地讨论了抽样的方法。本章我们采用概率抽样的方法,主要涉及简单随机抽样和有限总体的不重复抽样两种形式。

所谓的简单随机抽样,就是满足以下两个条件的抽样方法:

①假设每个个体被抽中的机会是均等的;

②抽取一个个体后不影响总体。

对于有限总体而言,有放回的随机抽样(简称重复抽样)是简单随机抽样,无放回的随机抽样(简称不重复抽样)一般而言不是简单随机抽样。不过,当抽样比 $f = n/N$(样本容量 n 与总体规模 N 之比)很小时,不重复抽样也可以近似看作简单随机抽样。而当抽样比较大时,则不能视作简单随机抽样。

下面给出简单随机样本的正式定义。

定义 4.1.1 若 $X_1, X_2, \cdots, X_n$ 相互独立且其中每个都与总体 X 具有相同的分布,则称($X_1, X_2, \cdots, X_n$)是取自总体的容量为 n 的简单随机样本,简称为样本。

值得指出的是,如果是有限总体 X 的 n 不重复抽样且抽样比 $f = n/N$ 不是很小时,那么所得的样本 $X_1, X_2, \cdots, X_n$ 就不能视为相互独立的,对其讨论相对来说要复杂一些。本节以下提到的样本,如无特别声明,指的是简单随机样本。

对抽取的 n 个个体进行试验,当试验全部完成后,就得到一组实数 $x_1, x_2, \cdots, x_n$,它们依次是 $X_1, X_2, \cdots, X_n$ 的观察值,称($x_1, x_2, \cdots, x_n$)为样本观察值或样本值。

从部分推断总体,实际上就是利用随机但可知的样本对确定但未知的总体的分布(或者是分布中的某些特征)进行统计推断。

4.1.2 统计量

获取样本只是进行统计推断的第一步,但是样本所含的信息往往不能直接用于解决所要研究的问题,而需要将样本所含的信息进行适当的加工和处理,将其"浓缩"为所需要的信息,然后据此做出推断。我们往往通过构造一个合适的样本的函数来实现这一目的,这个样本的函数就是所谓统计量。

定义 4.1.2 设 $X_1, X_2, \cdots, X_n$ 是从总体中抽取的一个容量为 n 的样本,如果函数 $T(X_1, X_2, \cdots, X_n)$ 不依赖于任何未知参数,则称函数 $T(X_1, X_2, \cdots, X_n)$ 为统计量。

由于 $X_1, X_2, \cdots, X_n$ 是随机变量,因此统计量 $T(X_1, X_2, \cdots, X_n)$ 也是随机变量。不过,由于它不含有任何未知参数,因此当我们通过观察获得一组具体观测值 $x_1, x_2, \cdots, x_n$ 后,$T(x_1, x_2, \cdots, x_n)$ 的值就被唯一确定了。

由定义,当 σ, μ 均已知时,函数 $T = \dfrac{1}{\sigma} \sum\limits_{i=1}^{n} (X_i - \mu)^2$ 是统计量,而当 σ, μ 至少有一个是未知时,函数 T 就不是统计量。

下面介绍几个常用的统计量。

设 $(X_1, X_2, \cdots, X_n)$ 是来自总体 X 的样本,$(x_1, x_2, \cdots, x_n)$ 是样本观察值。

定义 4.1.3 称统计量

$$\overline{X} = \frac{1}{n} \sum_{i=1}^{n} X_i \tag{4.1.1}$$

为样本平均值(或样本均值);称统计量

$$S^2 = \frac{1}{n-1} \sum_{i=1}^{n} (X_i - \overline{X})^2 \tag{4.1.2}$$

为样本方差;称统计量

$$S = \sqrt{S^2} = \sqrt{\frac{1}{n-1} \sum_{i=1}^{n} (X_i - \overline{X})^2} \tag{4.1.3}$$

为样本标准差;称统计量

$$A_k = \frac{1}{n} \sum_{i=1}^{n} X_i^k, k = 1, 2, \cdots \tag{4.1.4}$$

为样本 k 阶原点矩;称统计量

$$B_k = \frac{1}{n} \sum_{i=1}^{n} (X_i - \overline{X})^k, k = 1, 2, \cdots \tag{4.1.5}$$

为样本 k 阶中心矩。

上述定义中的统计量的观察值分别为

$$\overline{x} = \frac{1}{n} \sum_{i=1}^{n} x_i, s^2 = \frac{1}{n-1} \sum_{i=1}^{n} (x_i - \overline{x})^2, s = \sqrt{\frac{1}{n-1} \sum_{i=1}^{n} (x_i - \overline{x})^2}$$

$$a_k = \frac{1}{n} \sum_{i=1}^{n} x_i^k, b_k = \frac{1}{n} \sum_{i=1}^{n} (x_i - \overline{x})^k, k = 1, 2, \cdots$$

为方便起见,这些观察值仍分别称为样本均值、样本方差、样本标准差、样本 k 阶原点矩、样本 k 阶中心矩。

注: 在具体计算中,若得到的样本观察值是分组数据,其中取值为 x_i 的频数为 $f_i (i = 1, 2, \cdots, k)$,则样本均值和样本方差的观察值分别为

$$\overline{x} = \frac{\sum\limits_{i=1}^{k} x_i f_i}{\sum\limits_{i=1}^{k} f_i}, s^2 = \frac{\sum\limits_{i=1}^{k} (x_i - \overline{x})^2 f_i}{\sum\limits_{i=1}^{k} f_i - 1}$$

样本均值反映的是总体数学期望的信息,样本方差反映的是总体方差的信息。这是两个最常用也是最重要的统计量。

下面再介绍一种常用的统计量 —— 顺序统计量。

定义 4.1.4　设 $X_1, X_2, \cdots, X_n$ 是来自总体 X 的样本,若 $X_{(k)}(k=1,2,\cdots,n)$ 是这样的一个统计量,对于任意一组样本观察值$(x_1, x_2, \cdots, x_n)$,当我们将其从小到大排成 $x_{(1)} \leqslant x_{(2)} \leqslant \cdots \leqslant x_{(n)}$ 时,它总是取其中的第 k 个值 $x_{(k)}$,则称 $X_{(k)}$ 是样本$(X_1, X_2, \cdots, X_n)$ 的第 k 位顺序统计量。特别地,称

$$X_{(1)} = \min\{X_1, X_2, \cdots, X_n\} \tag{4.1.6}$$

为最小顺序统计量,称

$$X_{(n)} = \max\{X_1, X_2, \cdots, X_n\} \tag{4.1.7}$$

为最大顺序统计量。

顺序统计量也称为次序统计量,通俗地说,$X_{(k)}$ 是样本 $X_1, X_2, \cdots, X_n$ 中第 k 个最小的样本。显然有

$$X_{(1)} \leqslant X_{(2)} \leqslant \cdots \leqslant X_{(n)} \tag{4.1.8}$$

前面提到的中位数、分位数、四分位数等都是次序统计量。

统计量 $R_{(n)} = X_{(n)} - X_{(1)}$ 称为样本极差。极差反映了样本中最大值和最小值的差距,但损失了样本的中间信息,所以当样本量 n 增加时,$R_{(n)}$ 变得不甚可靠。$R_{(n)}$ 的作用与样本方差类似,均反应样本观测值的离散程度。尽管用 $R_{(n)}$ 反映观测值离散程度较粗糙,但由于其计算简单,所以在企业质量管理的现场应用较多。

注意,在本章中不论是样本还是统计量,我们都用大写的字母表示,而样本观测值和统计量的观测值则用小写字母表示。

4.1.3　充分统计量

在实际应用中,统计量常常作为总体参数的估计量,如用样本均值估计总体的数学期望,用样本方差估计总体的方差,用样本极差估计总体的极差或全距。统计量是样本的一个函数,它的构造过程就是对样本进行加工处理的过程,这个过程就是把原来杂乱无章的样本观测值用少数几个经过加工的统计量的值来代替。因此,我们希望在构造统计量的过程中尽可能保留样本中有关总体的信息。在统计学中,如果一个统计量能把含在样本中有关总体的信息毫无损失地提取出来,那么对于保证统计推断的质量就会有非常重要的意义。我们把不损失信息的统计量称为充分统计量。

充分统计量的数学定义比较抽象，超出了本课程的范围。我们通过一个例题来做直观说明。

[例 4.1.1] 某电子元件厂欲了解其产品的不合格品率 p，质检员抽检了 100 个电子元件，检查结果是，除了有 3 件是不合格品以外，其他都是合格品。记 $X_i = 1$ 表示第 i 件被抽查的电子元件是不合格品，$X_i = 0$ 表示第 i 件被抽查的电子元件是合格品。当领导问起抽检结果时，质检员给出如下两种回答：

① 抽检的 100 个元件中有 3 个不合格品，即 $\sum_{i=1}^{100} x_i = 3$。

② 抽检了 100 个元件，第 10 件、第 32 件和第 67 件这 3 件都是不合格品，即 $x_{10} = 1$，$x_{32} = 1$，$x_{67} = 1$。

这两种回答反映了质检员对样本的不同处理思路。前者用了统计量 $T_1 = \sum_{i=1}^{100} X_i$，后者用了统计量 $T_2 = X_{10} + X_{32} + X_{67}$。尽管这两个统计量的观测值都是 3，但是 T_2 只给出了其中 3 件被检电子元件的信息，没有包含样本中关于不合格品率 p 的所有信息，而 T_1 综合了样本关于 p 的所有信息，使样本信息没有任何损失。像 T_1 这样的统计量我们称为充分统计量。

设总体服从参数为 π 的 0—1 分布，$X_1, X_2, \cdots, X_n$ 是来自该总体的样本，则样本均值 $\overline{X}$（样本比例）是关于总体比例 π 的充分统计量。

若 $X_1, X_2, \cdots, X_n$ 是来自正态总体 $N(\mu, \sigma^2)$ 的样本，则当 μ 已知时，$\sum_{i=1}^{n} (X_i - \mu)^2$ 是 σ^2 的充分统计量，当 σ^2 已知时，样本均值是 μ 的充分统计量。

4.1.4 样本均值的抽样分布

以下我们分别对总体服从 0—1 分布、正态分布和一般分布的情形讨论样本均值的分布。

（1）样本比例的分布

设是非标志的属性总体中标志表现为"是"的个体所占的比例是 π，为"非"的个体所占的比例是 $1 - \pi$，任选一个个体，用 $X = 1$ 和 $X = 0$ 分别表示该个体的标志表现为"是"或"非"，则变量 X 服从参数为 π 的 0—1 分布。

设 $X_1, X_2, \cdots, X_n$ 是来自总体的简单随机样本，则 $\sum_{i=1}^{n} X_i$ 是样本中标志表现为"是"的个体频数，因此由二项分布的含义，有 $\sum_{i=1}^{n} X_i \sim B(n, \pi)$。

对于 0—1 总体来说，样本均值 $\overline{X} = \frac{1}{n} \sum_{i=1}^{n} X_i$ 实际上就是样本中标志表现为"是"的个

体所占的比例,即样本比例。为了后面讨论的方便,用 P 表示样本比例,即 $P = \overline{X}$。

利用二项分布的数学期望和方差,可知样本比例的数学期望为

$$\mu_P = E(\overline{X}) = \frac{1}{n}E\left(\sum_{i=1}^{n} X_i\right) = \frac{1}{n} \cdot n\pi = \pi \qquad (4.1.9)$$

样本比例的方差为

$$\sigma_P^2 = \frac{1}{n^2}D\left(\sum_{i=1}^{n} X_i\right) = \frac{1}{n^2} \cdot n\pi(1-\pi) = \frac{\pi(1-\pi)}{n} \qquad (4.1.10)$$

样本比例的标准差为

$$\sigma_P = \sqrt{\frac{\pi(1-\pi)}{n}} \qquad (4.1.11)$$

因此,样本比例的数学期望就是总体比例,且随着样本容量 n 的增大,样本比例的方差趋于零。这意味着,尽管样本比例是随机变量,但它与总体比例在统计平均的意义上没有偏差,并且当样本容量增大时,样本比例的取值会越来越集中并趋向于总体比例。

事实上,关于样本比例的分布,有以下定理:

拉普拉斯中心极限定理:设总体服从参数为 π 的 0—1 分布,$X_1, X_2, \cdots, X_n$ 是来自该总体的简单随机样本,则当 n 充分大时,近似地有:

$$\frac{\sum_{i=1}^{n} X_i - n\pi}{\sqrt{n\pi(1-\pi)}} \sim N(0,1) \qquad (4.1.12)$$

上式分子分母同除以 n,则有

$$\frac{P - \pi}{\sqrt{\dfrac{\pi(1-\pi)}{n}}} \sim N(0,1) \qquad (4.1.13)$$

也就是说,当 n 充分大时,样本比例 P 近似服从正态分布 $N\left(\pi, \dfrac{\pi(1-\pi)}{n}\right)$。

前面我们提到,重复抽样属于简单随机抽样,但是不重复抽样不属于简单随机抽样。接下来我们讨论不重复抽样的情形。

设总体包含的个体数为 N,从中以不放回抽样的方式抽取容量为 n 的样本 $X_1, X_2, \cdots, X_n$。此时,与简单随机抽样最大的区别就是 $X_1, X_2, \cdots, X_n$ 不再是相互独立的了。因此,尽管 $P = \overline{X}$ 的数学期望还是由(4.1.9)式确定,即 $\mu_P = \pi$,但方差与(4.1.10)不同。

事实上,此时 $\sum_{i=1}^{n} X_i$ 不服从二项分布,而是服从超几何分布。由(3.4.16)式,有

$$D\left(\sum_{i=1}^{n} X_i\right) = n\pi(1-\pi) \cdot \frac{N-n}{N-1} \qquad (4.1.14)$$

所以,不重复抽样的样本比例的方差为

$$\sigma_P^2 = \frac{1}{n^2} D\Big(\sum_{1=1}^{n} X_i\Big) = \frac{\pi(1-\pi)}{n} \cdot \frac{N-n}{N-1} \tag{4.1.15}$$

样本比例的标准差为

$$\sigma_P = \sqrt{\frac{\pi(1-\pi)}{n} \cdot \frac{N-n}{N-1}} \tag{4.1.16}$$

于是，对于不重复抽样，当 n 充分大时，样本比例 P 近似服从正态分布 $N\Big(\pi, \frac{\pi(1-\pi)}{n} \cdot \frac{N-n}{N-1}\Big)$。

[例 4.1.2] 假定某统计人员在其填写的报表中至少有 2% 会有一处错误，如果我们检查一个由 600 份报表组成的随机样本，其中至少有一处错误的报表所占的比例在 $0.025 \sim 0.070$ 之间的概率有多大？

解 设 600 份报表中至少有一处错误的报表所占的比例为 P（样本比例），由题意可知总体比例为 $\pi = 0.02$，故 P 的数学期望和标准差为

$$\mu_P = \pi = 0.02, \sigma_P = \sqrt{\frac{\pi(1-\pi)}{n}} = \sqrt{\frac{0.02 \times 0.98}{600}} = 0.0057$$

因此，P 近似服从 $N(0.02, 0.0057^2)$，从而所求的概率为

$$P\{0.025 < P < 0.070\} = P\Big\{\frac{0.025 - 0.02}{0.0057} < \frac{P - 0.02}{0.0057} < \frac{0.070 - 0.02}{0.0057}\Big\}$$
$$= \Phi(8.77) - \Phi(0.877) = 0.1902$$

即该统计人员所填写的报表中至少有一处错误的报表所占的比例在 $0.025 \sim 0.070$ 之间的概率为 19.02%。

（2）样本均值的分布

假设 $X_1, X_2, \cdots, X_n$ 是来自正态总体 $X \sim N(\mu, \sigma^2)$ 的样本，则样本均值 $\overline{X}$ 的数学期望为 μ，方差为 σ^2/n，且 $\overline{X} \sim N(\mu, \sigma^2/n)$，或

$$\frac{\overline{X} - \mu}{\sigma/\sqrt{n}} \sim N(0,1) \tag{4.1.17}$$

上面的结果表明，$\overline{X}$ 的数学期望与总体均值 μ 相等，而方差则缩小为总体方差的 $1/n$。

然而在实际问题中，总体的分布并不总是服从正态分布或者近似服从正态分布，此时 $\overline{X}$ 的分布取决于总体分布的情况。不过，不管总体服从什么分布，如果其数学期望为 μ，方差为 σ^2，则样本均值的数学期望和方差分别为

$$\mu_{\overline{X}} = E\Big(\frac{1}{n}\sum_{i=1}^{n} X_i\Big) = \frac{1}{n}\sum_{i=1}^{n} E(X_i) = \mu \tag{4.1.18}$$

和

$$\sigma_{\overline{X}}^2 = D\left(\frac{1}{n}\sum_{i=1}^{n}X_i\right) = \frac{1}{n^2}\sum_{i=1}^{n}D(X_i) = \frac{\sigma^2}{n} \tag{4.1.19}$$

此时关于样本均值的渐近分布,有以下的中心极限定理。

林德伯格 - 列维中心极限定理:设 $X_1, X_2, \cdots, X_n$ 是一列独立同分布的随机变量序列,且 $E(X_i) = \mu, D(X_i) = \sigma^2 < +\infty$,则当 $n \to \infty$ 时,随机变量 $\dfrac{\sum\limits_{i=1}^{n}X_i - n\mu}{\sqrt{n}\sigma}$ 的分布函数趋向于标准正态分布的分布函数。

设总体的数学期望是 μ,方差是 σ^2,则根据该定理,当样本容量充分大时,$\dfrac{\sum\limits_{i=1}^{n}X_i - n\mu}{\sqrt{n}\sigma}$ 或 $\dfrac{\overline{X} - \mu}{\sigma/\sqrt{n}}$ 近似服从标准正态分布。也就是说,当样本容量充分大时,样本均值近似服从正态分布 $N(\mu, \sigma^2/n)$。

中心极限定理要求 n 必须充分大,那么多大才叫充分大呢?这与总体的分布形状有关。总体偏离正态越远,则要求 n 越大。然而在实际运用中,总体的分布是未知的,此时一般要求 $n \geqslant 30$。

　　[**例 4.1.3**]　设从一个均值 $\mu = 10$、标准差 $\sigma = 0.6$ 的总体中随机选取容量为 $n = 36$ 的样本。假定该总体不是很偏,要求:

　　① 计算样本均值 $\overline{X}$ 小于 9.9 的近似概率;

　　② 计算样本均值 $\overline{X}$ 超过 9.9 的近似概率;

　　③ 计算样本均值 $\overline{X}$ 在总体均值 $\mu = 10$ 附近 0.1 的范围内的近似概率。

　　解　　由题意知,$\mu = 10$,$\sigma/\sqrt{n} = 0.6/6 = 0.1$,故 $\overline{X} \sim N(10, 0.1^2)$

　　① $P\{\overline{X} < 9.9\} = \Phi\left(\dfrac{9.9 - 10}{0.1}\right) = \Phi(-1) = 1 - \Phi(1) = 1 - 0.8413 = 0.1587$

　　② $P\{\overline{X} \geqslant 9.9\} = 1 - P\{\overline{X} < 9.9\} = 1 - 0.1587 = 0.8413$

　　③ $P\{9.9 < \overline{X} < 10.1\} = \Phi\left(\dfrac{10.1 - 10}{0.1}\right) - \Phi\left(\dfrac{9.9 - 10}{0.1}\right) = \Phi(1) - \Phi(-1)$

$$= 2\Phi(1) - 1 = 2 \times 0.8413 - 1 = 0.6826$$

接下来讨论有限总体非重复抽样时样本均值的分布。

由于非重复抽样时样本 $X_1, X_2, \cdots, X_n$ 中的 n 个随机变量不是相互独立的,因此要确定它们的分布比较困难,但我们有如下的结果。

设总体含有 N 个个体,均值为 μ,方差为 σ^2,做不放回抽样,得容量为 n 的样本($n < N$)$X_1, X_2, \cdots, X_n$,则样本均值的数学期望和方差分别为

$$\mu_{\overline{X}} = E(\overline{X}) = \mu \tag{4.1.20}$$

$$\sigma_{\overline{X}}^2 = D(\overline{X}) = \frac{\sigma^2}{n} \cdot \frac{N-n}{N-1} \tag{4.1.21}$$

此时，当样本容量充分大时，可以认为 $\overline{X}$ 近似服从正态分布 $N\left(\mu, \frac{\sigma^2}{n} \cdot \frac{N-n}{N-1}\right)$。

4.2 参数估计

参数估计是推断统计的重要内容之一。它在抽样及抽样分布的基础上，根据样本统计量来推断总体的某些参数。例如，用样本均值估计总体均值，用样本比例估计总体比例，用样本方差估计总体方差等。

4.2.1 估计量和估计值

设 θ 是总体的参数，$X_1, X_2, \cdots, X_n$ 是来自总体的样本，$X_1, X_2, \cdots, X_n$ 是样本观察值，构造一个统计量 $\hat{\theta} = \hat{\theta}(X_1, X_2, \cdots, X_n)$，以数值 $\hat{\theta}(x_1, x_2, \cdots, x_n)$ 估计，则称 $\hat{\theta}(X_1, X_2, \cdots, X_n)$ 是 θ 的估计量，称 $\hat{\theta}(x_1, x_2, \cdots, x_n)$ 是 θ 的估计值。

例如，要估计一个班学生考试的平均分数 θ，从中随机抽取 3 名学生，那么这 3 名学生的样本均值就是 θ 的一个估计量：$\hat{\theta} = \frac{1}{3}(X_1 + X_2 + X_3)$。由于抽样的随机性，因此估计量是随机变量。假定抽取 3 名学生后算出来的平均分数为 80 分，那么这个 80 分就是估计量的具体数值，即估计值。

4.2.2 点估计

点估计就是用某个统计量作为未知参数的估计量，用估计量的观察作为位置参数的估计值。

记总体均值为 μ，总体比例为 π，总体方差为 σ^2，则它们的估计量分别为：$\hat{\mu} = \overline{X}$，$\hat{\pi} = P$，$\hat{\sigma}^2 = S^2$。

由于估计量是随机变量，因此每次观察得到的估计值就有可能是不同的。例如，为了估计全班的平均分数，张三随机抽取 3 名同学得到的平均分数是 80 分，而李四抽取的 3 名同学得到的平均分数可能是 85 分。如果全班有 30 名同学，那么从中抽取 3 名同学的方式就有 C_{30}^3 种可能。这样每次抽样得到的估计值就难以避免地与总体参数有一定的误差。

4.2.3 估计量的评选标准

对一个估计量的好坏进行评价时会遇到两个问题：① 估计量是随机变量；② 总体的

参数未知。前者意味着，用同一个估计量可能会得到不同的估计值。后者意味着，得到估计值后我们也无法得知估计的精度。因此，确定估计量好坏的标准必须是整体性的，确切地说，必须在大量观察的基础上从统计的意义上来评价估计量的好坏。因此，我们不是根据某一次估计的结果即估计值来评价估计的好坏，而是根据产生了估计值的估计量的统计性质来评价估计的好坏。也就是说，估计的好坏取决于估计量的统计性质。

一个估计量的统计性质主要包括三点，即无偏性、有效性和一致性。

（1）无偏性

设 $\hat{\theta} = \hat{\theta}(X_1, \cdots, X_n)$ 是未知参数的估计量，如果 $E(\hat{\theta}) = \theta$，则称 $\hat{\theta}$ 是 θ 的无偏估计量。

由上一节的讨论可知，样本均值 $\overline{X}$ 是总体均值 μ 的无偏估计，样本比例 P 是总体比例 π 的无偏估计。

样本方差 S^2 也是总体方差 σ^2 的无偏估计，这是因为

$$E(S^2) = E\Big[\frac{1}{n-1}\Big(\sum_{i=1}^{n} X_i^2 - n\overline{X}^2\Big)\Big] = \frac{1}{n-1}\Big(\sum_{i=1}^{n} E(X_i^2) - nE(\overline{X}^2)\Big)$$

$$= \frac{1}{n-1}\Big[\sum_{i=1}^{n}(\sigma^2 + \mu^2) - n\Big(\frac{\sigma^2}{n} + \mu^2\Big)\Big] = \sigma^2$$

注：在样本方差的定义中，之所以前面的系数是 $1/(n-1)$，而不是 $1/n$，原因就在于这样定义的样本方差是总体方差的无偏估计量。

无偏性是对估计量的一个基本要求。在科学技术中 $E(\hat{\theta}) - \theta$ 称为以 $\hat{\theta}$ 作为 θ 的估计的系统误差。无偏估计的实际意义就是无系统误差，即在多次重复抽样的平均意义下，给出接近真值的估计。

（2）有效性

有时同一个未知参数可以有多个无偏估计量。这就要求我们提出更高的标准，使我们能够进一步评价不同的无偏估计量之间的优劣。估计量的无偏性只保证了估计量的取值在参数真值周围波动，但是波动的幅度有多大并没有告诉我们。自然地，我们希望估计量波动的幅度越小越好。因为幅度越小，估计值与参数真值有较大偏差的可能性就越小。由于衡量随机变量波动幅度的量就是方差，这样就有了我们下面要介绍的有效性的概念。

设 $\hat{\theta}_1 = \hat{\theta}_1(X_1, X_2, \cdots, X_n)$ 和 $\hat{\theta}_2 = \hat{\theta}_2(X_1, X_2, \cdots, X_n)$ 都是未知参数的无偏估计量，若 $D(\hat{\theta}_1) < D(\hat{\theta}_2)$，则称 $\hat{\theta}_1$ 较 $\hat{\theta}_2$ 有效。

对于正态总体来说，数学期望既可以用样本均值 $\overline{X}$ 来估计，也可以用样本中位数 M_e 来估计。可以证明两者都是无偏估计，但是 $D(M_e) = 1.57D(\overline{X})$，因此样本均值比样本中位数有效。

（3）一致性

当样本容量 n 增大时,样本信息增多,我们当然希望估计量越来越靠近真值。这种想法就引出了上面的一致性概念。

设 $\hat{\theta}(X_1, X_2, \cdots, X_n)$ 是 θ 的估计量,若对任意给定的正数 ε,有

$$\lim_{n \to \infty} P\{|\hat{\theta}(X_1, X_2, \cdots, X_n) - \theta| < \varepsilon\} = 1$$

或

$$\lim_{n \to \infty} P\{|\hat{\theta}(X_1, X_2, \cdots, X_n) - \theta| < \varepsilon\} = 1$$

即当 $n \to \infty$, $\hat{\theta}(X_1, X_2, \cdots, X_n)$ 依概率收敛于 θ,则称 $\hat{\theta}_1(X_1, X_2, \cdots, X_n)$ 是 θ 的一致估计量。

如果正数 ε 非常小,则不等式 $|\hat{\theta} - \theta| < \varepsilon$ 表示估计量 $\hat{\theta}$ 与参数真值 θ 之间非常接近。因此,根据定义,从直观上看,如果 $\hat{\theta}$ 是 θ 的一致估计量,那么只要样本容量充分大, $\hat{\theta}$ 与 θ 非常接近的概率就接近于 1。也就是说,如果 $\hat{\theta}$ 是 θ 的一致估计量,那么只要样本容量充分大,就有很大的把握可以说所得到的估计值非常接近于参数的真值。

一致估计量只有当样本容量很大时,才能显示其优点。

4.2.4　点估计的抽样误差

由于估计量是随机变量,因此误差是不可避免的。一般地,抽样误差可分为抽样实际误差、抽样标准误差和抽样极限误差。

（1）抽样实际误差

抽样实际误差是指每次抽样所得的估计值与总体被估计参数之间的离差,它随着样本的不同而不同,是一个随机变量。

例如,如果全班的实际平均分数是 82 分,那么张三抽样得到的估计值 80 分的实际误差是 -2 分,而李四抽样得到的估计值 85 分的实际误差是 3 分。

不过,由于总体的参数是未知的,所以实际误差是不可能知道的。一般我们可以用抽样标准误差来估计误差的大小。

（2）抽样标准误差

估计量 $\hat{\theta}$ 的标准差称为抽样标准误差,记为 $SE(\hat{\theta})$,即 $SE(\hat{\theta}) = \sqrt{D(\hat{\theta})}$。

根据前面的讨论,对于重复抽样或简单随机抽样,样本均值 $\bar{X}$ 的抽样标准误差为

$$SE(\bar{X}) = \frac{\sigma}{\sqrt{n}} \tag{4.2.1}$$

其中 σ 是总体标准差。样本比例 P 的抽样标准误差为

$$SE(P) = \sqrt{\frac{\pi(1-\pi)}{n}} \tag{4.2.2}$$

其中 π 是总体比例。

样本方差 S^2 的抽样标准误差计算比较困难,但是如果总体服从正态分布 $N(\mu,\sigma^2)$,则可得样本方差的抽样标准误差为

$$SE(S^2) = \sqrt{D(S^2)} = \frac{\sqrt{2}\sigma^2}{\sqrt{n-1}} \tag{4.2.3}$$

从上面三个式子可以看出,样本均值、样本比例和样本方差的抽样标准误差随着样本容量 n 的增大而不断变小。

对于非重复抽样,样本均值 $\overline{X}$ 的抽样标准误差为

$$SE(\overline{X}) = \frac{\sigma}{\sqrt{n}}\sqrt{\frac{N-n}{N-1}} \tag{4.2.4}$$

样本比例 P 的抽样标准误差为

$$SE(P) = \sqrt{\frac{\pi(1-\pi)}{n} \cdot \frac{N-n}{N-1}} \tag{4.2.5}$$

然而,在上面式子的右端,不论是 σ 还是 π 都是总体的参数,在实际问题中它们本身就是需要估计得到未知参数,因此精确的抽样标准误差经常是不可计算的。在实际计算中,当样本容量充分大时,总体标准差 σ 常常用样本标准差的观察值 s 来近似。

重复抽样时样本均值的抽样标准误差可用下式近似:

$$SE(\overline{X}) \approx \frac{s}{\sqrt{n}} \tag{4.2.6}$$

不重复抽样时样本均值的抽样标准误差可用下式近似:

$$SE(\overline{X}) \approx \frac{s}{\sqrt{n}}\sqrt{\frac{N-n}{N-1}} \approx \frac{s}{\sqrt{n}}\sqrt{1-f} \tag{4.2.7}$$

其中 $f = n/N$ 是抽样比,第二个近似等式可以在 N 较大时使用。

对于总体服从 0—1 分布的情形,用样本比例的观测值 p 代替总体比例 π,则重复抽样时样本比例的抽样标准误差可用下式近似:

$$SE(P) \approx \sqrt{\frac{p(1-p)}{n}} \tag{4.2.8}$$

非重复抽样时样本比例的抽样标准误差可用下式近似:

$$SE(P) \approx \sqrt{\frac{p(1-p)}{n} \cdot \frac{N-n}{N-1}} \approx \sqrt{\frac{p(1-p)}{n}(1-f)} \tag{4.2.9}$$

[**例 4.2.1**] 假设有 5 名工人,其每小时工资分别为 12,14,16,18,20 元,若分别按重复和不重复抽样方法从工人总体中随机抽取 2 名工人组成一个样本,用其样本平均工资

来估计总体平均工资。试计算样本平均工资的抽样标准误差。（$N = 5, n = 2$）

解 这一总体的平均数和标准差分别为：$\mu = \frac{1}{N}\sum X = \frac{12 + 14 + 16 + 18 + 20}{5} = 16$

$$\sigma = \sqrt{\frac{\sum (X - \mu)^2}{N}} = \sqrt{\frac{40}{5}} = \sqrt{8}$$

① 在重复抽样条件下，样本均值的抽样标准误差为

$$SE(\overline{X}) = \frac{\sigma}{\sqrt{n}} = \frac{\sqrt{8}}{\sqrt{2}} = 2$$

② 在不重复抽样条件下，样本均值的抽样标准误差为

$$SE(\overline{X}) = \sqrt{\frac{\sigma^2}{n}\left(\frac{N-n}{N-1}\right)} = \sqrt{\frac{8}{2}\left(\frac{5-2}{5-1}\right)} = \sqrt{\frac{8 \times 3}{2 \times 4}} = \sqrt{3}$$

[例4.2.2] 要估计某高校10000名在校生的近视率，现随机从中抽取400名，检查有近视眼的学生320名，试分别按重复抽样和非重复抽样计算样本近视率的抽样标准误差。

解 $N = 10000, n = 400$，根据已知条件，可得样本比例的观测值为

① 在重复抽样条件下，样本近视率的抽样标准误差为

$$SE(P) \approx \sqrt{\frac{p(1-p)}{n}} = \sqrt{\frac{0.8 \times 0.2}{400}} = 2\%$$

② 在不重复抽样条件下，样本近视率的抽样标准误差为（抽样比 $f = 4\%$）

$$SE(P) \approx \sqrt{\frac{p(1-p)}{400}(1 - 4\%)} = 1.96\%$$

计算结果表明，用样本的近视率来估计总体的近视率，其抽样标准误差为2%左右，即用样本的近视率来估计总体的近视率其误差的绝对值在2%左右。

（3）抽样极限误差

抽样极限误差是指估计量$\hat{\theta}$与总体参数θ之间所允许的最大误差范围，也就是在一次抽样估计时，估计量所允许的与总体参数之间的最大绝对离差，通常用Δ表示，即要求$|\hat{\theta} - \theta| \leqslant \Delta$ 或 $\theta \in [\hat{\theta} - \Delta, \hat{\theta} + \Delta]$。

样本均值的抽样极限误差记为$\Delta_{\overline{X}}$，样本比例的抽样极限误差记为Δ_P。

为了提高估计的精度，我们希望抽样极限误差越小越好。然而，由于估计量$\hat{\theta}$是随机变量，因此不可避免地存在着如下的困境：要想提高估计的精度，即希望Δ小，则区间$[\hat{\theta} - \Delta, \hat{\theta} + \Delta]$包含$\theta$真值的概率就会小；要想$[\hat{\theta} - \Delta, \hat{\theta} + \Delta]$包含$\theta$真值的概率大，$\Delta$就必须大，则精度就会降低。

为了解决这个困境,需要引入区间估计的方法。

4.2.5 区间估计

通过前面的讨论我们看到,假如 $\hat{\theta}(X_1, X_1, \cdots, X_n)$ 是未知参数 θ 的一个点估计,那么一旦获得样本值 $x_1, x_2, \cdots, x_n$,估计值 $\hat{\theta}(x_1, x_2, \cdots, x_n)$ 就给出一个确定的数。这个数给我们一个关于该参数的明确的数量概念,而这是非常有用的。但是,我们必须注意到,点估计值只是 θ 的一个近似值,它本身并没有反映这种近似值的精度,也就是说它并没有给出近似值的误差范围。更进一步地,即使确定了抽样极限误差 Δ 也是不够的,这是因为区间 $[\hat{\theta} - \Delta, \hat{\theta} + \Delta]$ 是一个随机区间,因此就连它是否包含 θ 的真值都成了疑问。因此,我们还必须建立一种统计推断的方法,希望通过它能确定这个区间 $(\hat{\theta} - \Delta, \hat{\theta} + \Delta)$ 包含真值的概率。

(1)置信区间

为了弥补点估计在这方面的不足,以下讨论区间估计的概念。区间估计是一种重要的统计推断方法,它是由奈曼在 1934 年开始的一系列工作中引入的,这种思想从确立之日起就引起了众多统计学家的重视。

定义4.2.1 设总体 X 的分布函数为 $F(x, \theta)$,θ 是未知参数,$X_1, X_2, \cdots, X_n$ 是来自 X 的样本。α 是给定值($0 < a < 1$),若两个统计量 $\underline{\theta} = \underline{\theta}(X_1, \cdots X_n)$ 和 $\bar{\theta} = \bar{\theta}(X_1, \cdots, X_n)$ 满足

$$P\{\underline{\theta} \leqslant \theta \leqslant \bar{\theta}\} = 1 - \alpha \qquad (4.2.10)$$

则称随机区间 $(\underline{\theta}, \bar{\theta})$ 是 θ 的置信水平为 $1 - \alpha$ 的置信区间,分别称 $\underline{\theta}$ 和 $\bar{\theta}$ 为置信水平为 $1 - \alpha$ 的置信下限和置信上限。

当 $(X_1, X_2, \cdots, X_n)$ 有观察值 $(x_1, x_2, \cdots, x_n)$ 时,$(\underline{\theta}(x_1, x_2, \cdots, x_n), \bar{\theta}(x_1, x_2, \cdots, x_n))$ 就是通常意义的区间,也称它为置信区间。$P\{\underline{\theta} \leqslant \theta \leqslant \bar{\theta}\} = 1 - \alpha$ 的含义是固定样本容量,然后进行多次抽样,每次抽样都可以得到一个区间,这些区间中并非每个都包含真值,由大数定律,当抽样的次数足够多时,包含真值的区间大约占 $100(1 - \alpha)\%$,即只能以 $100(1 - \alpha)\%$ 的可信程度保证,由样本观察值代入 $(\underline{\theta}, \bar{\theta})$ 中所得的区间包含 θ 的真值。

对应已给的置信水平,根据样本来确定未知参数 θ 的置信区间,称为参数 θ 的区间估计。

(2)总体均值的区间估计

设总体的均值为 μ,方差为 σ^2。

对于简单随机抽样或者重复抽样的情形,当样本容量 n 充分大时,样本均值近似服从正态分布 $N(\mu, \sigma^2/n)$,因此有

$$Z = \frac{|\bar{X} - \mu|}{\sigma/\sqrt{n}} \sim N(0, 1)$$

利用标准正态分布分位数的概念，有

$$P\{\,|\,Z\,|\leqslant z_{\alpha/2}\,\}=1-\alpha$$

由于

$$|\,Z\,|\leqslant z_{\alpha/2} \quad \Leftrightarrow \quad \left|\frac{\overline{X}-\mu}{\sigma/\sqrt{n}}\right|\leqslant z_{\alpha/2}$$

$$\Leftrightarrow \quad \overline{X}-\frac{\sigma}{\sqrt{n}}z_{\alpha/2}\leqslant\mu\leqslant\overline{X}+\frac{\sigma}{\sqrt{n}}z_{\alpha/2}$$

故 μ 的置信水平为 $1-\alpha$ 的置信区间为

$$\left(\overline{X}-\frac{\sigma}{\sqrt{n}}z_{\alpha/2},\overline{X}+\frac{\sigma}{\sqrt{n}}z_{\alpha/2}\right) \tag{4.2.11}$$

简记为

$$\left(\overline{X}\pm\frac{\sigma}{\sqrt{n}}z_{\alpha/2}\right) \tag{4.2.12}$$

对于不重复抽样的情形，由于样本均值近似服从正态分布 $N\left(\mu,\dfrac{\sigma^2}{n}\dfrac{N-n}{N-1}\right)$，因此运用与上面同样的推理过程，可得总体均值 μ 的置信水平为 $1-\alpha$ 的置信区间为

$$\left(\overline{X}-\frac{\sigma}{\sqrt{n}}\sqrt{\frac{N-n}{N-1}}z_{\alpha/2},\overline{X}+\frac{\sigma}{\sqrt{n}}\sqrt{\frac{N-n}{N-1}}z_{\alpha/2}\right) \tag{4.2.13}$$

简记为

$$\left(\overline{X}\pm\frac{\sigma}{\sqrt{n}}\sqrt{\frac{N-n}{N-1}}z_{\alpha/2}\right) \tag{4.2.14}$$

从上面的公式可以看出，不管是重复抽样还是不重复抽样，抽样极限误差即置信区间的半径 $\Delta_{\overline{X}}$ 都是抽样标准误差 $SE(\overline{X})$ 与分位数 $z_{\alpha/2}$ 的乘积，即 $\Delta_{\overline{X}}=SE(\overline{X})\cdot z_{\alpha/2}$。因此，总体均值的置信水平为 $1-\alpha$ 的置信区间可以写为

$$(\overline{X}\pm\Delta_{\overline{X}})=(\overline{X}\pm SE(\overline{X})\cdot z_{\alpha/2}) \tag{4.2.15}$$

在实际计算中，公式中的样本均值用其观测值 $\overline{x}$ 代入。若总体的标准差 σ 是未知的，则在实际计算中用样本标准差 s 代替 σ，此时抽样标准误差 $SE(\overline{X})$ 用公式（4.2.6）或（4.2.7）计算。

[例4.2.3] 某制造厂的产品重量服从正态分布，其总体标准差 $\sigma=15$ 千克，平均重量未知。现随机抽取一个容量为 $n=250$ 的样本，计算结果是 $\overline{x}=65$，试以 95% 的置信水平确定总体平均重量的置信区间。

解 本题已知条件为 $n=250$，$\overline{x}=65$，$\alpha=0.05$，故 $z_{\alpha/2}=z_{0.025}=1.96$，抽样标准误差为

$$SE(\overline{X})=\frac{\sigma}{\sqrt{n}}=\frac{15}{15.8114}=0.9487$$

抽样极限误差为

$$\Delta_{\bar{x}} = 0.9487 \times 1.96 = 1.86$$

故总体平均重量置信水平为 95%c 置信区间为

$$[65 - 1.86, 65 + 1.86] = [63.14, 66.86]$$

计算结果说明,我们有 95% 的把握程度认为总体平均数介于 63.14 千克 ～ 66.86 千克之间。

[例 4.2.4]　从某厂生产的 5000 只灯泡中,随机不重复抽取 100 只,对其使用寿命进行调查,调查结果和部分整理结果如下表:

使用寿命 （小时）	组中值 x	产品数量 f	xf	$x - \bar{x}$	$(x - \bar{x})^2 f_i$
3000 以下	2500	2	5000	−1480	6771200
3000 — 4000	3500	30	105000	−840	21168000
4000 — 5000	4500	50	225000	160	1280000
5000 以上	5500	18	99000	1160	24220800
合　计	—	100	434000	—	53440000

试以 95.45% 的概率保证程度估计该批灯泡的平均使用寿命。

解　本题为非重复抽样的问题。由题意知,$N = 5000, n = 100, \alpha = 0.0455$,查表得 $z_{\alpha/2} = 2$。

根据表中数据可算得样本均值为

$$\bar{x} = \frac{\sum xf}{\sum f} = \frac{434000}{100} = 4340（小时）$$

样本标准差为

$$s = \sqrt{\frac{\sum (x - \bar{x})^2 f}{\sum f - 1}} = \sqrt{\frac{53440000}{100 - 1}} = 734.7095$$

故样本平均寿命的抽样标准误差（N 很大）：

$$SE(\bar{X}) \approx \frac{s}{\sqrt{n}} \sqrt{1 - \frac{n}{N}} = \frac{734.7095}{\sqrt{100}} \sqrt{1 - \frac{100}{5000}} = 72.73$$

抽样极限误差为

$$\Delta_{\bar{x}} = 72.73 \times 2 = 145.46$$

所以,该批灯泡的平均使用寿命的置信水平为 95.45% 的置信区间为

$$[4340 - 145.46, 4340 + 145.46] = [4194.54, 4485.46]$$

计算结果表明,可以 95.45% 的概率保证程度认为该批灯泡的平均使用寿命在

4194.54 ～ 4485.46 小时之间。

（3）总体比例的区间估计

根据前面的讨论，样本比例 P 近似服从正态分布，因此运用同样的推导方法可得总体比例 π 的置信水平为 $1-\alpha$ 的置信区间为

$$[P \pm SE(P) \cdot z_{\alpha/2}] \qquad (4.2.16)$$

实际计算中，公式中的样本比例用其观测值 p 代入。若总体比例是未知的，则 $SE(P)$ 按重复抽样或者非重复抽样的情形分别用公式(4.2.8)或(4.2.9)来计算。

[**例 4.2.5**]　某城市想要估计下岗职工中女性所占的比例，随机抽取了 100 个下岗职工，其中 65 人为女性职工。试以 95％的置信水平估计该城市下岗职工中女性所占比例的置信区间。

解　已知 $n=100, \alpha=0.05$，查表得 $z_{\alpha/2}=z_{0.025}=1.96$，下岗女工的样本比例 $p=\frac{65}{100}=65\%$，样本比例的抽样标准误差为

$$SE(P)=\sqrt{\frac{p(1-p)}{n}}=\sqrt{\frac{0.65 \times 0.35}{100}}=4.77\%$$

抽样极限误差为

$$\Delta_P=z_{\alpha/2} \cdot SE(p)=1.96 \times 4.77\%=9.35\%$$

所以，总体比例 π 在 $1-\alpha$ 置信水平下的置信区间为

$$[p-\Delta_P, p+\Delta_P]=[65\%-9.35\%, 65\%+9.35\%]=[55.65\%, 74.35\%]$$

计算结果表明，可以有 95％的把握认为该城市下岗职工中女性所占比例在 55.65％ ～ 74.35％之间。

[**例 4.2.6**]　在例 4.2.4 中，如果使用寿命不低于 3000 小时的灯泡为合格品，试以 68.27％的置信度估计该批灯泡的合格率。

解　由题中所给的数据可知，合格灯泡的样本比例为 $p=98\%, \alpha=0.3173$，查表得 $z_{\alpha/2}=1$，抽样比为 $f=2\%$，抽样标准误差为

$$SE(P)=\sqrt{\frac{p(1-p)}{n}(1-f)}=\sqrt{\frac{0.98 \times 0.02}{100}(1-2\%)}=0.014$$

抽样极限误差为

$$\Delta_P=SE(P) \cdot z_{\alpha/2}=0.014 \times 1=0.014$$

故总体合格率的置信水平为 68.27％的置信区间为

$$[p-\Delta_P, p+\Delta_P]=[0.98-0.014, 0.98+0.014]=[0.966, 0.994]$$

计算结果表明，可以 68.27％的概率保证程度认为该批灯泡的合格率在 96.6％ ～ 99.4％之间。

下面给出求总体均值和总体比例的置信区间的实际计算公式，见表 4.2.1。

表 4.2.1　总体均值和总体比例的区间估计(置信度 $1-\alpha$)

参数	点估计值	标准误差	假定条件	置信区间
总体均值 μ	$\bar{x}$	$SE(\bar{X})=\dfrac{\sigma}{\sqrt{n}}$	(1)σ 已知 (2)大样本($n\geqslant30$) (3)重复抽样	$[\bar{x}\pm SE(\bar{X})\cdot z_{\alpha/2}]$
		$SE(\bar{X})=\dfrac{s}{\sqrt{n}}$	(1)σ 未知 (2)大样本 (3)重复抽样	
		$SE(\bar{X})=\dfrac{\sigma}{\sqrt{n}}\sqrt{\dfrac{N-n}{N-1}}$	(1)σ 已知 (2)大样本 (3)不重复抽样	
		$SE(\bar{X})=\dfrac{s}{\sqrt{n}}\sqrt{\dfrac{N-n}{N-1}}$	(1)σ 未知 (2)大样本 (3)非重复抽样	
总体比例 π	p	$SE(P)=\sqrt{\dfrac{p(1-p)}{n}}$	(1)重复抽样 (2)大样本 $[np\geqslant5$ 且 $n(1-p)\geqslant5]$	$[p\pm SE(P)\cdot z_{\alpha/2}]$
		$SE(P)=\sqrt{\dfrac{p(1-p)}{n}\dfrac{N-n}{N-1}}$	(1)非重复抽样 (2)大样本	

　　注:当 N 较大时,可用近似公式 $(N-n)/(N-1)\approx1-f$,其中 f 是抽样比,当抽样比 $f<5\%$ 时,非重复抽样也可近似等同于重复抽样。

　　[例 4.2.7]　某学校进行一次英语测验,为了解学生的考试情况,随机抽选部分学生进行调查,所得资料如下:

考试成绩(分)	学生人数 f(人)	组中值 x	xf
60 以下	10	55	550
60—70	20	65	1300
70—80	22	75	1650
80—90	40	85	3400
90 以上	8	95	760

　　试以 95.45% 的可靠性估计该校学生英语考试的平均成绩的范围及该校学生成绩在 80 分以上的学生所占比例的范围。

　　解　由题意知,$n=100,\alpha=0.0455$,查表得 $z_{\alpha/2}=2$。

样本均值和样本标准差：

$$\bar{x} = \frac{\sum xf}{\sum f} = \frac{7660}{100} = 76.60, s^2 = \frac{\sum (x-\bar{x})^2 f}{\sum f - 1} = \frac{12944}{99} = 130.74$$

抽样标准误差：

$$SE(\bar{X}) = \sqrt{\frac{s^2}{n}} = \sqrt{\frac{130.74}{100}} = 1.14$$

抽样极限误差：

$$\Delta_{\bar{X}} = z_{\alpha/2} \cdot SE(\bar{X}) = 2 \times 1.14 = 2.28$$

该校学生英语考试的平均成绩的置信水平为 95.45% 的置信区间为

$$[\bar{x} - \Delta_{\bar{X}}, \bar{x} + \Delta_{\bar{X}}] = [76.6 - 2.28, 76.6 + 2.28] = [74.32, 78.88]$$

样本中 80 分以上的学生比例为 $p = \frac{n_1}{n} = \frac{48}{100} = 48\%$，抽样标准误差为

$$SE(P) = \sqrt{\frac{p(1-p)}{n}} = \sqrt{\frac{0.48 \times 0.52}{100}} = 4.996\%$$

抽样极限误差为

$$\Delta_p = z_{\alpha/2} \cdot SE(p) = 2 \times 4.996\% = 9.992\%$$

该校学生成绩在 80 分以上的学生所占比例的置信度为 95.45% 的置信区间为：

$$[p - \Delta_P, p + \Delta_P] = [48\% - 9.992\%, 48\% + 9.992\%] = [38.008\%, 57.992\%]$$

计算结果表明，在 95.45% 概率保证程度下，该校学生的平均成绩在 $74.32 \sim 78.88$ 之间，成绩在 80 分以上的学生所占比例的范围在 $38.008\% \sim 57.992\%$ 之间。

以上我们是根据置信水平来决定抽样极限误差，下面我们反过来，在极限误差给定的情况下确定置信水平。

假设极限误差给定为 Δ，则确定置信水平的步骤为

① 计算 $z_{\alpha/2} = \frac{\Delta}{SE(\bar{X})}$ 或 $z_{\alpha/2} = \frac{\Delta}{SE(P)}$；

② 利用 $\Phi(z_{\alpha/2}) = 1 - \alpha/2$ 查表确定 α，则 $1 - \alpha$ 就是置信水平。

[例 4.2.8] 从全校近万名学生中，随机抽取 100 名学生测得其平均身高为 160 厘米。根据以往经验，学生身高的标准差为 3 厘米，现要求以最大不超过 0.6 厘米的允许误差，来推断全体学生的平均身高。

解 由题意知，极限误差是 $\Delta = 0.6$，样本均值为 $\bar{x} = 160$ 厘米，因此平均身高的区间估计为 $[159.4, 160.6]$。

又因为 $\sigma = 3, n = 100$，抽样标准误差为 $SE(\bar{X}) = \frac{\sigma}{\sqrt{n}} = 0.3$，故有

$$z_{a/2} = \frac{\Delta}{SE(\overline{X})} = \frac{0.6}{0.3} = 2$$

由于 $\Phi(2) = 0.97725$，即 $1-\alpha/2 = 0.97725$，所以 $\alpha = 0.0455$，故区间 $[159.4, 160.6]$ 的置信水平为 $1-\alpha = 95.45\%$。

4.3　样本容量的确定

前面提到，在区间估计中始终存在着一对矛盾，即估计的可靠程度和精度之间的矛盾。如果想要提高可靠程度（置信水平），就应扩大置信区间，即增加抽样极限误差 Δ，从而降低估计精度。例如，我们说某一天会下雨，置信区间并不宽但可靠性相对会低一些；如果说夏季会下雨，尽管很可靠，但准确性又太差，即置信区间太宽了。如果既想提高置信水平又想提高估计精度，那就只有增加样本容量。但样本容量的增加会受到很多限制，例如会增加人力、物力等成本。一般情况下，样本容量的确定既要考虑到抽样极限误差也要考虑到置信水平。因此，如何确定一个适当的样本容量，也是抽样估计中需要考虑的一个重要问题。

4.3.1　估计总体均值时样本容量的确定

根据前面的讨论，在简单随机抽样或重复抽样时，样本均值的抽样极限误差、抽样标准误差和置信水平之间的关系为

$$\Delta_{\overline{X}} = SE(\overline{X}) \cdot z_{a/2} = \frac{\sigma}{\sqrt{n}} z_{a/2} \tag{4.3.1}$$

因此，当抽样极限误差（可以接受的程度）$\Delta_{\overline{X}}$ 和置信水平 $1-\alpha$ 给定时，重复抽样的样本容量为

$$n_{重} = \frac{(z_{a/2})^2 \sigma^2}{\Delta_{\overline{X}}^2} \tag{4.3.2}$$

当总体标准差 σ 未知时，可用以前相同或类似的样本的标准差 s 替代，也可以用试验调查的方法，选择一个初始样本，以该样本的标准差作为 σ 的估计值。

从公式（4.3.2）可以看出，样本容量与极限误差的平方成反比。这意味着，若将置信区间的长度缩短为原来的一半，则样本容量必须是原来的 4 倍；若将置信区间的长度缩短 $1/3$，即缩短为原来的 2/3，则样本容量必须是原来的 2.25 倍；等等。

需要说明的是，如果根据公式（4.3.2）算出来的不是整数，一般将样本容量取成较大的整数，如 24.68 取 25，24.22 也取 25 等，这就是样本容量的圆整法则。

［例 4.3.1］　拥有工商管理学士学位的大学毕业生的年薪标准差大约为 2000 元，假定想要估计年薪 95% 的置信区间，希望极限误差为 400 元，应抽取多大的样本容量？

解 已知 $\sigma = 2000, \Delta_{\overline{X}} = 400, z_{a/2} = z_{0.025} = 1.96$，由式(4.3.2)，得

$$n = \frac{z_{a/2}^2 s^2}{\Delta_{\overline{X}}^2} = \frac{(1.96)^2 \times 2000^2}{400^2} = 96.04$$

故应取 97 人作为样本。

式(4.3.2)是重复抽样时样本容量的计算公式，若是非重复抽样，则样本容量 $n_{不重}$ 可通过 $n_{重}$ 由下式确定：

$$n_{不重} = \frac{n_{重}}{1 + \dfrac{n_{重}}{N}} \tag{4.3.3}$$

显然，有 $n_{重} > n_{不重}$。

[**例 4.3.2**] 在例 4.3.1 中，若已知拥有工商管理学士学位的大学毕业生的总人数为 $N = 500$，其他数据相同，做不重复抽样，则样本容量为

$$n_{不重} = \frac{97}{1 + \dfrac{97}{500}} = 81.24$$

故应取 82 人作为样本。

4.3.2　估计总体比例时样本容量的确定

由于重复抽样时样本比例的抽样极限误差为

$$\Delta_P = \sqrt{\frac{\pi(1-\pi)}{n}} \cdot z_{a/2} \tag{4.3.4}$$

故重复抽样时的样本容量可由下式确定：

$$n_{重} = \frac{(z_{a/2})^2 \pi(1-\pi)}{\Delta_P^2} \tag{4.3.5}$$

非重复抽样时的样本容量 $n_{重}$ 可通过式(4.3.3)式确定。

由于总体比例常常是未知的，因此可以用类似样本的比例代替，也可以通过试验调查的方法，选择一个初始样本，以该样本的比例作为 π 的估计值。当 π 值无法知道时，可取使得 $\pi(1-\pi)$ 取最大值时的 0.5。

[**例 4.3.3**] 根据以往的生产统计，某种产品的合格率约为 90%，现要求极限误差为 5%，求在概率保证程度为 95% 的置信区间时，应抽取多少个产品作为样本？

解 已知 π 的估计值为 $0.9, \Delta_P = 5\%, z_{a/2} = z_{0.025} = 1.96$，由式(4.3.5)，得

$$n = \frac{z_{a/2}^2 \cdot \pi(1-\pi)}{\Delta_P^2} = \frac{(1.96)^2 \times 0.9 \times (1-0.9)}{0.05^2} = 138.3$$

即应取 139 个产品作为样本。

注：若某次抽样调查既要估计总体均值又要估计总体比例，而它们所需要的样本容

量不一样,那么在条件允许时应取最大者。在条件不允许时,可取最重要指标所需的样本容量,或取所有所需样本容量的平均数。

　　[例4.3.4]　某市开展职工家计调查,根据历史资料该市职工家庭平均每人年收入的标准差为250元,而家庭消费的恩格尔系数(即家庭食品支出占消费总支出的比重)为65%。现在用重复抽样的方法,要求95.45%的概率保证下,平均收入的极限误差不超过20元,恩格尔系数的极限误差不超过4%,求必要的样本容量。

　　解　已知$\sigma = 250, \Delta_{\bar{X}} = 20, \Delta_P = 4\%, \pi = 65\%, z_{\alpha/2} = 2$,估计平均收入所需的样本容量为

$$n_1 = \frac{(z_{\alpha/2})^2 \sigma^2}{\Delta_{\bar{X}}^2} = \frac{2^2 \times 250^2}{20^2} \approx 625(\text{户})$$

估计恩格尔系数所需的样本容量为

$$n_2 = \frac{(z_{\alpha/2})^2 \pi(1-\pi)}{\Delta_P^2} = \frac{2^2 \times 0.65 \times 0.35}{0.04^2} \approx 569(\text{户})$$

即应抽取625户家庭进行调查。

练习题

一、填空题

　　1.抽样推断是按照_____,从总体中抽取样本,然后以样本的观察结果来估计总体的数量特征。

　　2.抽样调查可以是_____抽样,也可以是_____抽样,但作为抽样推断基础的必须是_____抽样。

　　3.抽样调查的目的在于认识总体的_____。

　　4.抽样推断运用_____的方法对总体的数量特征进行估计。

　　5.在抽样推断中,不论是总体参数还是样本统计量,常用的指标有_____、_____和方差。

　　6.样本成数的方差是_____。

　　7.根据取样方式不同,抽样方法有_____和_____两种。

　　8.抽样误差是由于抽样的_____而产生的误差,这种误差不可避免,但可以_____。

　　9.在其他条件不变的情况下,抽样误差与_____成正比,与_____成反比。

　　10.样本平均数的平均数等于_____。

　　11.在重复抽样下,抽样平均误差等于总体标准差的_____。

12.抽样极限误差与抽样平均误差之比称为_____。

13.总体参数估计的方法有_____和_____两种。

14.优良估计的三个标准是_____、_____和_____。

15.样本平均误差实质是样本平均数的_____。

二、单项选择题

1.抽样推断是建立在（　　）基础上的。

A.有意抽样　　　　B.随意抽样　　　　C.随机抽样　　　　D.任意抽样

2.抽样推断的目的是（　　）。

A.以样本指标推断总体指标　　　　　　B.取得样本指标

C.以总体指标估计样本指标　　　　　　D.以样本的某一指标推断另一指标

3.抽样推断运用（　　）的方法对总体的数量特征进行估计。

A.数学分析法　　　　　　　　　　B.比例推断算法

C.概率估计法　　　　　　　　　　D.回归估计法

4.在抽样推断中，可以计算和控制的误差是（　　）。

A.抽样实际误差　　　　　　　　　B.抽样标准误差

C.非随机误差　　　　　　　　　　D.系统性误差

5.总体参数是（　　）。

A.唯一且已知的　　　　　　　　　B.唯一但未知的

C.非唯一但可知的　　　　　　　　D.非唯一且不可知的

6.样本统计量是（　　）。

A.唯一且已知的　　　　　　　　　B.不唯一但可抽样计算而可知的

C.不唯一也不可知的　　　　　　　D.唯一但不可知的

7.样本容量也称（　　）。

A.样本个数　　　　　　　　　　　B.样本单位数

C.样本可能数目　　　　　　　　　D.样本指标数

8.在抽样调查时，若有意选择较好或较差的单位，则会产生（　　）。

A.登记性误差　　　　　　　　　　B.调查误差

C.偶然性误差　　　　　　　　　　D.系统性误差

9.不重复抽样的抽样标准误差公式比重复抽样多了一个系数（　　）。

A. $\sqrt{\dfrac{N-1}{N}}$ 　　　　B. $\sqrt{\dfrac{N+n}{N-1}}$ 　　　　C. $\sqrt{\dfrac{N-n}{N-1}}$ 　　　　D. $\sqrt{\dfrac{N+1}{N+n}}$

10.与抽样极限误差相比，抽样平均误差（　　）。

A.小　　　　　　　B.大　　　　　　　C.与之相等　　　　　D.大小不一定

11. 随着样本单位数的增大,样本统计量也趋于接近总体参数,成为抽样推断优良估计的(　　)标准。

A. 无偏性　　　　　　B. 一致性　　　　　　C. 有效性　　　　　　D. 均匀性

12. 下列由中心极限定理得到的有关结论中,正确的是(　　)。

A. 只有当总体服从正态分布时,样本均值才会趋于正态分布

B. 只要样本容量 n 充分大,二项分布就可以用正态分布近似

C. 无论样本容量 n 如何,样本均值的分布都可以用正态分布近似

D. 只要样本容量 n 充分大,随机事件出现的频率就接近其概率

13. 对总体的数量特征进行抽样估计的前提是抽样必须遵循(　　)。

A. 大量性　　　　　　B. 随机性　　　　　　C. 可靠性　　　　　　D. 准确性

14. 在一个理想的抽样框中,(　　)。

A. 总体单位是随机确定的　　　　　　B. 总体单位既不重复也不遗漏

C. 每个总体单位至少出现一次　　　　D. 每个总体单位最多只能出现一次

15. 估计量的抽样标准误差是指(　　)。

A. 估计量的观察值(估计值)等总体指标的实际误差

B. 估计值等总体指标之间允许的误差范围

C. 估计量的数学期望(平均值)

D. 估计量的标准误差

16. 抽样极限误差是指用样本指标估计总体指标时产生的抽样误差的(　　)。

A. 最大值　　　　　　B. 最小值　　　　　　C. 可能范围　　　　　　D. 实际范围

17. 在其他条件相同的情况下,重复抽样的抽样误差(　　)不重复抽样的抽样误差。

A. 大于　　　　　　　　　　　　　　B. 小于

C. 总是等于　　　　　　　　　　　　D. 通常小于或等于

18. 在其他条件不变的情况下,要使抽样误差减少 $1/3$,样本单位数必须增加(　　)。

A. 1/3　　　　　　　B. 1.25 倍　　　　　　C. 3 倍　　　　　　　D. 9 倍

19. 某企业最近几批产品的优质品率分别为 85％、82％、91％,为了对下一批产品的优质品率进行抽样检验,在确定必要的抽样数目时,P 应选(　　)。

A. 82％　　　　　　　B. 85％　　　　　　　C. 88％　　　　　　　D. 91％

20. 随着样本单位数的增大,样本统计量逐渐趋近于总体参数,这一特性称为抽样估计的(　　)。

A. 无偏性　　　　　　B. 一致性　　　　　　C. 有效性　　　　　　D. 均匀性

三、判断题（把"√"或"×"填在题后的括号里）

1. 抽样的随机原则，就是要保证总体各单位有同等被抽中的机会，而不受人们主观因素的影响。 （　　）

2. 样本统计量是随机变量。 （　　）

3. 总体参数虽然未知，但却具有唯一性。 （　　）

4. 抽样调查与典型调查的重要区别就在于前者的抽样误差是无法估计和控制的。

（　　）

5. 抽样调查是一种非常科学的方法，因而在以样本统计量推断总体参数时，其可靠性是完全肯定的。 （　　）

6. 抽样调查是非全面调查，但却可以对全面调查的资料进行验证和补充。 （　　）

7. 样本的单位数可以是有限的，也可以是无限的。 （　　）

8. 样本容量是指一个总体一共可以组成多少个不同的样本，而样本个数则是指样本中的单位数。 （　　）

9. 重复抽样的随机性大于不重复抽样。 （　　）

10. 每一次抽样的实际抽样误差虽然不可知，但却是唯一的，因而抽样误差不是随机变量。 （　　）

11. 抽样误差只能指代表性误差中的偶然性代表性误差。 （　　）

12. 登记性误差和系统性误差是可以避免的，而偶然性误差是不可避免的。 （　　）

13. 以样本指标的实际值直接作为相应总体参数的估计值，称为点估计。 （　　）

14. 抽样误差范围愈小，则抽样估计的置信度也愈小。 （　　）

15. 抽样分布就是样本分布。 （　　）

四、简答题

1. 什么是抽样误差？它有什么性质？

2. 请说明中心极限定理。

3. 影响抽样误差的因素有哪些？

4. 什么是抽样误差？什么是抽样极限误差？什么是抽样误差的概率度？三者之间有何关系？

5. 什么叫参数估计？有哪两种估计方法？

五、计算题

1. 从某市 400 户个体饮食店中抽取 10％进行月营业额调查,样本资料如下:

月均营业额(万元)	户数(户)
10 以下	2
10—20	4
20—30	10
30—40	16
40—50	6
50 以上	2
合计	40

试计算:

(1) 月营业额的抽样标准误差。

(2) 在 95％ 的概率保证下,全体个体饮食店月均营业额的置信区间。

(3) 以同样的概率保证,全体个体饮食店月营业总额的置信区间。

2. 采用简单随机重复抽样的方法在 2000 件产品中抽查 200 件,其中合格品 190 件。要求:

(1) 计算样本合格品率及其抽样平均误差。

(2) 以 95％ 的概率保证程度对该批产品合格品率和合格品数量进行区间估计。

(3) 若极限误差为 2.31％,则其概率保证程度是多少?

3. 对一批产品按简单随机不重复抽样方法抽取 200 件,结果发现废品 8 件,又知抽样比为 1/20,当概率保证程度为 95.45％ 时,是否可以认定这一批产品的废品率不超过 5％?

4. 已知某种型号灯泡过去的合格率为 98％。现要求抽样允许误差不超过 0.02,当概率保证程度为 95％ 时,应抽多少只灯泡进行检验?

5. 某班级男生的身高呈正态分布,并且已知平均身高为 170 厘米,标准差为 12 厘米。

(1) 若抽查 10 人,则这 10 人的平均身高在 166.2 ~ 173.8 cm 之间的概率为多少?

(2) 如果进行一次男生身高抽样调查,要求以 95％ 把握程度保证允许误差不超过 3 厘米,问需要抽查多少人?

(3) 如果把握程度仍为 95％,抽样精确度提高一倍,那么需抽查多少人?

(4) 如果允许误差仍为 3 厘米,保证程度提高为 99.73％,那么需抽查多少人?

6. 假定总体为 5000 个单位,被研究标志的方差不小于 400,抽样允许误差不超过 3,当概率保证程度为 95％ 时,问:

(1) 采用重复抽样需抽多少个单位?

（2）若要求抽样允许误差减少 50%，则需抽多少个单位？（区分重复抽样和不重复抽样）

7.已知：$n=25,n_1=8,\bar{x}=97,\sum(x-\bar{x})^2=4325$，试以 95.45% 的概率保证程度推算总体参数 $\bar{X}$ 及 P。

8.对某地 100 户农民家庭人均收入进行调查，数据如下：

人均收入（万元）	家庭数（户）
0.4 以下	20
0.4—0.8	50
0.8—1.2	20
1.2 以上	10
合计	100

请以 $95.45\%(t=2)$ 的概率保证度估计全体农民家庭人均收入的置信区间，并以相同的置信区间估计人均收入在 1.2 万以上农户所占比重。

补充练习   拓展阅读

第 5 章
假设检验

　　假设检验是另一种有重要理论和应用价值的统计推断形式。它的基本任务是，在总体的分布函数完全未知或只知其形式但不知其参数的情况下，为了推断总体的某些性质，首先提出某些关于总体的假设，然后根据样本所提供的信息，对所提假设做出"接受"或"拒绝"的结论性判断。假设检验有其独特的统计思想，许多实际问题都可以作为假设检验问题而得以有效地解决。

　　为了对假设检验问题有一个直观的认识，我们先来讨论一个案例。

　　某国军队原来的导弹制导系统是雷达系统，其命中率为 $p_0 = 1/2$。后来他们又研制了红外线制导系统。为了确定新导弹制导系统的命中率，他们试射了 18 枚红外制导的导弹，结果有 12 枚击中。此时，如果试验的目的仅仅只是为了估计新制导系统的命中率，那么这就是一个参数估计问题。显然，$\hat{p} = 2/3$ 是这种新制导系统命中率的一个点估计值。现在某国国防部需要考虑的问题是，是否有必要更换制导系统，即将雷达制导系统更换为红外线制导系统。而这首先需要他们回答一个问题：根据这个试验结果，能否认为红外线制导系统的命中率比雷达制导系统的命中率要高？

　　设装备有红外线制导系统的导弹的命中率为 p，则要回答上述问题，需对以下两个假设进行检验以决定该接受哪一个假设：

$$H_0 : p = p_0, H_1 : p > p_0，其中 p_0 = 1/2$$

　　其中 H_0 表示红外线制导系统没有提高命中率，H_1 则表示提高了命中率。

　　前面提到，如果是参数估计问题，那么 $\hat{p} = 2/3$ 就是一个很好的估计，它显然大于 $p_0 = 1/2$。因此，乍一看，好像确实提高了命中率。然后，由于更换制导系统（即拒绝 H_0 或接受 H_1）是一件非常昂贵的事情，因此当你在做最后决定的时候可能会有一些犹豫，毕竟即使是雷达制导的导弹，试射 18 枚导弹至少击中 12 枚的结果也是有可能会出现的。也就是说，即使没有提高命中率，上述试验结果也是很有可能"碰巧"发生的。这样一犹豫，红外线制导系统是否提高了导弹命中率的问题便好像不再是显然的了。

　　这就是假设检验问题与参数估计问题的不同之处。

5.1 假设检验的基本概念

下面先通过一个例题来说明假设检验的基本思想及由此而形成的一些基本概念。为了叙述的方便,在本章中我们将不区别样本和样本值的记号,都记为 $x_1, x_2, \cdots, x_n$,至于记号的准确含义由读者根据上下文确定。

[例 5.1.1] 某车间用一台包装机包装葡萄糖。包装后的重量是一个随机变量,它服从正态分布 $N(\mu, 0.015^2)$。当机器正常时,其均值为 0.5 千克,随机地抽取它所包装的糖 9 袋,称得净重(千克)分别为

0.497　0.506　0.518　0.524　0.498　0.511　0.520　0.515　0.512

问:包装机工作是否正常?

解　我们按照下列步骤来分析,并在分析的过程给出假设检验的一些基本概念。

(1)原假设和备择假设

看包装机工作是否正常,实际上就是看是否可以认为 μ 等于 0.5,如果可以认为 μ 等于 0.5,则表明这天的包装机工作正常。如果不可以认为 μ 等于 0.5,则表明这天的包装机工作不正常。因此,本例的问题实际上是要我们根据样本所提供的信息来检验下面的假设:

$$H_0: \mu = \mu_0, H_1: \mu \neq \mu_0$$

其中 $\mu_0 = 0.5$。

通常称 H_0 为原假设(或零假设),H_1 为备择假设。如果接受 H_0,则表明这天的包装机工作正常;如果拒绝 H_0,则接受 H_1,此时表明这天的包装机工作不正常。

现在的问题是,依据什么样的法则来决定拒绝还是接受 H_0?

(2)检验统计量和拒绝域的形式

我们已经知道,样本均值 $\bar{x}$ 是总体数学期望 μ 的一个无偏估计,因此当 H_0 为真时,$\bar{x}$ 与 $\mu_0 = 0.5$ 应该比较接近。由于抽样的随机性,$\bar{x}$ 与 μ_0 之间不可避免地会出现一定的差异,但是如果 $|\bar{x} - \mu_0|$ 很大时,我们就有理由怀疑 H_0 的正确性并进而拒绝 H_0。

由于当 H_0 为真时,统计量

$$z = \frac{\bar{x} - \mu_0}{\sigma/\sqrt{n}} \sim N(0,1), \text{其 } \sigma = 0.015, n = 9$$

因此当 H_0 为真时,$|z|$ 不应很大,如果很大,则拒绝 H_0。基于这种想法,我们所要做的就是确定一个正的临界值 k,当 $|z| \geq k$ 时拒绝 H_0 同时接受 H_1,而在 $|z| < k$ 时接受 H_0。

这就是一个判断的法则。

于是,包装机是否正常的关键是看统计量 $z = \dfrac{\bar{x} - \mu_0}{\sigma / \sqrt{n}}$ 的"表现",我们给这个统计量一个名称,称为检验统计量,而将集合 $\{(x_1, x_2, \cdots, x_n) : |u| \geqslant k\}$ 称为拒绝域的形式。一旦拒绝域形式中的 k 确定,拒绝域也就随之确定。

确定假设检验的法则的过程就是寻找拒绝域的过程。

(3) 可能会犯的两类错误

现在假设临界值 k 已经确定,则当我们使用上面的法则作判断时,由于检验统计量的随机性,不可避免地会导致如下两类错误:

① 第一类错误(弃真)。

原假设 H_0 事实上是真的,但是由于检验统计量的观察值落入拒绝域中,从而拒绝 H_0。这时犯了"弃真"的错误,即将正确的假设摒弃了,这一类错误我们称为第一类错误。记犯第一类错误的概率为 α,则有

$$P\{拒绝\ H_0 \mid H_0\ 为真\} = \alpha \tag{5.1.1}$$

上式也可记为

$$P_{H_0}\{拒绝\ H_0\} = \alpha$$

在本例中,上式可写成

$$P_{H_0}\left\{\left|\frac{\bar{x} - \mu_0}{\sigma / \sqrt{n}}\right| \geqslant k\right\} = \alpha \tag{5.1.2}$$

② 第二类错误(取伪)。

原假设 H_0 事实上是假的,但是由于检验统计量的观察值没有落在拒绝域中,从而接受 H_0。这时犯了"取伪"的错误,即接受了错误的原假设,这一类错误我们称为第二类错误。记犯第二类错误的概率为 β,则有

$$P\{接受\ H_0 \mid H_0\ 为假\} = \beta \tag{5.1.3}$$

上式也可记为

$$P_{H_1}\{接受\ H_0\} = P\{接受\ H_0 \mid H_1\ 为真\} = \beta$$

在本例中,上式可写成

$$P_{H_1}\left\{\left|\frac{\bar{x} - \mu_0}{\sigma / \sqrt{n}}\right| < k\right\} = \beta$$

对于给定的一对 H_0 和 H_1,总可以找出许多的拒绝域,比如在本例中当 k 取不同的值时就得到不同的拒绝域。当然我们希望寻找这样的拒绝域,使得犯两类错误的概率 α 与 β 都很小。但是已有的研究表明,当样本容量给定后,α 与 β 中的一个减小时,另一个却随之增大,要使它们同时都很小是不可能的。基于这种情况,奈曼和皮尔逊提出了一个原则,即在控制第一类错误的概率 α 的条件下,使犯第二类错误的概率 β 尽可能地小。根据该原则,首先需要控制的是第一类错误。

Neyman-Pearson 原则的出发点：我们提出原假设 H_0 时是经过细致调查和考虑的，它必须是一个要加以保护的假设，因此当我们要拒绝它时必须非常慎重，一般情况下不宜轻易拒绝。

这种假设检验问题称显著性检验问题。称犯第一类错误的概率 α 为显著性水平。

在确定了显著性水平后，接下来的任务就是确定拒绝域。

（4）确定拒绝域及检验结果

设显著性水平即犯第一类错误的概率为 α，由于 H_0 为真时，$z \sim N(0,1)$，则由（5.1.2）式可知 $k = z_{a/2}$。

于是，若 $|z| \geqslant z_{a/2}$，则拒绝 H_0，而若 $|z| < z_{a/2}$，则接受 H_0。称 $|z| \geqslant u_{a/2}$ 为拒绝域。

在本例中，如果取 $\alpha = 0.05$，则有 $k = z_{0.025} = 1.96$，又已知 $\sigma = 0.015$，$n = 9$，再由样本算得 $\overline{x} = 0.511$，从而有

$$|u| = \left| \frac{\overline{x} - \mu_0}{\sigma/\sqrt{n}} \right| = \left| \frac{0.511 - 0.5}{0.015/\sqrt{9}} \right| = 2.2 > 1.96 = z_{0.025}$$

于是拒绝 H_0，即认为这天包装机工作不正常。

（5）假设检验过程中包含的基本思想

通过本例我们可以发现，假设检验过程包含两个重要的思想，即小概率原理和反证法思想。反证法的思想大家都很熟悉，而小概率原理是指，概率很小的事件在一次试验中是不会发生的。

例 5.1.1 的推理过程是以如下的方式进行的。

① 因为通常 α 都取得较小，因此若 H_0 为真，即当 $\mu = \mu_0$ 时，事件 $\{|z| \geqslant z_{a/2}\}$ 是一个小概率事件；

②（小概率原理）因此若 H_0 为真，则由一次试验得到的观察值 z 恰好满足不等式 $|z| \geqslant z_{a/2}$ 是不会发生的；

③（反证法思想）现在事件 $\{|z| \geqslant z_{a/2}\}$ "居然"发生了，故我们有理由怀疑原假设 H_0 的正确性，因而拒绝 H_0。

下面我们结合例 5.1.1 对"显著性水平"中"显著（significance）"一词再作些直观的解释。

我们曾经提到，由于抽样的随机性，即使是在机器正常运行的情况下，样本均值 $\overline{x}$ 与 μ_0 之间的机会差异也是难免的，但是如果差异"显著"，那么用"碰巧"之类的机会差异来解释则显得有点牵强，此时我们宁愿相信，这种差异是由机器偏离了正常运行轨道而产生的，从而拒绝原假设。

什么样的差异是"显著"或"有意义"的呢？这就需要一个准则。事实上，在本例中，我们看到这个准则是根据犯第一类错误的概率来定的。当事件 $\{|z| \geqslant z_{a/2}\}$ 发生时，我们认为样本均值 $\overline{x}$ 与总体假设的期望 μ_0 之间差异"显著"，而当事件 $\{|z| < z_{a/2}\}$ 发生时，认为

差异不"显著"。这就是为什么称犯第一类错误的概率为"显著性水平"的直观解释。

由以上讨论可知,在显著性检验问题中,若没有非常充分的理由,原假设是不能轻易拒绝的,因此原假设是受到保护的假设。如何根据问题的需要来合理地提出原假设和备择假设是一个关键的问题。一般地,我们总是将被拒绝时导致的后果更严重的假设作为原假设。

回到本章一开始的问题。

某国国防部需要考虑的问题是,能否认为红外线制导系统的导弹命中率要高于原来雷达制导系统的导弹命中率。已知原来雷达制导系统的命中率为 $p_0 = 0.5$,假如红外线制导系统的命中率为 p,则此时需检验的问题为:

$$H_0 : p = 0.5, H_1 : p > 0.5$$

其中 H_0 表示红外线制导系统没有提高命中率。由于更换制导系统(即拒绝 H_0)是一件非常昂贵的事情,因此 H_0 是一个需要保护的假设(这意味着显著性水平要取得很小)。从试验样本的结果看好像确实是提高了命中率(试射 18 枚击中 12 枚,达到了 2/3),但问题是我们能否据此就可以"很有信心"地更换制导系统了呢?

设 X 为试射的 18 枚导弹中击中目标的导弹数,则 $X \sim b(10, p)$。现在我们需确定一个数 k,当 $X \geqslant k$ 时拒绝 H_0 同时接受 H_1。如果取显著性水平(犯第一类错误的概率)α 为 0.01,则由

$$P\{X \geqslant k \mid p = 0.5\} \leqslant 0.01$$

知此时 k 至少应为 15;同理,如果取显著性水平为 0.05,则此时 k 至少应为 14;如果我们将 α 的数值取得更大一些,即显著性水平要更低一些,比如取为 0.1,则此时 k 至少应为 13。因此,在显著性水平 $\alpha = 0.1$ 下根据击中的次数大于 11 是不能拒绝 H_0 的。也就是说,为了谨慎起见,我们宁愿相信试验的结果是随机波动的结果(碰巧的结果),而不是由于导弹的性能有了显著的提高。虽然接受 H_0 有可能会犯错误,但问题并不是很严重,因为不更换制导系统并不比原来更差,命中率仍可维持在 0.5。否则一旦作出拒绝的判断,那么就将消耗巨大的人力物力来更换该系统,其结果却很有可能(概率至少为 10%)并没有改善导弹性能。

下面我们就一般假设检验的一些重要概念作进一步的阐述。

原假设和备择假设　　根据问题的实际性质,提出能对问题进行回答的原假设 H_0 以及拒绝 H_0 时的备择假设 H_1。在数理统计中,如果总体 x 的分布函数形式为 $F(x; \theta)$,而参数 θ 未知,$\theta \in \Theta$,则对 θ 提问时,原假设 H_0 和备择假设 H_1 一般可有如下形式:

$$H_0 : \theta \in \Theta_0; H_1 : \theta \in \Theta_1 \tag{5.1.4}$$

其中 Θ_0 和 Θ_1 都是 Θ 的非空子集且不相交。比如例 5.1.1 中 $\Theta = (-\infty, +\infty)$,$\Theta_0 = \{0.5\}$,$\Theta_1 = (-\infty, 0.5) \bigcup (0.5, +\infty)$。一般往往有 $\Theta_1 = \Theta - \Theta_0$,但也未必总是如此。当 Θ_0 或 Θ_1 是单点集时,称相应的假设是简单假设,否则称为复合假设。若对未知参数提出

假设,再根据样本进行检验,这种问题称为参数假设检验问题。

有时,我们也有可能遇到另一类称为非参数假设检验的问题,常见的是对总体的未知分布提出假设,再根据样本进行检验。此时,原假设 H_0 和备择假设 H_1 一般有如下形式:

$$H_0: F(x) \equiv F_0(x); \quad H_1: F(x) \not\equiv F_0(x) \tag{5.1.5}$$

其中 $F(x)$ 是总体的分布函数,而 $F_0(x)$ 是已知的某个具体的分布函数或某个分布族中的分布函数。例如,$F_0(x)$ 可以是标准正态分布 $N(0,1)$ 的分布函数,也可以是正态分布族 $N(\mu, \sigma^2)$, $-\infty < \mu < +\infty, \sigma^2 > 0$ 中的分布函数,等等。另外,检验两总体的分布是否相同、是否独立等也属于非参数假设检验。

通过例 5.1.1,我们看到,在求假设检验的拒绝域 C 时,往往涉及一个统计量。本例中就涉及统计量 $z = \dfrac{\bar{x} - \mu_0}{\sigma / \sqrt{n}}$,它在求拒绝域时扮演了一个重要的角色。这一类统计量我们称为检验统计量。通过前面的讨论我们看到,拒绝还是接受原假设的关键是看该统计量的具体表现(是否落在拒绝域中)。

当样本的观察值 $(x_1, x_2, \cdots, x_n)$ 落在某区域 C 时我们拒绝原假设,则称区域 C 为拒绝域,拒绝域的边界点称为临界点。在例 5.1.1 中,拒绝域为

$$C = \{(x_1, \cdots, x_n): |z| \geqslant z_{\alpha/2}\} \quad \text{或} \quad C = \{|z| \geqslant z_{\alpha/2}\}$$

例 5.1.1 中的备择假设 $H_1: \mu \neq \mu_0$,表示 μ 可能大于 μ_0,也可能小于 μ_0,这两种情况均表示机器不正常,称为双侧备择假设,而针对双侧备择假设的假设检验称为双侧假设检验。

对于有些问题,备择假设可能就要取为另一种形式了。比如,某生产线在正常时候生产的产品的平均寿命为 μ_0,用了一段时间以后,为了检验生产线是否已经老化,从而需要检验产品的寿命是否下降,则此时需检验如下的假设:

$$H_0: \mu = \mu_0, \quad H_1: \mu < \mu_0$$

其中 $H_1: \mu < \mu_0$ 表示生产线已老化。这一类假设检验问题称为左侧检验。又如,某生产线采用新的工艺,为了检验新工艺能否提高产品的平均寿命,则需检验:

$$H_0: \mu = \mu_0, \quad H_1: \mu > \mu_0$$

这一类假设检验问题称为右侧检验。右侧检验和左侧检验统称为单侧检验。

前面讨论的关于红外线制导系统是否提高了命中率的问题就是一个右侧检验的问题。

综上所述,处理假设检验问题的步骤如下:

① 根据问题的实际情况,建立原假设 H_0 及备择假设 H_1;

② 选定检验统计量并分析拒绝域的形式;

③ 给定显著性水平 α,并由此确定出拒绝域 C;

④ 取样,根据样本观察值做出判断是否拒绝 H_0。

5.2　单个正态总体参数的假设检验

由中心极限定理知,正态分布是一种常用的分布,具有一定的普遍性,关于它的两个参数的假设检验问题是在实际统计工作中经常遇到的。本节讨论单个正态总体 $N(\mu,\sigma^2)$ 的参数检验问题。

5.2.1　关于均值的假设检验

此时,关于均值 μ 可以提出如下几种常见的假设检验问题。

双侧假设检验:

$$H_0:\mu=\mu_0,H_1:\mu\neq\mu_0 \tag{5.2.1}$$

右侧假设检验:

$$H_0:\mu=\mu_0,H_1:\mu>\mu_0 \tag{5.2.2}$$

左侧假设检验:

$$H_0:\mu=\mu_0,H_1:\mu<\mu_0 \tag{5.2.3}$$

其中 μ_0 是已知数。

(1)σ^2 已知

对于双侧检验(5.2.1)的情形,实际上已经在例 5.1.1 中讨论过。此时,检验统计量为 $z=\dfrac{\overline{x}-\mu_0}{\sigma/\sqrt{n}}$,拒绝域的形式为 $\{|z|\geqslant k\}$,由于当 H_0 为真时,$z\sim N(0,1)$,因此对于给定的显著性水平 α,有

$$P_{H_0}\{|z|\geqslant z_{\alpha/2}\}=\alpha$$

由此解得拒绝域为

$$C=\{|z|\geqslant z_{\alpha/2}\} \tag{5.2.4}$$

下面讨论右侧检验(5.2.2)的情形,此时,检验统计量仍然选为 $z=\dfrac{\overline{x}-\mu_0}{\sigma/\sqrt{n}}$,但是拒绝域的形式则有所不同。当 H_0 为真时,u 应该在 0 附近取值,而当 H_1 为真时,$\overline{x}$ 作为 μ(比 μ_0 要大)的无偏估计量,应该比 μ_0 要大,并且越大越说明 H_1 的正确性。因此,当 u 的值超过某一个足够大的正数 k 时,就拒绝原假设而接受备择假设。故拒绝域形式应取为 $\{z\geqslant k\}$。对于给定的显著性水平 α,由于

$$P_{H_0}\{z\geqslant z_\alpha\}=\alpha$$

故此时的拒绝域为

$$C=\{z\geqslant z_\alpha\} \tag{5.2.5}$$

对于左侧检验(5.2.3),仍然取检验统计量为 $z = \dfrac{\overline{x} - \mu_0}{\sigma/\sqrt{n}}$,而拒绝域的形式则取为 $\{z \leqslant -k\}$,由此可得左侧检验的拒绝域为

$$C = \{z \leqslant -z_a\} \tag{5.2.6}$$

一般地,如果在原假设 H_0 为真时检验统计量服从标准正态分布,则此时的检验方法称为检验法。

有一点需要说明的是,右侧检验

$$H_0 : \mu = \mu_0, H_1 : \mu > \mu_0$$

与检验

$$H_0 : \mu \leqslant \mu_0, H_1 : \mu > \mu_0$$

是等价的。所谓"等价的"是指,给定显著性水平 α,在犯第一类错误的概率不超过 α 的意义下,两者的拒绝域相同。

从直观上来说,对于右侧检验,如果依据拒绝域 $C = \{u \geqslant u_\alpha\}$ 做出拒绝原假设 $H_0 : \mu = \mu_0$ 的决定,则更应该拒绝 $H_0 : \mu \leqslant \mu_0$。事实上,在前面的讨论中,关于显著性水平 α 的确定是在 $\mu \leqslant \mu_c$ 的范围内最不容易拒绝的 μ_0 点处计算得到的。

同样地,给定显著性水平 α,左侧检验

$$H_0 : \mu = \mu_0, H_1 : \mu < \mu_0$$

与检验

$$H_0 : \mu \geqslant \mu_0, H_1 : \mu < \mu_0$$

在犯第一类错误的概率不超过 α 的意义下是等价的,即两者的拒绝域相同。

[例 5.2.1] 在正态总体 $N(\mu, 1)$ 中取 100 个样品,计算得 $\overline{x} = 5.32$,

① 试在显著性水平 $\alpha = 0.01$ 下检验假设 $H_0 : \mu = 5, H_1 : \mu \neq 5$;

② 如果需在显著性水平 $\alpha = 0.01$ 下检验假设 $H_0 : \mu = 5, H_1 : \mu = 4.8$,试计算此时犯第二类错误的概率。

解 ① 这是一个双侧检验问题,检验统计量取为

$$z = \frac{(\overline{x} - \mu_0)\sqrt{n}}{\sigma}$$

其中 $\mu_0 = 5$,此时拒绝域为 $|z| > z_{a/2}$。

已知 $\overline{x} = 5.32, \sigma = 1, n = 100, \alpha = 0.01$,代入计算得,$z = 3.2$,查表得 $z_{a/2} = z_{0.005} = 2.57$,从而有

$$|z| = 3.2 > 2.57,$$

故拒绝 H_0。

② 此时犯第二类错误的概率为:

$$\beta = P\{接受\ H_0\mid H_1\ 为真\} = P_{H_1}\{\mid z\mid < z_{a/2}\} = P_{H_1}\left\{\left|\frac{\overline{x}-5}{\sigma/\sqrt{n}}\right| < z_{a/2}\right\}$$

$$= P_{H_1}\left\{-2.57 < \frac{\overline{x}-4.8-0.2}{0.1} < 2.57\right\} = P_{H_1}\left\{-0.57 < \frac{\overline{x}-4.8}{0.1} < 4.57\right\}$$

当 H_1 为真时，$\dfrac{\overline{x}-4.8}{\sigma/\sqrt{n}} = \dfrac{\overline{x}-4.8}{0.1}$ 服从 $N(0,1)$，所以有

$$\beta = \Phi(4.57) - \Phi(-0.57) = 0.7157$$

从本例中，我们看到虽然犯第一类错误的概率 $\alpha = 0.01$ 是个很小的数，但是犯第二类错误的概率 $\beta = 0.7157$ 却非常大。如何在给定显著性水平 α 下使犯第二类错误的概率 β 尽可能地小，这是一个非常重要的问题。这已超出本教科书的教学范围，有兴趣的同学可参看数理统计学的高级教程。

[**例 5.2.2**]　要求一种元件平均使用寿命不得低于 1000 小时，今从这种元件中随机抽取 25 件，测得其寿命的平均值为 950 小时。已知该种元件寿命服从标准差为 $\sigma = 100$ 小时的正态分布。试在显著性水平 $\alpha = 0.05$ 下确定这批元件质量是否合格。

解　此题是要求检验假设

$$H_0:\mu = \mu_0, H_1:\mu < \mu_0$$

其中 μ 是总体均值，$\mu_0 = 1000$。在 $\sigma^2 = 100^2$ 已知时，检验统计量为

$$z = \frac{\overline{x}-1000}{\sigma/\sqrt{n}}, 其中 \sigma = 100, n = 25$$

检验上述假设的拒绝域为 $C = \{z < -z_a\}$。

经计算得 $\overline{x} = 950$，查表有 $z_{0.05} = 1.645$，于是

$$z = \frac{\overline{x}-1000}{\sigma/\sqrt{n}} = \frac{950-1000}{100/\sqrt{25}} = -2.5 < -1.645$$

即检验统计量的观察值落在拒绝域内，故拒绝 H_0，即认为这批元件质量不合格。

（2）σ^2 未知

由于样本的函数 $z = \dfrac{\overline{x}-\mu_0}{\sigma/\sqrt{n}}$ 包含了未知参数，因此它已不是一个统计量，当然也不能作为检验统计量。此时，我们可以取检验统计量为

$$t = \frac{\overline{x}-\mu_0}{s/\sqrt{n}}$$

当 H_0 为真时，t 服从从自由度为 $n-1$ 的 t 分布，即 $t \sim t(n-1)$。

对于双侧检验的情形，拒绝域的形式应取为 $\{\mid t\mid \geqslant k\}$，于是给定显著性水平 α，有

$$P_{H_0}\{\mid t\mid \geqslant t_{a/2}(n-1)\} = \alpha$$

由此得此时的拒绝域为

$$C = \{\mid t \mid \geqslant t_{\alpha/2}\} \tag{5.2.7}$$

由于在原假设为真时检验统计量服从 t 分布，因此称上述关于 μ 的检验法为 t 检验法。

右侧检验和左侧检验的情况可类似地讨论，其结果总结成下表。

表 5.2.1　σ^2 未知时关于 μ 的检验法（t 检验法）

原假设	备择假设	检验统计量	H_0 为真时检验统计量的分布	拒绝域的形式	拒绝域 C
$\mu = \mu_0$	$\mu \neq \mu_0$	$t = \dfrac{\bar{x} - \mu_0}{s/\sqrt{n}}$	$t(n-1)$	$\mid t \mid \geqslant k$	$\{\mid t \mid > t_{\alpha/2}(n-1)\}$
$\mu = \mu_0$	$\mu > \mu_0$	同上		$t \geqslant k$	$\{t > t_\alpha(n-1)\}$
$\mu = \mu_0$	$\mu < \mu_0$	同上		$t \leqslant -k$	$\{t < -t_\alpha(n-1)\}$

[例 5.2.3] 设某次考试的考生成绩服从正态分布，从中随机地抽取 36 位考生的成绩，算得平均成绩为 65.5 分，标准差为 15 分。问在显著性水平 0.05 下，是否可以认为这次考试全体考生的平均成绩为 70 分。

解　设该次考试的考生成绩为 X，则 $X \sim N(\mu, \sigma^2)$，本题是在显著性水平 $\alpha = 0.05$ 下检验假设：

$$H_0 : \mu = \mu_0;\ H_1 : \mu \neq \mu_0,\ \text{其中}\ \mu_0 = 70$$

检验统计量为 $t = \dfrac{\bar{x} - \mu_0}{s/\sqrt{n}}$，拒绝域为 $\mid t \mid \geqslant t_{\frac{\alpha}{2}}(n-1)$，由 $n = 36, \bar{x} = 65.5, s = 15$，算得

$$\mid t \mid = \frac{\mid 65.5 - 70 \mid \sqrt{36}}{15} = 1.8$$

由于 $t_{0.025}(36-1) = 2.0301$，因此检验统计量的观察值没有落在拒绝域内，故接受原假设，即可以认为这次考试全体考生的平均成绩为 70 分。

关于本例的进一步说明　设某学校考生的平均成绩的达标线为 70 分，如果是要检验该学校是否达标，则此时的检验就是一个如下的左侧检验问题：

$$H_0 : \mu = \mu_0;\ H_1 : \mu < \mu_0,\ \text{其中}\ \mu_0 = 70$$

则拒绝域为 $t \leqslant -t_\alpha(n-1)$。查表得 $t_{0.05}(35) = 1.6896$，于是，有

$$t = -1.8 < -t_{0.05}(35)$$

故拒绝 H_0，即认为该次考试该学校没有达标。

同样的原假设，同样的显著性水平，同样的一组数据，由于备择假设不同，结果导致原假设的不同命运。由此可见，如何根据实际问题合理地提出假设是一个非常重要的问题。

[例 5.2.4] 为了试验两种不同谷物的种子的优劣，选取了 10 块土质不同的土地，并

将每块土地分成面积相同的两部分,分别种植这两种种子。设在每块土地的两部分人工管理等条件完全一样。下面给出各块土地上的产量。

土地	1	2	3	4	5	6	7	8	9	10
种子 $A(x_i)$	23	25	29	42	39	29	37	34	35	28
种子 $B(y_i)$	26	39	35	40	38	24	36	27	41	27

设 $d_i = x_i - y_i, i = 1, 2, \cdots, 10$ 来自正态总体 $d \sim N(\mu, \sigma^2)$,问:这两种种子种植的谷物产量是否有显著的差异(取 $\alpha = 0.05$)?

解　这是一个成对数据试验问题,对应的差是来自正态总体的样本。此题是要检验假设

$$H_0 : \mu = 0 , \ H_1 : \mu \neq 0$$

检验拒绝域为(σ^2 未知)

$$C = \left\{ \left| \frac{\bar{d} - 0}{s/\sqrt{n}} \right| > t_{\alpha/2}(n-1) \right\}$$

这里有 $\bar{d} = -1.2, s = 6.179, n = 10$,查表有 $t_{0.025}(9) = 2.2622$,而且

$$\left| \frac{\bar{d} - 0}{s/\sqrt{n}} \right| = \frac{1.2}{6.179/\sqrt{10}} = 0.061 < t_{0.025}(9) = 2.2622$$

即接受 H_0,认为两种种子种植的产量无显著差异。

5.2.2　关于方差的假设检验

同样地,关于方差 σ^2 的假设检验问题可以分为双侧检验、右侧检验和左侧检验三种:

$$H_0 : \sigma^2 = \sigma_0^2 , \ H_1 : \sigma^2 \neq \sigma_0^2 \tag{5.2.8}$$

$$H_0 : \sigma^2 = \sigma_0^2 , H_1 : \sigma > \sigma_0^2 \tag{5.2.9}$$

$$H_0 : \sigma^2 = \sigma_0^2 , H_1 : \sigma < \sigma_0^2 \tag{5.2.10}$$

其中 σ_0^2 是已知的正数。

先讨论双侧检验(5.2.8)的情形。

由于样本方差 s^2 是总体方差 σ^2 的无偏估计,因此当 H_0 为真时,s^2 应该在 σ_0^2 附近,比值 s^2/σ_0^2 一般不应太大也不应太小,当太大或太小时都应该拒绝 H_0,而当 H_0 为真时

$$\chi^2 = \frac{(n-1)s^2}{\sigma_0^2} \sim \chi^2(n-1)$$

因此,如果取检验统计量为 $\chi^2 = \dfrac{(n-1)s^2}{\sigma_0^2}$,则由上面的分析知,当 χ^2 不大于一个足够小的正数或者不小于某一个足够大的正数时,就拒绝原假设,即可将拒绝域的形式取

为 $\{\chi^2 \leqslant k_1,$ 或 $\chi^2 \geqslant k_2\}$，其中 k_1 是一个足够小的正数而 k_2 是一个足够大的正数。对于给定的显著性水平 α，有

$$P_{H_0}\{\chi^2 \leqslant k_1 \text{ 或 } \chi^2 \geqslant k_2\} = \alpha$$

为计算方便起见，取

$$P_{H_0}\{\chi^2 \leqslant k_1\} = P_{H_0}\{\chi^2 \geqslant k_2\} = \frac{\alpha}{2}$$

解得 $k_1 = \chi^2_{1-\alpha/2}(n-1), k_2 = \chi^2_{\alpha/2}(n-1)$，于是得拒绝域为

$$C = \{\chi^2 \leqslant \chi^2_{1-\alpha/2}(n-1)\} \bigcup \{\chi^2 \geqslant \chi^2_{\alpha/2}(n-1)\} \qquad (5.2.11)$$

对于右侧检验的情形，由于 H_1 为真时，χ^2 的值往往偏大，并且 χ^2 的值越大就越倾向于接受 H_1 而拒绝 H_0，因此拒绝域的形式可取为 $\{\chi^2 \geqslant k\}$。而对于左侧检验的情形，拒绝域的形式可取为 $\{\chi^2 \leqslant k\}$。然后，对于给定的显著性水平，利用分位点的概念即可得到相应于不同情形时的拒绝域。

我们将上述关于 σ^2 的检验法称为 χ^2 检验，具体结果列于下表。

表 5.2.2　关于 σ^2 的检验法（χ^2 检验法）

原假设	备择假设	检验统计量	H_0 为真时检验统计量的分布	拒绝域 C
$\sigma^2 = \sigma_0^2$	$\sigma^2 \neq \sigma_0^2$	$\chi^2 = \dfrac{(n-1)s^2}{\sigma_0^2}$		$\{\chi^2 \leqslant \chi^2_{1-\alpha/2}\} \bigcup \{\chi^2 \geqslant \chi^2_{\alpha/2}\}$
$\sigma^2 = \sigma_0^2$	$\sigma^2 > \sigma_0^2$	同上	$\chi^2(n-1)$	$\{\chi^2 \geqslant \chi^2_\alpha(n-1)\}$
$\sigma^2 = \sigma_0^2$	$\sigma^2 < \sigma_0^2$	同上		$\{\chi^2 \leqslant \chi^2_{1-\alpha}(n-1)\}$

一般地，称上述检验法为 χ^2 检验法。

[例 5.2.5]　要求某种导线电阻的标准差不得超过 0.005（欧姆）。今在一批导线中取样品 9 根，测得 $s = 0.007$（欧姆），设总体为正态分布 $N(\mu, \sigma^2)$。问：在水平 $\alpha = 0.05$ 下能否认为这批导线的标准差显著地偏大？

解　此题是要检验如下假设

$$H_0: \sigma^2 = 0.005^2; H_1: \sigma^2 > 0.005^2$$

检验统计量为

$$\chi^2 = \frac{(n-1)s^2}{\sigma_0^2}, \text{其中 } \sigma_0^2 = 0.005^2, n = 9$$

检验拒绝域为

$$C = \{\chi^2 > \chi^2_\alpha(n-1)\}$$

已知 $s^2 = 0.007^2$，查表有 $\chi^2_{0.05}(8) = 15.507$。因为

$$\frac{(n-1)s^2}{\sigma_0^2} = \frac{8 \times 0.007^2}{0.005^2} = 15.68 > 15.507$$

所以拒绝 H_0，在水平 $\alpha = 0.05$ 下认为标准差显著地偏大。

5.3　两个正态总体均值差或方差比的假设检验

设有正态总体 $X \sim N(\mu_1, \sigma_1^2)$，$(x_1, x_2, \cdots, x_{n_1})$ 是来自 X 的样本，正态总体 $Y \sim N(\mu_2, \sigma_2^2)$，$(y_1, y_2, \cdots, y_{n_2})$ 是来自 Y 的样本，且设来自 X 及来自 Y 的样本是独立的。记

$$\overline{x} = \frac{1}{n_1} \sum_{i=1}^{n_1} x_i, \quad s_1^2 = \frac{1}{n_1 - 1} \sum_{i=1}^{n_1} (x_i - \overline{x})^2$$

$$\overline{y} = \frac{1}{n_2} \sum_{i=1}^{n_2} y_i, \quad s_2^2 = \frac{1}{n_2 - 1} \sum_{i=1}^{n_2} (y_i - \overline{y})^2$$

本节主要讨论两个总体的均值差 $\mu_1 - \mu_2$ 与方差比 $\dfrac{\sigma_1^2}{\sigma_2^2}$ 的假设检验问题。

5.3.1　σ_1^2 及 σ_2^2 已知时，$\mu_1 - \mu_2$ 的假设检验

还是先讨论双侧检验的情形，此时需在显著性水平 α 下检验假设

$$H_0 : \mu_1 - \mu_2 = \delta, \quad H_1 : \mu_1 - \mu_2 \neq \delta \tag{5.3.1}$$

由于 $\overline{x} - \overline{y} \sim N\left(\mu_1 - \mu_2, \dfrac{\sigma_1^2}{n_1} + \dfrac{\sigma_2^2}{n_2}\right)$，故 $\overline{x} - \overline{y}$ 是 $\mu_1 - \mu_2$ 的无偏估计，因此，当 H_0 为真时，$\overline{x} - \overline{y} - \delta$ 应在 0 附近取值。于是，当 $|\overline{x} - \overline{y} - \delta|$ 较大时拒绝 H_0，取检验统计量为

$$z = \frac{(\overline{x} - \overline{y}) - \delta}{\sqrt{\dfrac{\sigma_1^2}{n_1} + \dfrac{\sigma_2^2}{n_2}}}$$

则拒绝域形式应取为 $|z| \geqslant k$。由于当 H_0 为真时，$z \sim N(0,1)$，从而对于给定的显著性水平，由 $P_{H_0}\{|z| \geqslant z_{\alpha/2}\} = \alpha$，可得此时的检验拒绝域为

$$C = \{|z| \geqslant z_{\alpha/2}\} \tag{5.3.2}$$

对于右侧检验和左侧检验也可以做类似的讨论，具体的结果列表如下。

表 5.3.1　σ_1^2 及 σ_2^2 已知时，$\mu_1 - \mu_2$ 的假设检验（z 检验法）

原假设	备择假设	检验统计量	H_0 为真时检验统计量的分布	拒绝域 C
$\mu_1 - \mu_2 = \delta$	$\mu_1 - \mu_2 \neq \delta$	$z = (\overline{x} - \overline{y} - \delta) / \sqrt{\dfrac{\sigma_1^2}{n_1} + \dfrac{\sigma_2^2}{n_2}}$	$N(0,1)$	$\{|z| \geqslant z_{\alpha/2}\}$
$\mu_1 - \mu_2 = \delta$	$\mu_1 - \mu_2 > \delta$	同上		$\{z \geqslant z_\alpha\}$
$\mu_1 - \mu_2 = \delta$	$\mu_1 - \mu_2 < \delta$	同上		$\{z \leqslant -z_\alpha\}$

5.3.2 $\sigma_1^2 = \sigma_2^2 = \sigma^2$ 未知时，$\mu_1 - \mu_2$ 的假设检验

仍然以双侧检验

$$H_0 : \mu_1 - \mu_2 = \delta, H_1 : \mu_1 - \mu_2 \neq \delta$$

为例。此时取检验统计量为

$$t = \frac{\bar{x} - \bar{y} - \delta}{s_w \sqrt{\dfrac{1}{n_1} + \dfrac{1}{n_2}}}$$

其中

$$s_w^2 = \frac{(n_1 - 1)s_1^2 + (n_2 - 1)s_2^2}{n_1 + n_2 - 2}$$

拒绝域形式可取为 $\{|t| \geqslant k\}$。

当 H_0 为真时，

$$t = \frac{\bar{x} - \bar{y} - \delta}{s_w \sqrt{\dfrac{1}{n_1} + \dfrac{1}{n_2}}} \sim t(n_1 + n_2 - 2)$$

对于给定显著性水平 α，由

$$P_{H_0}\{|t| \geqslant k\} = \alpha$$

可解得检验拒绝域为

$$C = \{|t| \geqslant t_{\alpha/2}(n_1 + n_2 - 2)\} \tag{5.3.3}$$

对于右侧检验和左侧检验也可以做类似的讨论，具体的结果由表（5.3.2）给出。

表 5.3.2 $\sigma_1^2 = \sigma_2^2 = \sigma^2$ 未知时，$\mu_1 - \mu_2$ 的假设检验（t 检验法）

原假设	备择假设	检验统计量	H_0 为真时检验统计量的分布	拒绝域 C
$\mu_1 - \mu_2 = 0$	$\mu_1 - \mu_2 \neq 0$	$t = \dfrac{\bar{x} - \bar{y} - \delta}{s_w \sqrt{\dfrac{1}{n_1} + \dfrac{1}{n_2}}}$	$t(n_1 + n_2 - 2)$	$\{|t| \geqslant t_{\alpha/2}(n_1 + n_2 - 2)\}$
$\mu_1 - \mu_2 = 0$	$\mu_1 - \mu_2 > 0$	同上		$\{t \geqslant t_\alpha(n_1 + n_2 - 2)\}$
$\mu_1 - \mu_2 = 0$	$\mu_1 - \mu_2 < 0$	同上		$\{t \leqslant -t_\alpha(n_1 + n_2 - 2)\}$

[例 5.3.1] 据推测认为，矮个子的人比高个子的人寿命要长一些。下面将美国 31 个自然死亡的总统分为矮个子与高个子两类（以 172.72 厘米为界），寿命（年龄）如下表。

矮个子		85	79	67	90	80					
高个子	68	53	63	70	88	74	64	66	60	60	78
	71	67	90	73	71	77	72	57	78	67	56
	63	64	83	65							

假设两个寿命总体均服从正态分布且方差相等, 问: 矮个子的人比高个子的人寿命是否要长一些?($\alpha = 0.05$)

解　设矮个子的寿命和高个子的寿命分别为 x, y, 则由题意, 可设 $X \sim N(\mu_1, \sigma^2)$, $Y \sim N(\mu_2, \sigma^2)$。本题要求在显著性水平 $\alpha = 0.05$ 下检验如下的假设:

$$H_0 : \mu_1 = \mu_2, \ H_1 : \mu_1 > \mu_2$$

检验统计量为

$$t = \frac{\bar{x} - \bar{y}}{s_w \sqrt{\dfrac{1}{n_1} + \dfrac{1}{n_2}}}, \text{其中 } s_w = \sqrt{\frac{(n_1 - 1)s_1^2 + (n_2 - 1)s_2^2}{n_1 + n_2 - 2}}$$

检验拒绝域为

$$C = \{t \geqslant t_\alpha(n_1 + n_2 - 2)\}$$

由题意, $n_1 = 5, n_2 = 26$, 经计算得

$$\bar{x} = 80.2, \bar{y} = 69.15, s_1 = 8.585, s_2 = 9.315$$

$$s_w = 9.218, t = \frac{80.2 - 69.15}{9.218 \times 0.488} = 2.4564$$

查表得 $t_{0.05}(29) = 1.6991$, 由于

$$t = 2.4564 > t_{0.05}(29) = 1.6991,$$

故拒绝 H_0, 即认为矮个子人的寿命较高个子人的寿命长。

5.3.3　μ_1 及 μ_2 未知时, σ_1^2 / σ_2^2 的假设检验

考虑如下的假设检验问题

$$H_0 : \frac{\sigma_1^2}{\sigma_2^2} = 1, H_1 : \frac{\sigma_1^2}{\sigma_2^2} \neq 1$$

或

$$H_0 : \sigma_1^2 = \sigma_2^2, H_1 : \sigma_1^2 \neq \sigma_2^2$$

因 $E(s_1^2) = \sigma_1^2, E(s_2^2) = \sigma_2^2$, 于是当 H_0 为真时, $\dfrac{s_1^2}{s_2^2}$ 应在 1 附近, 而当 H_1 为真时, $\dfrac{s_1^2}{s_2^2}$ 往往偏大或偏小, 故拒绝域形式可取为

$$\{s_1^2 / s_2^2 \leqslant k_1 \text{ 或 } s_1^2 / s_2^2 \geqslant k_2\}。$$

由于 $\dfrac{(n_1 - 1)s_1^2}{\sigma_1^2} \sim \chi^2(n_1 - 1)$, $\dfrac{(n_2 - 1)s_2^2}{\sigma_2^2} \sim \chi^2(n_2 - 1)$, 又 s_1^2 与 s_2^2 独立, 所以当 H_0 为

真，即 $\sigma_1^2 = \sigma_2^2$ 时，由 F 分布的定义，有

$$\frac{s_1^2}{s_2^2} = \frac{\dfrac{(n_1-1)s_1^2}{\sigma_1^2}/(n_1-1)}{\dfrac{(n_2-1)s_2^2}{\sigma_2^2}/(n_2-1)} \sim F(n_1-1, n_2-1)$$

故取检验统计量为

$$F = \frac{s_1^2}{s_2^2}$$

这样，对于给定显著性水平 α 时，由

$$P_{H_0}\{F \leqslant k_1 \text{ 或 } F \geqslant k_2\} = \alpha$$

可解得

$$k_1 = F_{1-\frac{\alpha}{2}}(n_1-1, n_2-1), k_2 = F_{\alpha/2}(n_1-1, n_2-1)$$

所以拒绝域为

$$C = \{F \leqslant F_{1-\frac{\alpha}{2}}(n_1-1, n_2-1) \text{ 或 } F \geqslant F_{\frac{\alpha}{2}}(n_1-1, n_2-1)\} \qquad (5.3.4)$$

其他形式的假设检验的拒绝域可从下表查出。

表 5.3.3　μ_1 及 μ_2 未知时，σ_1^2/σ_2^2 的假设检验（F 检验法）

原假设	备择假设	检验统计量	H_0 为真时检验统计量的分布	拒绝域 C
$\sigma_1^2 = \sigma_2^2$	$\sigma_1^2 \neq \sigma_2^2$	$F = s_1^2/s_2^2$	$F(n_1-1, n_2-1)$	$\{F \leqslant F_{1-\alpha/2}(n_1-1, n_2-1)\}$ 或 $\{F \geqslant F_{\alpha/2}(n_1-1, n_2-1)\}$
$\sigma_1^2 = \sigma_2^2$	$\sigma_1^2 > \sigma_2^2$	同上		$\{F \geqslant F_{\alpha}(n_1-1, n_2-1)\}$
$\sigma_1^2 = \sigma_2^2$	$\sigma_1^2 < \sigma_2^2$	同上		$\{F \leqslant F_{1-\alpha}(n_1-1, n_2-1)\}$

一般地，称上述检验法为 F 检验法。

［例 5.3.2］ 测得两批电子器件的样品的电阻（欧姆）如下表。

A 批(x)	0.140	0.138	0.143	0.142	0.114	0.137
B 批(y)	0.135	0.140	0.142	0.136	0.138	0.140

设这两批器件的电阻值分别服从分布 $N(\mu_1, \sigma_1^2), N(\mu_2, \sigma_2^2)$，且两样本独立。

① 检验假设（$\alpha = 0.05$）：

$$H_0: \sigma_1^2 = \sigma_2^2, H_1: \sigma_1^2 \neq \sigma_2^2$$

② 在 ① 的基础上检验假设（$\alpha = 0.05$）：

$$H_0: \mu_1 = \mu_2, H_1: \mu_1 \neq \mu_2$$

解　① 由题意，这是一个双侧检验问题：

$$H_0:\sigma_1^2 = \sigma_2^2, H_1:\sigma_1^2 \neq \sigma_2^2$$

取检验统计量为

$$F = s_1^2/s_2^2$$

则拒绝域为

$$C = \{F \leqslant F_{1-\frac{\alpha}{2}}(n_1 - 1, n_2 - 1) \text{ 或 } F \geqslant F_{\frac{\alpha}{2}}(n_1 - 1, n_2 - 1)\}$$

已知 $n_1 = n_2 = 6, \alpha = 0.05$，经计算得 $s_1^2 = 8 \times 10^{-6}, s_2^2 = 7.1 \times 10^{-6}, F = 1.13$，查表得 $F_{0.025}(5,5) = 7.15$，于是

$$F_{0.975}(5,5) = \frac{1}{F_{0.025}(5,5)} = \frac{1}{7.15} = 0.14$$

由于 $F_{0.975}(5,5) \leqslant F \leqslant F_{0.05}(5,5)$，即 F 没有落在拒绝域内，故接受 H_0，即在显著性水平 $\alpha = 0.05$ 下，可以认为 $\sigma_1^2 = \sigma_2^2$。

② 此时，须在显著性水平 $\alpha = 0.05$ 下，检验假设

$$H_0:\mu_1 = \mu_2, H_1:\mu_1 \neq \mu_2$$

由上面的讨论知，可以认为 $\sigma_1^2 = \sigma_2^2$，故可取检验统计量为

$$t = \frac{\bar{x} - \bar{y}}{s_w\sqrt{\dfrac{1}{n_1} + \dfrac{1}{n_2}}}, \text{其中 } s_w^2 = \frac{(n_1 - 1)s_1^2 + (n_2 - 1)s_2^2}{n_1 + n_2 - 2}$$

拒绝域为

$$C = \{|t| \geqslant t_{\frac{\alpha}{2}}(n_1 + n_2 - 2)\}$$

经计算得，$\bar{x} = 0.141, \bar{y} = 0.1385, s_w^2 = 7.55 \times 10^{-6}$，查表得 $t_{0.025}(10) = 2.2281$，由于

$$|t| = \frac{|0.141 - 0.1385|}{\sqrt{7.55 \times 10^{-6}} \times \sqrt{\dfrac{1}{6} + \dfrac{1}{6}}} = 1.58 < 2.2281$$

故接受 H_0，可以认为均值无显著差异。

[**例 5.3.3**]　将种植某种作物的一块土地等分为 15 小块，其中 5 块施有某种肥料，而其他 10 块没有施肥，收获时分别测量亩产量如下（单位：kg）：

施肥的：　　250　241　270　245　260

不施肥的：　200　208　210　213　230　224　205　220　216　214

假设施肥与不施肥的作物亩产量均服从正态分布且方差相同，试问施肥的作物平均亩产量比不施肥的作物平均亩产量是否提高一成以上。

解　设施肥的土地亩产量 $x \sim N(\mu_1, \sigma^2)$，不施肥的土地亩产量 $y \sim N(\mu_2, \sigma^2)$，由题意知，需在显著性水平 $\alpha = 0.05$ 下检验假设：

$$H_0:\mu_1 = 1.1\mu_2, H_1:\mu_1 > 1.1\mu_2$$

由于

$$\bar{x} - 1.1\bar{y} \sim N\left(\mu_1 - 1.1\mu_2, \frac{\sigma^2}{n_1} + \frac{1.1^2\sigma^2}{n_2}\right)$$

所以当 H_0 为真时,有

$$\frac{\bar{x} - 1.1\bar{y}}{\sqrt{\frac{\sigma^2}{n_1} + \frac{1.21\sigma^2}{n_2}}} \sim N(0,1)$$

另外,由于

$$\frac{(n_1-1)s_1^2}{\sigma^2} + \frac{(n_2-1)s_2^2}{\sigma^2} \sim \chi^2(n_1+n_2-2)$$

所以当 H_0 为真时,

$$t = \frac{\bar{x} - 1.1\bar{y}}{s_w\sqrt{\frac{1}{n_1} + \frac{1.21}{n_2}}} \sim t(n_1+n_2-2)$$

将检验统计量取为 t,则拒绝域为

$$C = \{t \geqslant t_{1-a}(n_1+n_2-2)\}$$

已知 $n_1 = 5, n_2 = 10$,查表得 $t_{0.95}(13) = 1.7709$,计算得

$$s_1^2 = 138.7, s_2^2 = 80.667, s_w^2 = \frac{4 \times 138.7 + 9 \times 80.667}{13} = 98.5233,$$

故有

$$t = \frac{253.2 - 214}{\sqrt{98.5233}\sqrt{\frac{1}{5} + \frac{1.21}{10}}} = 6.97 > 1.7709$$

所以拒绝 H_0,即认为施肥的作物亩产量比不施肥的作物亩产量多一成以上。

5.4 分布拟合检验

在上一节中,我们讨论了正态总体的参数假设检验问题。由于在实际问题中并不知道总体分布的类型,这时需要对总体的分布类型进行假设检验,这就是非参数假设检验问题中的分布拟合检验问题。本节介绍分布拟合检验的一种常用方法 —— 皮尔逊 χ^2 拟合检验法。

设总体 x 的分布函数 $F(x)$ 未知,$(x_1, x_2, \cdots, x_n)$ 是总体 x 的样本,现在,需在显著性水平 α 下检验假设

$$H_0: F(x) \equiv F_0(x), H_1: F(x) \not\equiv F_0(x) \tag{5.4.1}$$

其中 $F_0(x)$ 为某已知分布函数或者是某一已知类型中的分布函数。

皮尔逊 χ^2 检验法的步骤如下。

设总体 x 的可能取值都落在 (a,b) 内，a 可以为 $-\infty$，b 可以为 $+\infty$，将区间 (a,b) 分成 m 个小区间，不妨设第 i 个小区间为 $[t_{i-1},t_i)$，$i=1,2,\cdots,m$（当 $i=1$ 时，第一个小区间应为开区间，以下将不再声明），设样本落入第 i 个小区间的个数为 v_i 个。

当 H_0 为真时，总体 x 落入第 i 个小区间 $[t_{i-1},t_1)$ 的概率为 p_i，则有

$$p_i = P_{H_0}\{t_{i-1} \leqslant x < t_i\}, i=1,2,\cdots,m \tag{5.4.2}$$

按照大数定律，当 H_0 成立时，"理论频数" np_i（或 $n\hat{p}_i$）与"实际频数" v_i 的差异不应太大。根据这个思想，皮尔逊构造了一个统计量

$$\chi^2 = \sum_{i=1}^{m} \frac{(v_i-np_i)^2}{np_i} \tag{5.4.3}$$

称为皮尔逊 χ^2 一统计量。根据上面的分析，当 H_1 为真时，χ^2 往往偏大，从而拒绝域的形式应取为 $\{\chi^2 \geqslant k\}$。

现在的关键问题是，当 H_0 为真时，皮尔逊 χ^2 一统计量服从什么分布。

皮尔逊证明了下面的定理：

定理 5.4.1　若 n 充分大（$n \geqslant 50$），则当 H_0 为真时 [不论 $F_0(x)$ 属于什么分布]，统计量 $\chi^2 = \sum\limits_{i=1}^{m} \dfrac{(v_i-np_i)^2}{np_i}$ 近似地服从自由度为 $m-1$ 的 χ^2 分布。

于是，由

$$P_{H_0}\{\chi^2 \geqslant k\} = \alpha$$

可得拒绝域为

$$C = \{\chi^2 \geqslant \chi_\alpha^2(m-1)\} \tag{5.4.4}$$

如果在原假设 H_0 中只确定了总体分布的类型，但是分布中还含有若干个未知参数，则我们不能将上述定理作为检验的理论依据，因为此时皮尔逊 χ^2 一统计量中的 p_i 无法确定。费歇证明了如下定理，从而解决了含未知参数情形的分布检验问题。

定理 5.4.2　设 $F_0(x;\theta_1,\cdots\theta_k)$ 是总体的真实分布，其中 $\theta_1,\cdots,\theta_k$ 为个未知参数。在 $F_0(x;\theta_1,\cdots\theta_k)$ 中用 $\theta_1,\cdots,\theta_k$ 的极大似然估计 $\hat{\theta}_1,\cdots,\hat{\theta}_k$ 代替 $\theta_1,\cdots,\theta_k$，令

$$\hat{p}_i = F(t_i;\hat{\theta}_1,\cdots,\hat{\theta}_k) - F(t_{i-1};\hat{\theta}_1,\cdots,\hat{\theta}_k), i=1,2,\cdots,m \tag{5.4.5}$$

则当 n 很大时，统计量 $\chi^2 = \sum\limits_{i=1}^{m} \dfrac{(v_i-n\hat{p}_i)^2}{n\hat{p}_i}$ 近似地服从自由度为 $m-k-1$ 的 χ^2 分布。

此时，假设检验（5.4.1）的拒绝域为

$$C = \left\{\chi^2 = \sum_{i=1}^{m} \frac{(v_i-n\hat{p}_i)^2}{n\hat{p}_i} \geqslant \chi_\alpha^2(m-k-1)\right\} \tag{5.4.6}$$

注：当 $F_0(x)$ 是离散型随机变量的分布函数时，其分组可直接以可能的取值中的一个或若干个组成一组来完成。

皮尔逊 χ^2 —统计量可用下式计算：

$$\sum_{i=1}^{m} \frac{(v_i - np_i)^2}{np_i} = \sum_{i=1}^{m} \frac{v_i^2}{np_i} - n \qquad (5.4.7)$$

这是因为

$$\sum_{i=1}^{m} \frac{(v_i - np_i)^2}{np_i} = \sum_{i=1}^{m} \frac{v_i^2 - 2nv_ip_i + n^2p_i^2}{np_i} = \sum_{i=1}^{m} \frac{v_i^2}{np_i} - 2\sum_{i=1}^{m} v_i + \sum_{i=1}^{m} np_i$$

$$= \sum_{i=1}^{m} \frac{v_i^2}{np_i} - 2n + n\sum_{i=1}^{m} p_i = \sum_{i=1}^{m} \frac{v_i^2}{np_i} - n。$$

在(5.4.7)中，p_i 改成 $\hat{p}_i$ 等式也成立。

[例 5.4.1]　在一批灯泡中抽取 300 只作寿命试验，其结果如下。

寿命 t(小时)	$t < 100$	$100 \leqslant t < 200$	$200 \leqslant t < 300$	$t \geqslant 300$
灯泡数	121	78	43	58

在水平 $\alpha = 0.05$ 下检验假设

H_0：灯泡寿命服从参数为 0.005 的指数分布，

H_1：灯泡寿命不服从参数为 0.005 的指数分布。

解　题中已将样本分成 4 组，且落入各组的个数分别为 121，78，43，58。利用皮尔逊 χ^2 检验法（较大），检验假设的拒绝域为

$$\left\{ \sum_{i=1}^{m} \frac{(v_i - np_i)^2}{np_i} > \chi_\alpha^2(3) \right\}$$

其中

$$p_1 = \int_0^{100} 0.005 e^{-0.005t} dt = 1 - e^{-0.5} = 0.3935$$

其余的 p_i 可类似地算出，其结果由下表列出：

寿命 t	$t < 100$	$100 \leqslant t < 200$	$200 \leqslant t < 300$	$t \geqslant 300$
频数 v_i	121	78	43	58
p_i	0.3935	0.2386	0.1453	0.2226
np_i	118.05	71.58	43.59	66.78
$(v_i - np_i)^2 / np_i$	0.0737	0.5758	0.0080	1.1544
χ^2	1.8119			

查表有 $\chi_{0.05}^2(3) = 7.815 > 1.8119$。

故接受 H_0，可以认为灯泡寿命服从参数为 0.005 的指数分布。

拓展:统计三大分布

统计量是样本的函数,它是一个随机变量。统计量的分布称为抽样分布。在使用统计量进行统计推断时常常需要知道它的分布。一般情况下,要确定出统计量的分布是比较困难的。在总体 X 服从正态分布(此时称 X 是正态总体)时,已求出与 $\overline{X}$、S^2 有关的一些统计量的精确分布,这些精确分布中重要且常用的就是附录要介绍的统计三大分布,即 χ^2 分布、t 分布、F 分布。

(1)χ^2 分布

定义 1　设随机变量 $X_1, X_2, \cdots, X_n$ 相互独立且均服从标准正态分布 $N(0,1)$,则称随机变量

$$\chi^2 = X_1^2 + X_2^2 + \cdots + X_n^2 \tag{5.5.1}$$

服从自由度为 n 的 χ^2 分布,记为 $\chi^2 \sim \chi^2(n)$。

$\chi^2(n)$ 分布的概率密度函数为

$$f(x) = \begin{cases} \dfrac{1}{2^{\frac{n}{2}} \Gamma\left(\dfrac{n}{2}\right)} x^{\frac{n}{2}-1} e^{-\frac{x}{2}}, & x \geqslant 0 \\ 0, & x < 0 \end{cases} \tag{5.5.2}$$

其中伽马函数 $\Gamma(x)$ 通过积分

$$\Gamma(x) = \int_0^{+\infty} e^{-t} t^{x-1} dt, x > 0 \tag{5.5.3}$$

来定义。$f(x)$ 的图形如图 5.5.1 所示。

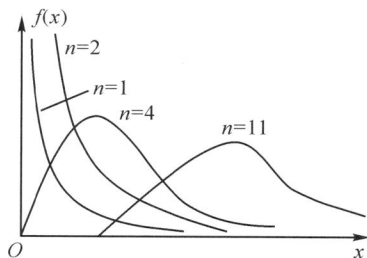

图 5.5.1　χ^2 分布密度曲线

关于 χ^2 分布有一条有用的性质:设 $\chi_1^2 \sim \chi^2(n_1)$,$\chi_2^2 \sim \chi^2(n_2)$,且 χ_1^2 与 χ_2^2 相互独立,则 $\chi_1^2 + \chi_2^2 \sim \chi^2(n_1 + n_2)$。这一性质称为 χ^2 分布的可加性。

(2)t 分布

定义 2　设 $X \sim N(0,1)$,$Y \sim \chi^2(n)$,且 X 与 Y 相互独立,则称随机变量

$$T = \frac{X}{\sqrt{Y/n}} \tag{5.5.4}$$

服从自由度为 n 的 t 分布,记为 $T \sim t(n)$。

$t(n)$ 分布的概率密度函数为

$$h(t) = \frac{\Gamma\left(\frac{n+1}{2}\right)}{\sqrt{\pi n}\Gamma\left(\frac{n}{2}\right)}\left(1 + \frac{t^2}{n}\right)^{-\frac{n+1}{2}}, -\infty < t < +\infty \tag{5.5.5}$$

由于 $h(t)$ 是偶函数,因此 t 分布是对称分布,$h(t)$ 的图形,如图 5.5.2 所示。

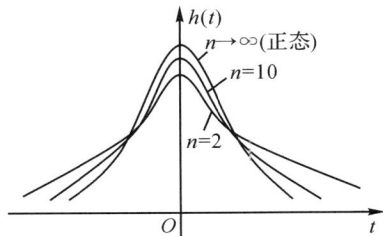

图 5.5.2　t 分布密度曲线

当 n 充分大时,t 分布与标准正态分布的概率密度图形非常类似。一般地,当 $n > 30$ 时,t 分布与标准正态分布就已经非常接近了,但对于较小的 n,t 分布与标准正态分布之间有较大的差异。

若 $T \sim t(n)$,则 $E(T) = 0$,$D(T) = \frac{n}{n-2}(n > 2)$。

（3）F 分布

定义 3　设 $X \sim \chi^2(n_1)$,$Y \sim \chi^2(n_2)$,且 X 与 Y 相互独立,则称随机变量

$$F = \frac{X/n_1}{Y/n_2} \tag{5.5.6}$$

服从自由度为 (n_1, n_2) 的 F 分布,记为 $F \sim F(n_1, n_2)$。

显然,若 $F \sim F(n_1, n_2)$,则 $\frac{1}{F} \sim F(n_2, n_1)$。

$F(n_1, n_2)$ 分布的概率密度函数为

$$\psi(y) = \begin{cases} \dfrac{\Gamma\left(\dfrac{n_1+n_2}{2}\right)}{\Gamma\left(\dfrac{n_1}{2}\right)\Gamma\left(\dfrac{n_2}{2}\right)}\left(\dfrac{n_1}{n_2}\right)\left(\dfrac{n_1}{n_2}y\right)^{\frac{n_1}{2}-1}\left(1 + \dfrac{n_1}{n_2}y\right)^{-\frac{n_1+n_2}{2}}, & y \geqslant 0 \\ 0, & y < 0 \end{cases} \tag{5.5.7}$$

$\psi(y)$ 的图形如图 5.5.3 所示。

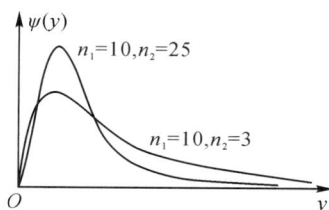

图 5.5.3　F 分布密度曲线

下面,我们介绍一些重要分布中的分位数及其性质。

定义 4　设 X 是随机变量,对于给定的正数 $\alpha(0 < \alpha < 1)$,称满足条件

$$P\{X > y_\alpha\} = \alpha \tag{5.5.8}$$

的数 y_α 为随机变量 X 的上侧分位数,简称上 α 分位数或上 α 分位点。

设 $Z \sim N(0,1)$,对于给定的 $\alpha(0 < \alpha < 1)$,称满足条件

$$P\{Z > z_\alpha\} = \alpha \tag{5.5.9}$$

的数 z_α 为标准正态分布的上 α 分位数,如图 5.5.4 所示。

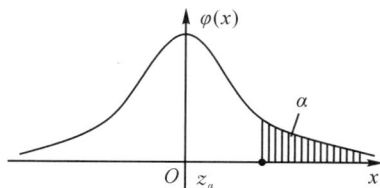

图 5.5.4　随机变量 z 的上 α 分位数

$N(0,1)$ 分布的上 α 分位数有性质:$z_{1-\alpha} = -z_\alpha$。

设 $\chi^2 \sim \chi^2(n)$,对于给定的 $\alpha(0 < \alpha < 1)$,称满足条件

$$P\{\chi^2 > \chi^2_\alpha(n)\} = \alpha \tag{5.5.10}$$

的数 $\chi^2_\alpha(n)$ 为 $x^2(n)$ 分布的上 α 分位数,如图 5.5.5 所示。

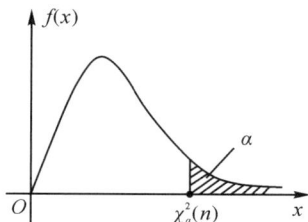

图 5.5.5　随机变量 χ^2 的上 α 分位数

设 $t \sim t(n)$,对于给定的 $\alpha(0 < \alpha < 1)$,称满足条件

$$P\{t > t_\alpha(n)\} = \alpha \tag{5.5.11}$$

的数 $t_\alpha(n)$ 为 $t(n)$ 分布的上 α 分位数，如图 5.5.6 所示。

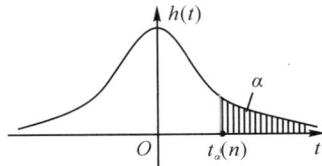

图 5.5.6　随机变量 t 的上 α 分位数

$t(n)$ 分布的上 α 分位数有性质：$t_{1-\alpha}(n) = -t_\alpha(n)$。

设 $F \sim F(n_1, n_2)$，对于给定的 $\alpha(0 < \alpha < 1)$，称满足条件

$$P\{F > F_\alpha(n_1, n_2)\} = \alpha \tag{5.5.12}$$

的数 $F_\alpha(n_1, n_2)$ 为 $F(n_1, n_2)$ 分布的上 α 分位数，如图 5.5.7 所示。

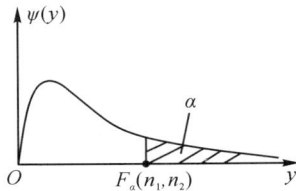

图 5.5.7　随机变量 F 的上 α 分位数

$F(n_1, n_2)$ 分布的上 α 分位数有性质：$F_\alpha(n_1, n_2) = \dfrac{1}{F_{1-\alpha}(n_2, n_1)}$。

通常地，给定 α 时可从附表中查出上 α 分位数，给定某个上分位数时可以查出相应的概率。另外，当 n 较大 $(n > 45)$ 时，近似地有

$$\chi_\alpha^2(n) \approx \frac{1}{2}(z_\alpha + \sqrt{2n-1})^2, \quad t_\alpha(n) \approx z_\alpha。 \tag{5.5.13}$$

练习题

一、填空题

1. 对总体参数提出某种假设，然后利用样本信息判断假设是否成立的过程称为_____。

2. 研究者想收集证据予以支持的假设通常称为_____，想收集证据予以反对的假设则称为_____。

3. 能够拒绝原假设的检验统计量的所有可能取值的集合称为 _____ 。

4. 拒绝域的边界值称为 _____ 。

5. 假设检验所采用的逻辑推理方法是 _____ 。

6. 在假设检验中,当原假设正确时拒绝原假设,所犯的错误称为 _____。当原假设错误时未拒绝原假设,所犯的错误称为 _____ 。

7. 当备择假设为 $H_1：\mu < \mu_0$,此时的假设检验称为 _____ 。

二、单项选择题

1. 在假设检验中,原假设和备择假设(　　　)。

A. 都有可能成立　　　　　　　　B. 都有可能不成立

C. 只有一个成立而且必有一个成立　D. 原假设一定成立,备择假设不一定成立

2. 在假设检验中,"＝"总是放在(　　　)。

A. 原假设上

B. 备择假设上

C. 可以放在原假设上,也可以放在备择假设上

D. 有时放在原假设上,有时放在备择假设上

3. 拒绝域的大小与我们事先选定的(　　　)。

A. 统计量有一定的关系　　　　　B. 临界点有一定的关系

C. 置信水平有一定的关系　　　　D. 显著性水平有一定的关系

4. 当备择假设为 $H_1：\mu > \mu_0$,此时的假设检验称为(　　　)。

A. 双侧检验　　　B. 右侧检验　　　C. 左侧检验　　　　D. 显著性检验

5. 如果检验统计量的观测值在原假设的拒绝域时,表示(　　　)。

A. 可以放心地接受原假设　　　　B. 有较充足理由否定原假设

C. 不确定　　　　　　　　　　　D. 备择假设是错误的

6. 在假设检验中,α 与 β 的关系是(　　　)。

A. 在其他条件不变的情况下,增大 β 必然会减少 α

B. α 和 β 不可能同时减少

C. 在其他条件不变的情况下,增大 α 必然会增大 β

D. 只能控制 α 不能控制 β

7. 某厂生产的化纤纤度服从正态分布,纤维的纤度的标准均值为 1.4。某天测得 30 根纤维的纤度的均值,检验与原来设计的标准均值相比是否有所变化,要求显著性水平为 5%,则下列假设形式正确的是(　　　)。

A. $H_0：\mu = 1.4,H_1：\mu \neq 1.4$　　　B. $H_0：\mu \leqslant 1.4,H_1：\mu > 1.4$

C. $H_0：\mu < 1.4,H_1：\mu \geqslant 1.4$　　　D. $H_0：\mu \geqslant 1.4,H_1：\mu < 1.4$

8.某贫困地区所估计的营养不良人数比例高达 0.2,然而有人认为实际上比例比 0.2 还要高,要检验该说法是否正确,则假设形式为( )。

A. $H_0:\pi \leqslant 0.2, H_1:\pi > 0.2$ B. $H_0:\pi = 0.2, H_1:\pi \neq 0.2$

C. $H_0:\pi \geqslant 0.3, H_1:\pi < 0.3$ D. $H_0:\pi \leqslant 0.3, H_1:\pi > 0.3$

三、判断题(把"√"或"×"填在题后的括号里)

1.原假设和备择假设的提出,通常与所要检验的问题的性质有关,与决策者的经验无关。 ( )

2.如果在一次试验中,小概率事件发生了,人们宁愿相信该事件的前提条件是错误的。 ( )

3.假设检验的基本思想可以利用小概率事件原理来解释。 ( )

4.在假设检验中,原假设为 H_0,备择假设为 H_1,则"H_0 为真,却拒绝 H_0"为犯第二类错误。 ( )

5.在假设检验中,β 表示 $P\{$接受 $H_0 | H_1$ 为真$\}$。 ( )

6.在假设检验中,当接受原假设时,可以认为原假设绝对正确。 ( )

7.在假设检验中,当我们做出拒绝原假设而接受备择假设的结论时,表示有充足的理由否定原假设。 ( )

8.假设检验两类错误的概率之间存在这样的关系,当 α 增大时,β 减小;当 β 增大时,α 减小。 ( )

四、简答题

1.简述假设检验问题的步骤。

2.假设检验中的两类错误是什么? 它们概率之间有怎样的关系?

五、计算题

1.设某产品的指标服从正态分布,它的标准差 $\sigma = 150$,今抽了一个容量为 26 的样本,计算得平均值为 1637。问在显著性水平 5% 下能否认为这批产品的指标的期望值 μ 为 1600。

2.按规定,100 g 罐头番茄汁中的平均维生素 C 含量不得少于 21 mg/g。先从工厂的产品中抽取 17 个罐头,其 100g 番茄汁中,测得维生素 C 含量(mg/g)记录如下:

16,25,21,20,23,21,19,15,13,23,17,20,29,18,22,16,22

设维生素 C 含量服从正态分布 $N(\mu, \sigma^2)$,μ 及 σ^2 均未知,问这批罐头是否符合要求($\alpha = 0.05$)。

3. 要求一种元件使用寿命不得低于 1000 小时,今从这种元件中随机抽取 25 件,测得寿命的平均值为 950 小时. 已知该种元件的寿命服从标准差为 $\sigma = 100$ 小时的正态分布,试在显著性水平 $\alpha = 0.05$ 下确定这批元件是否合格. 设总体均值为 μ,即需检验假设 $H_0 : \mu = 1000$,$H_1 : \mu < 1000$。

4. 测定某种溶液中的水分,它的 10 个测定值给出样本均值为 0.452%,样本标准差为 0.037%,设测定值总体服从正态分布 $N(\mu, \sigma^2)$,试在显著性水平 $\alpha = 0.05$ 下,分别检验假设:$(1) H_0 : \mu = 0.5\%$;$(2) H_0 : \sigma = 0.04\%$。

5. 随机地挑选 8 个人,分别测量了他们在早晨起床时和晚上就寝时的身高(cm),得到以下的数据。

序号	1	2	3	4	5	6	7	8
早上(x_i)	172	168	180	181	160	163	165	177
晚上(y_i)	172	167	177	179	159	161	166	175

设备对数据的差 $d_i = x_i - y_i (i = 1, 2, \cdots, 8)$ 是来自正态总体 $N(\mu, \sigma^2)$ 的样本,μ, σ^2 均未知。问:是否可以认为早晨的身高比晚上的身高要高?

6. 为了比较两种枪弹的速度(单位是米/秒),在相同的条件下进行测试. 算得样本均值和样本标准差如下:

枪弹甲:$n_1 = 110$,$\bar{x} = 2805$,$s_1 = 120.41$

枪弹乙:$n_2 = 100$,$\bar{y} = 2680$,$s_2 = 105.00$

在显著性水平 $\alpha = 0.05$ 下,这两种枪弹在速度方面及均匀性方面有无显著差异?

7. 下表分别给出两个文学家马克·吐温的 8 篇小品文以及思诺特格拉斯的 10 篇小品文中由 3 个字母组成的词的比例:

马克·吐温	0.225	0.262	0.217	0.240	0.230	0.229	0.235	0.217		
思诺特格拉斯	0.209	0.205	0.196	0.210	0.202	0.207	0.224	0.223	0.220	0.201

设两组数据分别来自两个方差相等而且相互独立的正态总体,问:两个作家所写的小品文中包含由 3 个字母组成的词的比例是否有显著的差异(取 $\alpha = 0.05$)?

8. 某机床厂某日从两台机器所加工的同一种零件中,分别抽若干个样品测量零件尺寸,得

第一台机器:15.0　14.5　15.2　15.5　14.8　15.1　15.2　14.8

第二台机器:15.2　15.0　14.8　15.2　15.0　15.0　14.8　15.1　14.8

设零件尺寸服从正态分布,问:第二台机器的加工精度是否比第一台机器的高?(取 $\alpha = 0.05$)

9.为了考察感觉剥夺对脑电波的影响,加拿大某监狱随机地将囚犯分成两组,每组10人,其中一组中每人被单独地关禁闭,另一组的人不关禁闭。几天后,测得这两组人脑电波中 α 波的频率如下:

没关禁闭	10.7	10.7	10.4	10.9	10.5	10.3	9.6	11.1	11.2	10.4
关禁闭	9.6	10.4	9.7	10.3	9.2	9.3	9.9	9.5	9.0	10.9

设这两组数据分别来自两个相互独立的正态总体,问:在显著性水平 $\alpha = 0.05$ 下,能否认为这两个总体的均值与方差有显著的差别?

10.两台车床生产同一型号的滚珠,根据经验可以认为两车床生产的滚珠的直径均服从正态分布,先从甲乙两台车床的产品中分别抽出8个和9个,测得滚珠直径的有关数据如下:

甲车床：$\sum\limits_{i=1}^{8} x_i = 120.8$,$\sum\limits_{i=1}^{8} (x_i - \bar{x})^2 = 0.672$

乙车床：$\sum\limits_{i=1}^{9} y_i = 134.91$,$\sum\limits_{i=1}^{9} (y_i - \bar{y})^2 = 0.208$

设两个总体的方差相等,问:是否可以认为两车床生产的滚珠直径的均值相等?（$\alpha = 0.05$）

11.某种零件的椭圆度服从正态分布,改变工艺前抽取16件,测得数据并算得 $\bar{x} = 0.081$,$s_x = 0.025$;改变工艺后抽取20件,测得数据并计算得 $\bar{y} = 0.07$,$s_y = 0.02$,问:(1)改变工艺前后,方差有无明显差异;(2)改变工艺前后,均值有无明显差异?（α 取为0.05）

12.有两台机器生产金属部件,分别在两台机器所生产的部件中各取一容量 $n_1 = 60$,$n_2 = 40$ 样本,测得部件重量的样本方差分别为 $s_1^2 = 15.46$,$s_2^2 = 9.66$。设两样本相互独立,问:在显著性水平（$\alpha = 0.05$）下能否认为第一台机器生产的部件重量的方差显著地大于第二台机器生产的部件重量的方差?

13.下表是上海1875年到1955年的81年间,根据其中63年观测到的一年中(5月到9月)下暴雨次数的整理资料。

一年中暴雨次数	0	1	2	3	4	5	6	7	8	≥9
实际年数 n_i	4	8	14	19	10	4	2	1	1	0

试检验一年中暴雨次数是否服从泊松分布。（$\alpha = 0.05$）

14.1996年某高校工科研究生有60名以数理统计作为学位课,考试成绩如下:

93 75 83 93 91 85 84 82 77 76 77 95 94 89 91 88 86 83

96	81	79	97	78	75	67	69	68	84	83	81	75	66	85	70	94	84

96　81　79　97　78　75　67　69　68　84　83　81　75　66　85　70　94　84
83　82　80　78　74　73　76　70　86　76　89　90　71　66　86　73　80　94
79　78　77　63　53　55

试用 χ^2 检验法检验考试成绩是否服从正态分布。（$\alpha=0.05$）

拓展阅读

第6章
相关与回归分析

个人身高与体重有关系吗？个人收入水平与其受教育程度有关系吗？商品的销售收入与广告投入有关系吗？在研究类似实际问题时，往往涉及多个变量，如果着重分析变量之间的关系，就是相关分析；如果想利用变量间的关系构建模型来预测某个变量的取值，则属于回归分析。本章将详细介绍相关分析和回归分析的理论和方法。通过本章学习，要求：(1)了解相关系数的概念和种类，相关分析的概念和内容，重点掌握简单相关系数的计算方法；(2)了解回归分析的概念，熟练掌握建立一元线性回归的方法，并能对回归结果做出正确的解释。

6.1 变量间的关系

6.1.1 变量间是什么样的关系

事物的联系是普遍的。客观世界中的许多事物之间存在着相互影响、相互制约、相互关联的关系。客观现象特别是社会经济现象之间的内在联系，一定程度上可以通过数量形式反映出来。例如，前面提及的身高与体重、收入水平与受教育程度、销售收入与广告投入等，以及家庭收入与消费支出、商品价格与市场需求量等，都存在一定的依存关系。又如，几何上圆的面积与半径、矩形面积与其边长、三角形的周长与其三边之间，也存在着一定的数量关系。

从统计角度看，变量之间的关系大致可以分为两种类型，即函数关系与相关关系。

(1) 函数关系

函数关系是人们比较熟悉的，它是指变量之间存在的确定性的数量依存关系。设有两个变量 x 和 y，变量 y 随变量 x 变化并完全依赖于 x，即当 x 取某个值时 y 依某个确定的关系取相应的值，则称 y 是 x 的函数，记为 $y = f(x)$。例如，圆的面积 s 与半径 r 之间的函数关系为 $s = \pi r^2$。

(2) 相关关系

在实际问题中，有些变量间的关系并不像函数关系那么简单。例如，家庭收入与消费支出这两个变量之间就不存在完全确定的关系。实际上，收入相同的家庭，他们的消费支出可能不同,而消费支出相同的家庭,他们的收入也可能不同。这意味着家庭消费支出并不能完全由家庭收入一个因素所确定,它还要受到家庭成员数目、消费习惯等其他因素的影响。正因为有多个影响因素,才使它们之间关系具有了不确定性。我们把变量之间不确定的依存关系称为相关关系。

类似地,一个人的收入水平与其受教育程度之间的关系也属于相关关系。这是因为,收入水平除了与受教育程度有关外,还受职业、工作年限等诸多因素的影响。事实上,收入水平相同的人,他们的受教育程度可能是不同的,而受教育程度相同的人,他们的收入水平也往往是不同的。

从上述两个例子中我们可以发现相关关系的特点,即一个变量的取值不能由另一个变量唯一确定:当变量 x 取某个值时,变量 y 的取值可能有多个,或者说,当 x 取某个固定值时,y 的取值对应着一个分布。一般地,若变量 y 与变量 x 为相关关系,那么变量 y 除了受主要因素 x 的影响外,还受其他因素影响,而这些因素对变量 y 的影响较小且具有随机性,我们通常把它们视为随机因素。由此,相关关系的数学表达式为

$$y = f(x) + \varepsilon \tag{6.1.1}$$

其中 ε 为随机误差项,用于反映随机因素对 y 的影响。

6.1.2　相关关系的种类

现象之间的相关关系错综复杂,通常从相关关系涉及的因素多少、表现形式、变量变化方向和相关程度大小来划分其类型。

按照相关关系涉及因素多少,可分为单相关和复相关。一般地,两个因素之间的相关关系称为单相关,也称为一元相关。而三个或三个以上因素之间的相关关系称为复相关或多元相关。在多元统计学中,如果将其他自变量固定不变而只研究因变量与其中某一个自变量之间的相关关系,这种相关关系称为偏相关。

按照相关关系的表现形式不同,可分为线性相关和非线性相关。线性相关是指变量之间呈线性关系,如果记自变量为 $x_1, x_2, \cdots, x_n$,因变量为 y,线性相关可以表述为

$$y = a_0 + a_1 x_1 + a_2 x_2 + \cdots + a_n x_n + \varepsilon \tag{6.1.2}$$

特别地,对于一元相关问题,具有相关现象的数据在图形上近似表现为一条直线,因此也称为线性相关。而非线性相关是指变量之间呈非线性关系,比如企业违约概率与企业各类指标之间具有如下的关系:

$$y = \frac{1}{1 + \exp[-(a_0 + a_1 x_1 + a_2 x_2 + \cdots + a_n x_n)]} + \varepsilon \tag{6.1.3}$$

这个非线性模型就是 logistic 模型。同样地,考虑一元相关,当两个相关现象的数据在图形上近似表现为一条曲线,也称为曲线相关,比如指数曲线、抛物线等。

对于单相关,按照变量变化的方向不同,可分为正相关和负相关。一般而言,当自变

量和因变量的变化方向一致时,称为正相关。例如,企业的产出水平随着企业资金、技术投入的增加而增加,家庭的消费支出随着收入的增加而增加。如果自变量和因变量的变化方向不一致,则称为负相关。例如,商品流通费用率随着商品流转规模的扩大而降低,商品的需求量随着价格的提升而降低等。

按照相关程度不同,相关关系可以分为完全相关、不完全相关和不相关。若变量 y 的变化完全由变量 x 的变化所确定,这种关系称为完全相关。例如,圆的面积取决于其半径。此时,相关关系也称为函数关系。若变量间的变化相互独立,互不影响,则称为不相关。例如,学生的微积分成绩与学生的身高,一般是不相关。若变量间关系介于完全相关与无相关之间,则称为不完全相关。

为方便理解,图 6.1.1 给出不同形态的相关关系。

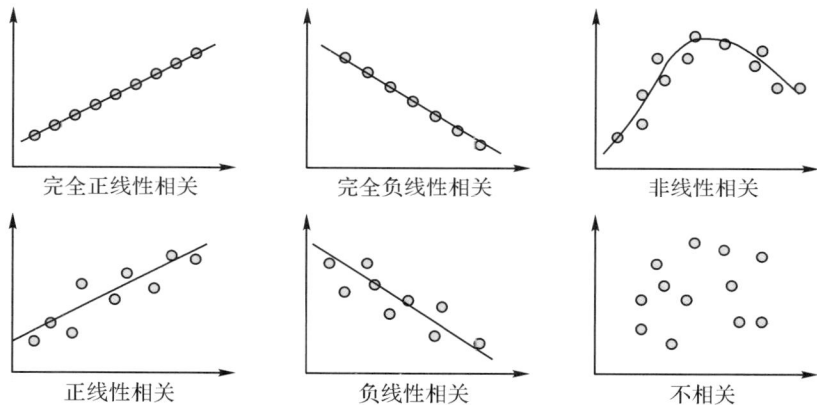

图 6.1.1　相关关系的类型

6.2　相关关系的测度

判断现象之间是否存在相关关系,是进行相关分析的前提。然后,在此基础上,判断现象之间是怎样的相关关系。判断相关关系采用定性分析和定量分析相结合的方法。在研究相关关系时,依据研究者的理论知识和实践经验,对客观现象之间是否存在相关关系,以及何种关系做出判断,这就是定性分析。在定性分析的基础上,对经过调查获得的数据资料,通过编制相关表、绘制相关图、计算相关系数与判定系数等方法,来判断现象之间相关的方向、形态及密切程度,称为定量分析。本节着重介绍相关关系的定量分析。

6.2.1　相关表和相关图

针对社会经济现象,利用调查获得的数据资料,我们可通过相关表和相关图来反映现象之间的相关性。

(1)简单相关表

在调查过程中,若观察的样本单位数较少,则获得的原始数据一般不需要分组,只需将两个现象的变量值一一对应列在同一张表格里就可以了。这张表就是简单相关表。例如,已知某企业各年的销售额和流通费用资料,其简单相关表可用表6.2.1来表示。

表 6.2.1　销售额和流通费用相关表

年份	销售额(万元)	流通费用(万元)
1998	10	1.8
1999	16	3.1
2000	32	5.2
2001	40	7.7
2002	74	10.4
2003	120	13.3
2004	197	18.8
2005	246	21.2
2006	345	28.3

为了更直观表示表6.2.1中的相关关系,用直角坐标系的 x 轴表示销售额, y 轴表示流通费用,将两个变量间相对应的变量值用坐标点的形式描绘出来,得到用以表明相关点分布状况的图形,这图形就是相关图。表6.2.1中的数据绘制成的相关图如图6.2.1所示。

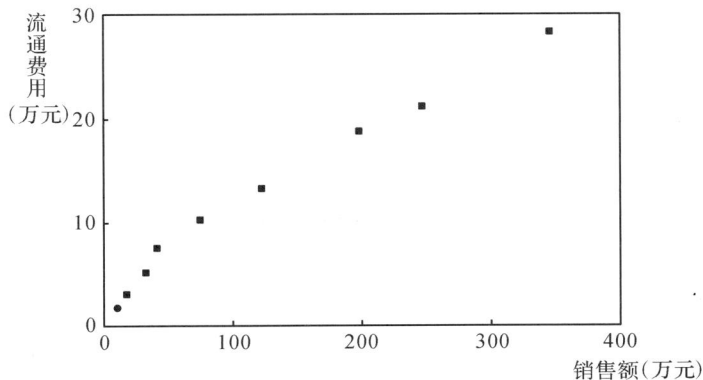

图 6.2.1　某企业销售额和流通费用的散点图

从表 6.2.1 和图 6.2.1 可知，随着企业销售额的增加，流通费用呈现增长的趋势，对应的坐标点虽不在一条直线上，但两者存在较强的线性关系。

（2）分组相关表

若观察的样本单位数较多，标志变异又较复杂，获取的原始资料就会显得比较繁杂，此时需要分组处理。分组相关表就是将原始资料分组编制而成的相关表。根据对自变量和因变量的分组情况，分组相关表分为单变量分组相关表和双变量分组相关表。

① 单变量分组相关表。

对自变量分组并计算次数，而对应的因变量不分组，只计算其平均数，这种表称为单变量分组相关表。例如，从某市所有家庭随机抽取 100 户家庭，调查其家庭收入与消费支出情况，然后将原始资料按家庭月收入进行分组，结果如表 6.2.2 所示。

表 6.2.2　某市家庭收入与消费支出相关表

家庭月收入（元）	家庭户数（户）	家庭月平均支出（元）
8000 以上	3	3025
7000—8000	3	2820
6000—7000	6	2652
5000—6000	9	2486
4000—5000	8	2255
3000—4000	34	1960
2000—3000	20	1536
1000—2000	11	976
1000 以下	6	662

② 双变量分组相关表。

对自变量和因变量都进行分组制成的表称为双变量分组相关表。例如，给定某地区 20 个同类工业企业固定资产原值与平均每昼夜产量，则可以建立相应的相关表，如表 6.2.3 所示。

表 6.2.3　固定资产原值与平均每昼夜产量相关表

平均每昼夜产量（千件）	固定资产原值（万元）							
	30—40	40—45	45—50	50—55	55—60	60—65	65—70	合计
600—650							1	1
550—600					1	2		3

平均每昼夜产量（千件）	固定资产原值（万元）							
	30—40	40—45	45—50	50—55	55—60	60—65	65—70	合计
500—550					2	1		3
450—500			1	5	1			7
400—450		2	2					4
350—400								0
300—350	2							2
合计	2	2	3	5	4	3	1	0

由上表可知,20 个工业企业分布在不同的固定资产原值和平均每昼夜产量区间内,在表中形成一个大致向右上方倾斜的数据分布带,可见固定资产原值与平均每昼夜产量之间存在较强的正相关关系。

6.2.2　相关关系的测定

散点图可以判断两个变量之间有无相关关系,并对关系形态做出大致的描述,但是要想准确度量变量间的相关密切程度,则需要计算相关系数。所谓相关系数就是描述两个变量之间线性相关密切程度和相关方向的统计分析指标。

样本相关系数记为 r,其计算方法与相关指标量化方式有关。对于定距或定比变量,通常采用皮尔逊相关系数测量相关程度;对于定序变量,通常采用斯皮尔曼相关系数或肯特尔相关系数测量相关程度;对于定类变量,通常采用列联系数分析相关程度。

本节着重介绍皮尔逊相关系数、斯皮尔曼相关系数和肯特尔相关系数的计算方法。

（1）直线相关系数

对于定距尺度的连续变量 x 和 y,测定它们之间的线性相关关系最常用的方法是采用皮尔逊相关系数。用积差法得到的相关系数的具体计算公式为:

$$r = \frac{S_{xy}^2}{S_x S_y} \tag{6.2.1}$$

其中

$$S_x = \sqrt{\frac{\sum (x-\bar{x})^2}{n-1}}, \quad S_y = \sqrt{\frac{\sum (y-\bar{y})^2}{n-1}}, \quad S_{xy}^2 = \frac{\sum (x-\bar{x})(y-\bar{y})}{n-1}$$

由此可得,

$$r = \frac{\sum (x-\bar{x})(y-\bar{y})}{\sqrt{\sum (x-\bar{x})^2} \cdot \sqrt{\sum (y-\bar{y})^2}} \tag{6.2.2}$$

计算该相关系数时，通常假定两个变量之间是存在线性关系的，而且两个变量都是随机变量，且近似服从二维联合正态分布。此外，样本数据中不应有极端值，否则对相关系数的值有较大影响。

皮尔逊相关系数具有如下性质：

①r的取值范围在 0 和 1 之间，即 $-1 \leqslant r \leqslant 1$。

②r的正负号表示相关的方向，$r > 0$ 为正相关，$r < 0$ 为负相关。

③ $|r| = 1$ 表示 x 与 y 之间为完全线性相关关系，实际上就是函数关系，其中 $r = 1$ 表示 x 与 y 之间为完全正线性相关关系，$r = -1$ 表示 x 与 y 之间为完全负线性相关关系。

④r具有对称性，即 x 与 y 之间的相关系数 r_{xy} 与 y 与 x 之间的相关系数 r_{yx} 相等，即 $r_{xy} = r_{yx}$。

⑤r仅仅是 x 与 y 之间线性关系的一个度量，并不能用于描述非线性关系。这意味着，$r = 0$ 只表示两个变量之间不存在线性关系，并不意味着变量之间没有任何关系，比如它们之间可能是非线性关系。通常当 $r = 0$ 或很小时，不能轻易推断两个变量之间相互独立，而应结合散点图做出合理解释。

⑥ 为了使判断有一个标准，通常将相关程度分为以下几个等级：$|r| < 0.3$ 为线性不相关，$0.3 \leqslant |r| < 0.5$ 为低度线性相关，$0.5 \leqslant |r| < 0.8$ 为中度线性相关，$0.8 \leqslant |r| < 1$ 为高度线性相关。

为了简化计算，常使用如下简便的计算公式

$$r = \frac{n \sum xy - \sum x \sum y}{\sqrt{n \sum x^2 - (\sum x)^2} \sqrt{n \sum y^2 - (\sum y)^2}} \tag{6.2.3}$$

[例 6.2.1] 下面我们考虑 16 家企业的工业总产值与能源消耗量之间的相关性，数据见下表。

表 6.2.4 16 家企业的工业总产值与能源消耗量

序号	能源消耗量（十万吨）x	工业总产值（亿元）y
1	35	24
2	38	25
3	40	24
4	42	28
5	49	32
6	52	31
7	54	37
8	59	40

序号	能源消耗量(十万吨)x	工业总产值(亿元)y
9	62	41
10	64	40
11	65	47
12	68	50
13	69	49
14	71	51
15	72	48
16	76	58
合　计	916	625

根据表 6.2.4 数据,计算过程表述如下。

表 6.2.5　工业总产值与能源消耗量的相关系数简捷法计算过程表

序号	能源消耗量 (十万吨)x	工业总产值 (亿元)y	x^2	y^2	xy
1	35	24	1225	576	840
2	38	25	1444	625	950
3	40	24	1600	576	960
4	42	28	1764	784	1176
5	49	32	2401	1024	1568
6	52	31	2704	961	1612
7	54	37	2916	1369	1998
8	59	40	3481	1600	2360
9	62	41	3844	1681	2542
10	64	40	4096	1600	2560
11	65	47	4225	2209	3055
12	68	50	4624	2500	3400
13	69	49	4761	2401	3381
14	71	51	5041	2601	3621
15	72	48	5184	2304	3456
16	76	58	5776	3364	4408
合　计	916	625	55086	26175	37887

解　由表 6.2.5 知,

$$n = 16, \sum x = 916, \sum y = 625, \sum xy = 37887, \sum x^2 = 55086, \sum y^2 = 26175$$

$$r = \frac{n \sum xy - \sum x \sum y}{\sqrt{n \sum x^2 - (\sum x)^2} \sqrt{n \sum y^2 - (\sum y)^2}}$$

$$= \frac{16 \times 37887 - 916 \times 625}{\sqrt{16 \times 55086 - 916^2} \sqrt{16 \times 26175 - 625^2}} = 0.9757$$

结果表明，工业总产值与能源消耗量之间存在高度线性相关关系。

[例6.2.2] 已知10家百货公司人均月销售额和利润率的资料如表6.2.6，要求画散点图，观察并说明两变量之间存在何种关系，如是线性关系，计算相关系数。

表6.2.6　10家百货公司人均月销售额和利润率的资料表

编号	人均销售额（万元）x	利润率（%）y	x^2	y^2	xy
1	1	3.0	1	9.00	3.0
2	3	6.2	9	38.44	18.6
3	3	6.6	9	43.56	19.8
4	4	8.1	16	65.61	32.4
5	5	10.4	25	108.16	52.0
6	6	12.3	36	151.29	73.8
7	6	12.6	36	158.76	75.6
8	7	16.3	49	265.69	114.1
9	7	16.8	49	282.24	117.6
10	8	13.5	64	182.25	108.0
合　计	50	105.8	294	1305.00	614.9

解　根据表6.2.6提供的10组数据，散点图如图6.2.2所示，容易发现人均月销售额和利润率两者之间存在较强的线性关系。

由表6.2.6计算可得，$n = 10$，$\sum x = 50$，$\sum y = 105.8$，$\sum xy = 614.9$，$\sum x^2 = 294$，$\sum y^2 = 1305$，根据公式（6.2.3）得：

$$r = \frac{n \sum xy - \sum x \sum y}{\sqrt{n \sum x^2 - (\sum x)^2} \sqrt{n \sum y^2 - (\sum y)^2}}$$

$$= \frac{10 \times 614.9 - 50 \times 105.8}{\sqrt{10 \times 294 - 50^2} \sqrt{10 \times 1305 - 105.8^2}} = 0.9505$$

这意味着人均月销售额和利润率两者之间存在高度线性相关关系。

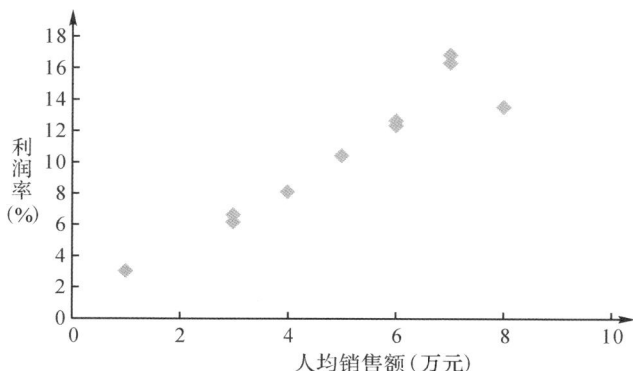

图 6.2.2　某百货公司人均月销售额和利润率的散点图

（2）直线相关系数的检验

一般情况下，总体相关系数 ρ 是未知的，而在前一小节中相关系数是基于样本计算的，可以将其视为总体相关系数的估计。由于 r 的计算会受样本波动的影响，因此我们需要考虑样本相关系数的可靠性，也就是说要对总体的相关系数进行显著性检验。

相关系数的显著性检验通常采用 R. A. Fisher 提出的 t 分布检验，该方法既适用于小样本，也可用于大样本。具体步骤如下：

① 提出假设 $H_0 : \rho = 0, H_1 : \rho \neq 0$；

② 构造检验统计量 $t = r \sqrt{n-2} / \sqrt{1-r^2}$，当原假设为真时，$t$ 服从 $t(n-2)$；

③ 根据给定的显著性水平 α，确定临界值 $t_{\alpha/2}(n-2)$；

④ 进行决策：若 $|t| \leqslant t_{\alpha/2}(n-2)$，则接受原假设 H_0，表示总体两变量间线性相关性不显著；若 $|t| > t_{\alpha/2}(n-2)$，则拒绝 H_0，表示总体两变量间线性相关性显著。

［例 6.2.3］　根据表 6.2.5，在显著性水平 $\alpha = 0.05$ 下，检验工业总产值与能源消耗量之间的线性相关性是否显著。

解　$n = 16, r = 0.9757, \alpha = 0.05$，提出假设 $H_0 : \rho = 0, H_1 : \rho \neq 0$，则统计量

$$t = r \sqrt{n-2} / \sqrt{1-r^2} \sim t(n-2)$$

代入数据得，$t = 16.6616$。因为

$$t = 16.6616 > t_{\alpha/2}(n-2) = t_{\alpha/2}(14) = 2.1448$$

所以拒绝 H_0，即认为总体两变量间线性相关性显著。

（3）等级相关系数

在实际应用中，有时获得的原始资料没有具体的数据表现，只能用等级来描述某种现象。要分析现象之间的相关关系，只能用等级相关的方法来研究。

等级相关法，就是把有关联的定序变量按等级次序排列，形成 x 和 y 两个序数数列，

再测定这两个序数数列之间的相关程度，用这种方法计算的相关指标叫作等级相关系数。常用的等级相关分析方法有斯皮尔曼（Spearman）等级相关和肯德尔（Kendall）等级相关。

① 斯皮尔曼相关系数。

英国统计学家斯皮尔曼在积差法的基础上，提出等级相关系数的方法，该方法称为等级差数法，对应的相关指标命名为斯皮尔曼等级相关系数，即 Spearman 相关系数。斯皮尔曼相关系数的计算步骤如下。

a.定等级：将变量和的观察值从小到大按顺序定出等级，形成两个序数数列。如遇有相等的数值时，按原来的等级求其平均数，作为这些观察值的等级。

b.配对观测值的等级差 D：计算 x 和 y 两个序数数列的每对观察值的等级之差，记为 D，其中 $D = x - y$。

c.求 D 的平方并加总。

d.代入公式：

$$r_s = 1 - \frac{6\sum D^2}{n(n^2 - 1)} \tag{6.2.4}$$

其中 n 为样本容量，D 为每对观察值的等级差。

[例 6.2.4] 一些研究者用著名的 F 量表对 12 个学生进行调查，希望能知道对权威评分和对地位评分之间相关的信息。现得到 12 个学生的评分，见下表。

表 6.2.7 12 个学生的评分

学生	评分	
	权威	地位
A	82	42
B	98	46
C	87	39
D	40	37
E	116	65
F	113	88
G	111	86
H	83	56
I	85	62
J	126	92
K	106	54
L	117	81

为了计算这两组评分之间的 Spearman 相关系数，需要将它们依序排列成两个系列，

计算结果如表 6.2.8 所示。

表 6.2.8　12 个学生的评分资料

学生	秩	权威地位	D	D^2
A	2	3	−1	1
B	6	4	2	4
C	5	2	3	9
D	1	1	0	0
E	10	8	2	4
F	9	11	−2	4
G	8	10	−2	4
H	3	6	−3	9
I	4	7	−3	9
J	12	12	0	0
K	7	5	2	4
L	11	9	2	4
合计	—	—	—	52

根据公式(6.2.4)计算可得：

$$r_s = 1 - \frac{6 \times 52}{12(12^2 - 1)} = 0.82$$

说明对这 12 个学生来说，权威评分和地位评分之间的相关系数是 0.82。

[例 6.2.5]　以下是两组消费者对十种商品的评分资料见表 6.2.9，据此计算两组资料间的等级相关系数。

表 6.2.9　消费者对商品的评分

编号	甲组评分	乙组评分	等级 x	等级 y	D^2
1	83	78	8	6	4
2	80	84	6	8.5	6.25
3	85	84	9	8.5	0.25
4	90	80	10	7	9
5	79	75	5	4.5	0.25

编号	甲组评分	乙组评分	等级 x	等级 y	D^2
6	72	73	3	2.5	0.25
7	77	86	4	10	36
8	68	70	1	1	0
9	70	75	2	4.5	6.25
10	81	73	7	2.5	20.25
合计	—	—	—	—	82.25

由上表可得

$$r_s = 1 - \frac{6 \sum D^2}{n(n^2 - 1)} = 0.5$$

结果表明，甲和乙两组消费者对十种商品的评分存在中等程度的相关性。

② 肯德尔相关系数。

肯德尔相关系数 r_k 是针对变量 x 和 y 的等级数据，根据配对的等级顺序排列的位置是否颠倒或者换位，得出等级换位的次数，进而计算得到肯德尔相关系数。

肯德尔相关系数的计算公式如下：

$$r_k = 1 - \frac{4 \sum i}{n(n - 1)} \tag{6.2.5}$$

其中 n 为样本容量，$\sum i$ 为换位总次数。

下面以图 6.2.3 为例说明。

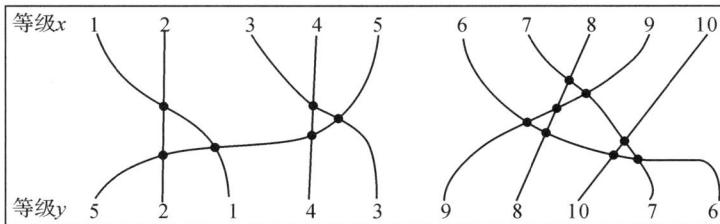

图 6.2.3　肯德尔等级相关换位图

通过连接等级 x 和等级 y，即连接等级 x 的 1 和等级 y 的 1，等级 x 的 2 和等级 y 的 2，得到一个交点，表示等级 1 与等级 2 之间的第一次换位，依次连接 3 与 3，4 与 4，…，10 与 10，总共得到 14 个焦点，表示等级的总换位次数为 14。按照肯德尔系数公式计算可得

$$r_k = 1 - \frac{4 \times 14}{10(10-1)} = 0.38$$

特别地,当 x 和 y 的等级数据一样,但方向完全相反,比如

等级 x:1,2,3,4,5,6,7,8,9,10;

等级 y:10,9,8,7,6,5,4,3,2,1;

类似前例,画图可以计算对应交点分别为 9,8,7,6,5,4,3,2,1,0,由此可得总换位次数为 45。根据计算公式(6.2.5)

$$r_k = 1 - \frac{4 \times 45}{10 \times 9} = -1$$

这意味着等级 x 与等级 y 之间为完全负相关。

6.3　回归分析

6.3.1　回归分析的概念及种类

从前一节分析可知,利用相关分析可以得到客观现象相关关系的方向和相关的密切程度,但相关分析不能判断现象之间具体的数量变动依存关系,也不能根据相关系数估计或预测因变量的数值。因此,为探求变量之间的具体数量变动关系,我们考虑在相关分析的基础上进行回归分析。

回归分析是重点考察一个特定的变量(因变量),而把其他变量(自变量)看作影响这一变量的因素,并通过适当的数学模型将变量间的关系表达出来,进而通过一个或几个自变量的取值来估计或预测因变量的取值。实践中需要注意相关分析和回归分析的联系与区别。

第一,相关分析不必区分自变量(解释变量)和因变量(被解释变量),变量之间是平行关系,而回归分析要根据研究目的确定自变量和因变量,变量之间是因果关系;第二,相关分析中两个变量都是随机的,而回归分析中,因变量是随机变量,自变量是非随机的;第三,回归分析可以得到变量之间关系的方向、强弱程度和具体数量变动关系,而相关分析只能确定变量之间关系的方向和程度;第四,回归分析是在相关分析的基础之上,进一步研究现象之间的数量变化规律,根据回归方程的参数可以得出参数之间的具体数量关系,也可以用于估计推断。

按照形式不同,回归分析模型可进行如下划分:

① 按自变量的个数划分,回归分析模型分为一元回归分析模型和多元回归分析模型。

一元回归分析模型是指只有一个自变量和一个因变量的回归分析模型,也称简单回

归分析模型。多元回归分析模型也称复回归分析模型，是指多个自变量和一个因变量组成的回归分析模型，可视为一元回归分析模型的推广形式。

② 按变量间相互关系的性态划分，回归分析模型分为线性回归分析模型和非线性回归分析模型。

当变量之间关系的形态表现为线性相关时，拟合模型称为线性回归分析模型，其表达式为线性回归方程；当变量之间关系的形态表现为某种曲线趋势时，拟合模型称为非线性回归分析模型，其表达式为某种曲线回归方程。

实际应用中，常出现上述两种分类的交叉形式，比如一元线性回归和一元非线性回归，多元线性回归和多元非线性回归等类型。本节主要介绍一元线性回归模型。

6.3.2　一元线性回归模型

为了便于分析，被预测或被解释的变量称为因变量，用 y 表示。用于预测或用来解释因变量的一个或多个变量称为自变量，用 x 表示。一元线性回归模型给出因变量 y 如何依赖于自变量 x 和误差项 ε，其理论模型可表示为

$$y = a + bx + \varepsilon，其中 \varepsilon \sim N(0,\sigma^2) \tag{6.3.1}$$

其中 a,b 为回归参数。

在回归分析中，通常构造估计模型

$$\hat{y} = \hat{a} + \hat{b}x \tag{6.3.2}$$

其中 $\hat{a},\hat{b}$ 分别为 a,b 的估计值。给定样本观察值后，可以确定 $\hat{a},\hat{b}$ 的数值，称上述方程为 y 对 x 的直线回归方程，对应的直线也称为回归直线，其中 $\hat{a}$ 是直线的截距，$\hat{b}$ 是直线的斜率。其统计意义可以解释为，截距 $\hat{a}$ 表示在没有自变量 x 的影响时，其他各种因素对因变量 y 的平均影响；回归系数 $\hat{b}$ 表明自变量 x 每变动一个单位，因变量 y 平均变动 $\hat{b}$ 个单位。

对于 x 和 y 的 n 对观察值 (x_i,y_i)，$i=1,2,\cdots,n$，用于描述其关系的直线有多条，究竟用哪条直线代表两个变量之间的关系呢？我们自然想到距离各观察点最近的那条直线，用它来代表 x 与 y 之间的关系与实际数据的误差比其他任何直线都小。通常实现的方法是最小二乘法，也称最小平方法，这种方法求出的回归曲线可使因变量的观察值 y_i 与 $\hat{y}_i$ 之间的离差平方和取到最小值从而确定 a 和 b 的估计 $\hat{a}$ 和 $\hat{b}$。在参数估计里，$\hat{a}$ 和 $\hat{b}$ 也称为参数的最小二乘估计。

利用最小二乘法确定直线方程的参数的基本要求如下：

$$\sum_{i=1}^{n}(y_i - \hat{y}_i) = 0 \tag{6.3.3}$$

$$\sum_{i=1}^{n}(y_i - \hat{y}_i)^2 = \min \tag{6.3.4}$$

用直线方程 $\hat{y} = \hat{a} + \hat{b}x$ 代入上式，得

$$Q(\hat{a},\hat{b}) = \sum(y - \hat{a} - \hat{b}x)^2 = \min \tag{6.3.5}$$

分别对函数中的 $\hat{a}$ 和 $\hat{b}$ 求偏导数，并令其为零，有

$$\frac{\partial Q}{\partial \hat{a}} = \sum 2(y - \hat{a} - \hat{b}x)(-1) = 0 \\ \frac{\partial Q}{\partial \hat{b}} = \sum 2(y - \hat{a} - \hat{b}x)(-x) = 0 \tag{6.3.6}$$

整理可得由两个关于 $\hat{a}$ 和 $\hat{b}$ 的二元一次方程组成的标准方程组：

$$\sum y = n\hat{a} + \hat{b}\sum x \\ \sum xy = \hat{a}\sum + \hat{b}\sum x^2 \tag{6.3.7}$$

解上述方程组得

$$\hat{b} = \frac{n\sum xy - \sum x\sum y}{n\sum x^2 - (\sum x)^2} \tag{6.3.8}$$

$$\hat{a} = \bar{y} - \hat{b}\bar{x} \tag{6.3.9}$$

回归系数 $\hat{b}$ 是回归直线的斜率,其含义为:每增加(减少)一个单位的自变量,因变量平均增加(减少)b 个单位 。

[**例 6.3.1**]　已知 16 家企业的工业总产值与能源消耗量数据见表 6.2.5,要求建立工业总产值对能源消耗量的线性回归方程。

解　由表 6.2.5 计算可得,$n = 16$,$\sum x = 916$,$\sum y = 625$,$\sum xy = 37887$,$\sum x^2 = 55086$,有

$$\hat{b} = \frac{n\sum xy - \sum x\sum y}{n\sum x^2 - (\sum x)^2} = \frac{16 \times 37887 - 916 \times 625}{16 \times 55086 - 916^2} = 0.7961$$

$$\hat{a} = \bar{y} - \hat{b}\bar{x} = \frac{625}{16} - 0.7961 \times \frac{916}{16} = -6.5142$$

因此,线性回归方程为

$$\hat{y} = -6.5142 + 0.7961x$$

计算结果表明,在其他条件不变时,能源消耗量每增加一个单位(十万吨),工业总产值将增加 0.7961 个单位(亿元)。

[**例 6.3.2**]　已知 10 家百货公司人均月销售额和利润率的资料如表 6.2.6,求利润率对人均月销售额的回归直线方程。

解　由表 6.2.6 计算可得,$n = 10$,$\sum x = 50$,$\sum y = 105.8$,$\sum xy = 614.9$,

$\sum x^2 = 294$,代入回归方程计算公式得

$$\hat{b} = \frac{n \sum xy - \sum x \sum y}{n \sum x^2 - (\sum x)^2} = \frac{10 \times 614.9 - 50 \times 105.8}{10 \times 294 - 50^2} = 1.9523$$

$$\hat{a} = \bar{y} - \hat{b}\bar{x} = \frac{105.8}{10} - 1.9523 \times \frac{50}{10} = 0.8186$$

因此,线性回归方程为

$$\hat{y} = 0.8186 + 1.9523x$$

结果表明,在其他条件不变时,人均销售额每增加一个单位(万元),利润率将增加1.9523 个单位(%)。

顺便指出,回归系数和相关系数可以互相推导。由于

$$r = \hat{b}\frac{S_x}{S_y}, \hat{b} = r\frac{S_y}{S_x} \tag{6.3.10}$$

所以 $\hat{b}$ 和 r 具有相同的符号,即 r 大于(小于)0 时, $\hat{b}$ 也大于(小于)0。这意味着,相关系数大于(小于)0 时,说明 x 和 y 是正(负)相关的,对应的回归曲线是向上(下)倾斜的。

6.3.3　回归直线的拟合优度

如图 6.3.1 所示,散点图可以拟合一条与观察点最佳匹配的回归直线 $\hat{y} = \hat{a} + \hat{b}x$。由于总体的回归参数 a, b 是未知的,因此只能以样本回归参数 $\hat{a}, \hat{b}$ 作为它们的估计量,以样本回归直线推导总体回归直线,但是推导或预测的精度取决于样本回归直线对观察数据的拟合程度。我们可以想象,如果各观察值都位于这一直线上,那么这条回归直线就是对数据的完全拟合,直线充分代表了各点,此时用 x 来估计 y 是没有误差的。一般而言,各观察点越是紧密分布在直线两侧,说明直线对观察数据的拟合程度越好,反之则越差。回归直线与各观察点的接近程度称为回归直线对数据的拟合优度。评价拟合优度的常用统计量是判定系数和回归估计标准误差。

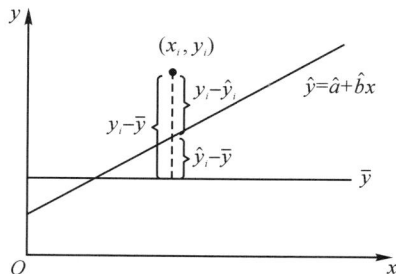

图 6.3.1　离差分解图

（1）回归直线判定系数

在直线回归中,因变量 y 的取值是不同的, y 取值的这种波动称为变差。变差来源于

两个方面:一是由自变量 x 的取值不同造成的(即 x 与 y 的依存关系影响的偏差),二是除 x 以外的其他因素(如 x 对 y 的非线性影响、测量误差等)的影响。对一个具体的观测值来说,变差的大小可以通过该实际观测值与其均值之差 $y - \bar{y}$ 来表示,如图 6.3.1。

从图 6.3.1 可以看出,每个观察点的离差可以分解为

$$y - \bar{y} = (y - \hat{y}) + (\hat{y} - \bar{y}), i = 1, 2, \cdots, n \tag{6.3.11}$$

两端平方后求和有

$$\sum_{i=1}^{n}(y_i - \bar{y})^2 = \sum_{i=1}^{n}(\hat{y}_i - \bar{y}) + \sum_{i=1}^{n}(y_i - \hat{y})^2 \tag{6.3.12}$$

其中 $\sum_{i=1}^{n}(y_i - \bar{y})^2$ 是 n 个观察值的离差平方和,称为总变差,记为 SST。由上式可知,SST 可以被分解为两部分:(1) $\sum_{i=1}^{n}(\hat{y}_i - \bar{y})^2$ 是回归值与均值的离差平方和,反映了 y 的总变差中由于 x 与 y 之间的线性关系引起的 y 的变化部分,称为回归变差,记为 SSR;(2) $\sum_{i=1}^{n}(y_i - \hat{y})^2$ 是实际观察值与回归值的离差平方和,表示除了 x 对 y 的线性影响之外的其他随机因素对 y 的影响,称为剩余变差,记为 SSE。因此,三个平方和关系可以表述为:

$$SST = SSR + SSE \tag{6.3.13}$$

对上式等号两边同除以 SST,则有

$$\frac{SSR}{SST} + \frac{SSE}{SST} = 1 \tag{6.3.14}$$

可以看出,回归直线拟合的好坏取决于回归变差占总变差的比重 $\frac{SSR}{SST}$ 的大小。$\frac{SSR}{SST}$ 的比重越大,则剩余变差在总变差中所占的 $\frac{SSR}{SST}$ 的比重越小,这说明所有观察点距离回归直线越接近,即直线拟合程度越好。由此可见,回归变差占总变差的比值可以作为衡量回归直线对数据拟合优度的统计指标。我们将该指标称为判定系数或决定系数,记为 R^2,具体计算公式为

$$R^2 = \frac{SSR}{SST} = \frac{\sum_{i=1}^{n}(\hat{y}_i - \bar{y})^2}{\sum_{i=1}^{n}(y_i - \bar{y})^2} = 1 - \frac{\sum_{i=1}^{n}(y_i - \hat{y})^2}{\sum_{i=1}^{n}(\hat{y}_i - \bar{y})^2} \tag{6.3.15}$$

判定系数 R^2 测度了回归直线对观察数据的拟合程度,其取值范围是 $[0, 1]$。R^2 越接近 1,回归直线的拟合程度越好;R^2 越接近 0,回归直线的拟合程度越差。

在一元线性回归中,相关系数 r 是判定系数的平方根。实际上,相关系数在一定程度上说明了回归直线的拟合程度,$|r|$ 的值越接近 1,说明回归直线对观察数据的拟合程度

就越高。但是，采用 r 说明回归直线的拟合优度须慎重，这是因为 $|r|$ 的值总是大于 R^2 的取值（除 $r=0$ 或 $|r|=1$ 之外）。比如 $|r|=0.5$，从相关系数角度解释，变量之间似乎有一半的相关，但 $R^2=0.25$，这意味着自变量 x 只能解释因变量 y 的总变差的 25%。通常，$|r|=0.7$ 才能解释近一半的变差，而 $|r|<0.3$ 则意味着只有很少一部分变差可由回归直线来解释。

根据表 6.2.5 可知 $r=0.9757$，因此 $R^2=95.20\%$，这意味着工业总产值与能源消耗量之间存在高度的正相关关系，工业总产值 y 的总变差中，有 95.2% 可以由能源消耗量 x 与工业总产值 y 之间的线性关系来解释，可见回归直线的拟合程度较高。又如，表 6.2.6 中给定的判定系数 $R^2=90.34\%$，其意义也可解释为利润率的总变差中 90.34% 是由人均月销售额的变化所引起的。

（2）回归估计标准误

为了分析所有数据整体的误差情况，考虑剩余变差的平均数，称为剩余方差，记为 S_e^2，即

$$S_e^2=\frac{\sum(y-\hat{y})^2}{n-2} \tag{6.3.16}$$

其中 $n-2$ 为自由度。可以证明，如果（6.3.1）式中的误差项 ε 服从 $N(0,\sigma^2)$，那么 S_e^2 就是 σ^2 的无偏估计。

对剩余方差开方得到回归估计标准误，又称为估计标准误差，它是度量回归精度高低或回归方程代表性大小的统计指标。其计算公式为

$$S_e=\sqrt{\frac{\sum(y-\hat{y})^2}{n-2}}=\sqrt{\frac{SSE}{n-2}} \tag{6.3.17}$$

容易看出，对于一元回归问题，各观察点越靠近直线，回归直线对各观察点的代表性就越好，S_e 就会越小，根据回归方程进行预测就越精确。上式计算比较烦琐，可以采用简捷公式计算回归估计标准误差

$$S_e=\sqrt{\frac{\sum y^2-\hat{a}\sum y-\hat{b}\sum xy}{n-2}} \tag{6.3.18}$$

根据表 6.2.5 中数据得到，$n=16$，$\sum y=625$，$\sum xy=37887$，$\sum y^2=26175$，$\hat{a}=-6.5142$，$\hat{b}=0.7961$ 代入公式得，

$$S_e=\sqrt{\frac{\sum y^2-\hat{a}\sum y-\hat{b}\sum xy}{n-2}}=2.457（亿元）$$

其实际意义是：根据能源消耗量预测工业总产值时，平均的预测误差为 2.457 亿元。

类似地，由表 6.2.6 数据可得，$n=10$，$\sum x=50$，$\sum y=105.8$，$\sum xy=614.9$，

$$\sum x^2 = 294, \sum y^2 = 1305, \hat{b} = 1.9523, \hat{a} = 0.8186,代入公式得,S_e = 1.4968(\%)。$$

6.3.4　显著性检验

在建立回归模型之前,我们实际上是做了 x 与 y 之间的关系是线性关系这一假设的。然而,该假设是否成立,还需要经过检验才能确认。

首先需要指出的是,如果线性回归模型 $y = a + bx + \varepsilon$ 符合实际,那么 b 不应为零,否则若 $b = 0$,则 y 与 x 之间便不存在线性关系,即所建立的回归方程也没有意义了。另外,$|b|$ 越大,y 随 x 变化的趋势越明显;$|b|$ 越小,y 随 x 变化的趋势越不明显。因此,是否该接受回归方程的线性假设,实际上就是要检验假设

$$H_0 : b = 0, H_1 : b \neq 0 \tag{6.3.19}$$

若接受原假设,则认为线性假设不显著;若接受备择假设,则认为线性假设显著。这种检验称为回归的显著性检验。

本节讨论回归分析的显著性检验,主要包括线性关系检验和回归系数检验。

（1）线性关系检验

线性关系检验简称 F 检验,用于检验自变量 x 与因变量 y 之间的线性关系是否显著,或者说,x 与 y 之间能否用线性模型 $y = a + bx + \varepsilon$ 来表示。F 检验统计量的构造取决于回归变差（SSR）和剩余变差（SSE）的分布。假定误差项 ε 服从正态分布 $N(0, \sigma^2)$,则在原假设 $H_0 : b = 0$ 为真的条件下,有

$$\frac{SSR}{\sigma^2} \sim \chi^2(1), \frac{SSE}{\sigma^2} \sim \chi^2(n-2) \tag{6.3.20}$$

且 SSR 与 SSE 相互独立。

由此可构造检验统计量:

$$F = \frac{SSR/1}{SSE/(n-2)} \tag{6.3.21}$$

根据 F 分布的定义,由（6.3.20）式以及 SSR 与 SSE 的独立性,可知当原假设 H_0 为真时,$F \sim F(1, n-1)$。

由于当原假设 H_0 不真或 H_1 为真时,回归平方和 SSR 有变大的趋势,因而 F 也有变大的趋势,故应取右侧拒绝域,即拒绝域的形式为 $F \geqslant k$。于是,对于给定的显著性水平 α,拒绝域为

$$F \geqslant F_\alpha(1, n-2) \tag{6.3.22}$$

如果接受 H_0,则认为线性回归效果不显著;若拒绝原假设,则认为线性回归效果显著。

线性关系检验的具体步骤总结如下:

第一步:提出问题假设

原假设 $H_0:b=0$（两个变量之间的线性关系不显著）；备择假设 $H_1:b\neq0$（两个变量之间的线性关系显著）；

第二步：计算 F 统计量；

第三步：根据显著性水平 α，若 $F\geqslant F_\alpha(1,n-2)$，则拒绝 H_0，表明两个变量之间的线性关系显著。否则接受原假设，即认为线性关系不显著。

（2）回归系数检验

回归系数检验简称 t 检验，用于检验自变量对因变量的影响是否显著。在一元线性回归中，由于只有一个自变量，因此回归系数检验与线性关系检验是等价的（多元线性回归中两种检验不等价），其假设与（6.3.19）式相同。

可以证明，若 $\varepsilon\sim N(0,\sigma^2)$，则 b 的估计量 $\hat{b}\sim N\left(b,\dfrac{\sigma^2}{\sum(x-\bar{x})^2}\right)$，且 $\hat{b}$ 与 SSE 相互独立。于是在原假设为真时，有

$$\frac{\hat{b}}{\sigma/\sqrt{\sum(x-\bar{x})^2}}\sim N(0,1) \tag{6.3.23}$$

构造如下的 t 检验统计量：

$$t=\frac{\dfrac{\hat{b}}{\sigma/\sqrt{\sum(x-\bar{x})^2}}}{\sqrt{\dfrac{SSE}{(n-2)/\sigma^2}}}=\frac{\hat{b}}{\sqrt{\dfrac{SSE}{n-2}}}\cdot\sqrt{\sum(x-\bar{x})^2} \tag{6.3.24}$$

由 t 分布的定义，在原假设 $H_0:b=0$ 为真的条件下，$t\sim t(n-2)$。

由于原假设不真时，$|t|$ 有偏大的趋势，因此拒绝域的形式为 $|t|\geqslant k$。于是对于给定的显著性水平 α，可得拒绝域为

$$|t|\geqslant t_{\alpha/2}(n-2) \tag{6.3.25}$$

由于 $t^2=F$，因此 t 检验与 F 检验是等价的，选其中之一即可。

6.3.5 利用回归方程进行预测

所谓预测，就是对于给定的值 $x=x_0$，预测对应的 y_0 的估计值及 y_0 的取值范围，前者为点预测或者点估计，后者则为区间预测或者区间估计。

先求点估计。

在获得经验回归方程后，对于给定的 $x=x_0$，很自然会想到将其代入经验回归方程，并以所得的值 $\hat{y}_0=\hat{a}+\hat{b}x_0$ 来预测 y_0 的取值。

在数学上可以证明，$\hat{a}$ 和 $\hat{b}$ 分别为 a 和 b 的无偏估计量，因此由一元线性回归模型（6.3.1），有

$$y_0 = a + bx_0 + \varepsilon, \text{其中 } \varepsilon \sim N(0, \sigma^2) \tag{6.3.26}$$

于是

$$E(y_0) = a + bx_0 + E(\varepsilon_0) = a + bx_0 \tag{6.3.27}$$

记 $\mu(x_0) = a + bx_0$，可得

$$E(\hat{y}_0) = E(\hat{a} + \hat{b}x_0) = E(\hat{a}) + E\hat{b}x_0 = a + bx_0 = \mu(x_0) \tag{6.3.28}$$

即 $\hat{y}_0 = \hat{a} + \hat{b}x_0$ 是 y_0 的数学期望 $E(y_0) = \mu(x_0)$ 的无偏估计。

在实际应用时，常用 $\hat{y}_0 + \hat{b}x_0$ 作为 y_0 的估计值。

例如，表 6.2.5 中，我们要估计能源消耗量为 80（十万吨）时所有企业工业总产值的平均值，则根据回归方程 $\hat{y} = -6.5142 + 0.7961x$，令 $x = 80$（十万吨），可得其估计值为

$$\mu(x_0) = -6.5142 + 0.7961 \times 80 = 57.1738 \text{（亿元）}$$

如果我们只想估计能源消耗量为 40（十万吨）的企业（编号为 3）的工业总产值，则属于个别值的点估计。此时，根据回归方程，有

$$\hat{y}_0 = -6.5142 + 0.7961 \times 40 = 25.3298 \text{（亿元）}$$

下面来求 y_0 的置信度为 $1 - \alpha$ 的置信区间。

在数学上可以证明，在一元线性回归模型中，有

$$\frac{\hat{y}_0 - y_0}{\sigma \sqrt{1 + \dfrac{1}{n} + \dfrac{(x_0 - \bar{x})^2}{\sum\limits_{i=1}^{n}(x_i - \bar{x})^2}}} \sim N(0, 1) \tag{6.3.29}$$

于是，y_0 的置信水平为 $1 - \alpha$ 的置信区间为

$$\left[\hat{y}_0 - \Delta_{\hat{y}_0}, \hat{y}_0 + \Delta_{\hat{y}_0} \right] \tag{6.3.30}$$

其中

$$\Delta_{\hat{y}_0} = z_{a/2}\sigma \sqrt{1 + \frac{1}{n} + \frac{(x_0 - \bar{x})^2}{\sum(x - \bar{x})^2}} \tag{6.3.31}$$

若 σ 未知，则在上式中可用其估计标准误差 $S_e = \sqrt{\dfrac{\sum(y - \hat{y})^2}{n - 2}} = \sqrt{\dfrac{SSE}{n - 2}}$ 代替，或者在（6.3.30）中取

$$\Delta_{\hat{y}_0} = t_{a/2}(n - 2)S_e \sqrt{1 + \frac{1}{n} + \frac{(x_0 - \bar{x})^2}{\sum(x - \bar{x})^2}} \tag{6.3.32}$$

例如，给定置信水平 95%，当 $x_0 = 40$（十万吨）时，$\hat{y}_0 = 25.3298, t_{0.025}(14) = 2.1448, S_e = 2.457$，结合表 6.2.5，得到平均值 y_0 在置信水平 95% 下的置信区间为 $[19.6177, 31.0410]$。

6.3.6　非线性回归分析

实际应用中，变量之间的关系常常表现为非线性关系。例如，人口增长模型中，人口数量与时间的关系为非线性关系；药物学中，血液中药物浓度和时间呈现出曲线关系；社会经济现象变量之间的关系也并非线性关系；等等。因此，我们需要根据数据变化情况，确定适当的曲线回归模型。通常，回归模型的因变量是自变量的一次以上函数形式，回归规律在图形上表现为形态各异的各种曲线，称为非线性回归，这类模型称为非线性回归模型。非线性函数的求解一般可分为将非线性变换成线性和不能变换成线性两大类。我们简单介绍可线性化处理的非线性回归。

处理可线性化处理的非线性回归的基本方法是，通过变量变换，将非线性回归化为线性回归，然后用线性回归方法处理。假定根据理论或经验，已获得输出变量与输入变量之间的非线性表达式，但表达式的系数是未知的，要根据输入输出的多次观察结果来确定系数的值。按最小二乘法原理来求系数值，所得到的模型为非线性回归模型。

（1）指数曲线模型

指数曲线回归方程为

$$y = a e^{bx} \tag{6.3.33}$$

其中 a,b 为待估参数。

对上式两端取对数得

$$\ln y = \ln a + bx \tag{6.3.34}$$

令 $y' = \ln y, a' = \ln a$，则原模型可化为如下的线性模型：

$$y' = a' + bx \tag{6.3.35}$$

（2）幂函数曲线模型

幂函数曲线回归方程为

$$y = ax^b \tag{6.3.36}$$

其中 a,b 为待估参数。

对上式两端取对数得

$$\ln y = \ln a + b\ln x \tag{6.3.37}$$

令 $y' = \ln y, a' = \ln a, x' = \ln x$，则可化为如下的线性模型：

$$y' = a' + bx' \tag{6.3.38}$$

（3）双曲线模型

双曲线回归方程为

$$y = \frac{x}{ax + b} \tag{6.3.39}$$

令 $y' = 1/y, x' = 1/x$，则可化为如下的线性模型：

$$y' = a + bx' \tag{6.3.40}$$

(4)S 形曲线模型

对应的回归方程为

$$y' = \frac{1}{a + be^{-x}} \tag{6.3.41}$$

令 $y' = 1/y, x' = e^{-x}$,则可化为如下的线性模型

$$y' = a + bx' \tag{6.3.42}$$

练习题

一、填空题

1. 在现象之间变量关系的研究中,对于变量之间相互关系密切程度的研究,称为_____;研究变量之间关系的方程式,根据给定的变量数值以推断另一变量的可能值,则称为_____。

2. 完全相关即是_____关系,其相关系数为_____。

3. 在相关分析中,要求两个变量都是_____;在回归分析中,要求自变量是_____,因变量是_____。

4. 皮尔逊(Person)相关系数是在_____相关条件下用来说明两个变量相关_____的统计分析指标。

5. 相关系数的变动范围介于_____与_____之间,其绝对值愈接近于_____,两个变量之间线性相关程度愈高;愈接近于_____,两个变量之间线性相关程度愈低。当_____时表示两变量正相关;_____时表示两变量负相关。

6. 在判断现象之间的相关关系紧密程度时,主要用_____进行一般性判断,用_____进行数量上的说明。

7. 在回归分析中,两变量不是对等的关系,其中因变量是_____变量,自变量是_____量。

8. 用来说明回归方程代表性大小的统计分析指标是_____指标。

9. 回归方程 $y_e = a + bx$ 中的参数 b 是_____,估计特定参数常用的方法是_____。

10. 在直线回归分析中,因变量的总变差可以分解为_____和_____,用公式表示,即_____。

二、单项选择题

1. 当自变量的数值确定后,因变量的数值也随之完全确定,这种关系属于(　　)。

A. 相关关系　　　B. 函数关系　　　C. 回归关系　　　D. 随机关系

2. 测定变量之间相关密切程度的代表性指标是（　　）。

A. 估计标准误　　　　　　　　B. 两个变量的协方差

C. 相关系数　　　　　　　　　D. 两个变量的标准差

3. 现象之间的相互关系可以归纳为两种类型,即（　　）。

A. 相关关系和函数关系　　　　B. 相关关系和因果关系

C. 相关关系和随机关系　　　　D. 函数关系和因果关系

4. 相关系数的取值范围是（　　）。

A. $0 \leqslant \gamma \leqslant 1$　　　B. $-1 < \gamma < 1$　　　C. $-1 \leqslant \gamma \leqslant 1$　　　D. $-1 \leqslant \gamma \leqslant 0$

5. 变量之间的相关程度越低,则相关系数的数值（　　）。

A. 越小　　　　　　　　　　　B. 越接近于 0

C. 越接近于 -1　　　　　　　D. 越接近于 1

6. 在价格不变的条件下,商品销售额和销售量之间存在着（　　）。

A. 不完全的依存关系　　　　　B. 不完全的随机关系

C. 完全的随机关系　　　　　　D. 完全的依存关系

7. 下列哪两个变量之间的相关程度高（　　）。

A. 商品销售额和商品销售量的相关系数是 C.9

B. 商品销售额与商业利润率的相关系数是 0.84

C. 平均流通费用率与商业利润率的相关系数是 -0.94

D. 商品销售价格与销售量的相关系数是 -0.91

8. 回归分析中的两个变量（　　）。

A. 都是随机变量　　　　　　　B. 关系是对等的

C. 都是给定的量　　　　　　　D. 一个是自变量,一个是因变量

9. 每一吨铸铁成本（元）倚铸件废品率（％）变动的回归方程为: $y_c = 56 + 8x$,这意味着（　　）。

A. 废品率每增加 1％,成本每吨增加 64 元

B. 废品率每增加 1％,成本每吨平均增加 8％

C. 废品率每增加 1％,成本每吨平均增加 8 元

D. 如果废品率增加 1％,则每吨成本为 56 元

10. 某校对学生的考试成绩和学习时间的关系进行测定,建立的考试成绩依学习时间的直线回归方程为: $y_e = 180 - 5x$。该方程明显有错,错误在于（　　）。

A. a 值的计算有误, b 值是对的　　　B. b 值的计算有误, a 值是对的

C. a 值和 b 值的计算都有误　　　D. 自变量和因变量的关系搞错了

11. 配合回归方程对资料的要求是（　　）。

A. 因变量是给定的数值,自变量是随机的

B. 自变量是给定的数值,因变量是随机的

C. 自变量和因变量都是随机的

D. 自变量和因变量都不是随机的

12. 估计标准误说明回归直线的代表性,因此( )。

A. 估计标准误数值越大,说明回归直线的代表性越大

B. 估计标准误数值越大,说明回归直线的代表性越小

C. 估计标准误数值越小,说明回归直线的代表性越小

D. 估计标准误数值越小,说明回归直线的实用价值越小

13. 在相关分析中,要求相关的两个变量( )。

A. 都是随机变量　　　　　　　　B. 都不是随机变量

C. 其中因变量是随机变量　　　　D. 其中自变量是随机变量

14. 在简单回归直线 $y_e = a + bx$ 中,b 表示( )。

A. 当 x 增加一个单位时,y 增加 a 的数量

B. 当 y 增加一个单位时,x 增加 b 的数量

C. 当 x 增加一个单位时,y 的平均增加值

D. 当 y 增加一个单位时,x 的平均增加值

15. 相关关系是( )。

A. 现象之间,客观存在的依存关系

B. 现象之间客观存在的,关系数值是固定的依存关系

C. 现象之间客观存在的,关系数值不固定的依存关系

D. 函数关系

16. 判断现象之间相关关系密切程度的主要方法是( )。

A. 对客观现象作定性分析　　　　B. 编制相关表

C. 绘制相关图　　　　　　　　　D. 计算相关系数

17. 不计算相关系数,是否也能计算判断两个变量之间相关关系的密切程度( )。

A. 能　　　　　　　　　　　　　B. 不能

C. 有时能,有时不能　　　　　　D. 能判断但不能计算出具体数值

18. 回归估计的估计标准误差的计算单位与( )。

A. 自变量相同　　　　　　　　　B. 因变量相同

C. 自变量及因变量相同　　　　　D. 相关系数相同

19. 计算回归估计标准误的依据是( )。

A. 因变量数列与自变量数列　　　B. 因变量的总离差

C. 因变量的回归离差　　　　　　D. 因变量的剩余离差

20. 回归估计标准误是反映（　　　）。

A. 平均数代表性的指标　　　　　B. 序时平均数代表性的指标

C. 现象之间相关关系的指标　　　D. 回归直线代表性的指标

三、判断题（把"√"或"×"填在题后的括号里）

1. 正相关指的就是因素标志和结果标志的数量变动方向都是上升的。　　（　　）

2. 只有当相关系数接近于＋1时，才能说明两变量之间存在高度相关关系。（　　）

3. 回归系数 b 和相关系数 γ 都可用来判断现象之间相关的密切程度。　（　　）

4. 按直线回归方程 $y_e = a + bx$ 配合的直线，是一条具有平均意义的直线。　（　　）

5. 由变量 y 倚变量 x 回归和由变量 x 倚变量 y 回归所得到的回归方程之所以不同，主要是因为方程中参数表示的意义不同。　　　　　　　　　　　　　（　　）

6. 判定系数越大，估计标准误差越大；判定系数越小，估计标准误差越小。　（　　）

7. 回归估计标准误差的大小与因变量的方差无关。　　　　　　　　　　（　　）

8. 利用最小平方法配合的直线回归方程，要求实际测定的所有相关点和直线上的距离平方和为零。　　　　　　　　　　　　　　　　　　　　　　　　　（　　）

9. 产量增加，则单位产品成本降低，这种现象属于函数关系。　　　　　（　　）

10. 变量 y 与平均数 $\bar{y}$ 的离差平方和，即 $\sum(y - \bar{y})^2$ 称为y的总变差。（　　）

四、计算题

1. 有10个同类企业的生产性固定资产年均价值和工业增加值资料如下。

企业编号	生产性固定资产价值（万元）	工业增加值（万元）
1	318	524
2	910	1019
3	200	638
4	409	815
5	415	913
6	502	928
7	314	605
8	1210	1516
9	1022	1219
10	1225	1624
合计	6525	9801

根据资料:(1)计算相关系数,说明两变量相关的方向和程度;

(2)编制直线回归方程,指出方程参数的经济意义;

(3)计算估计标准误;

(4)估计生产性固定资产(自变量)为 1100 万元时,工业增加值(因变量)的可能值。

2.检查五位同学《统计学》的学习时间与成绩分数如下表所示。

学习时数(小时)	学习成绩(分)
4	40
6	60
7	50
10	70
13	90

根据资料:(1)建立学习成绩(y)倚学习时间(x)的直线回归方程;

(2)计算估计标准误;

(3)对学习成绩的方差进行分解分析,指出总误差平方和中有多大比重可由回归方程来解释;

(4)由此计算出学习时数与学习成绩之间的相关系数。

3.根据某地区历年人均收入(千元)与商品销售额(万元)资料计算的有关数据如下:

(x 代表人均收入,y 代表销售额)

$$n=9 \quad \sum x=546 \quad \sum y=260 \quad \sum x^2=34362 \quad \sum xy=16918$$

计算:(1)建立以商品销售额为因变量的直线回归方程,并解释回归系数的含义;

(2)若 2013 年人均收入为 40000 元,试推算该年商品销售额。

4.某地经回归分析,其每亩地施肥量(x)和每亩粮食产量(y)的回归方程为:$y_e=500+10.5x$,试解释式中回归系数的经济含义。若每亩最高施肥量为 40 斤,最低施肥量为 20 斤,则每亩粮食产量的范围为多少?

5.根据某企业产品销售额(万元)和销售利润率(%)资料计算出如下数据:

$$n=7 \quad \sum x=1890 \quad \sum y=31.1 \quad \sum x^2=535500 \quad \sum y^2=174.15 \quad \sum xy=9318$$

要求:(1)确定以利润为被解释变量的直线回归方程;

(2)解释式中回归系数的经济含义;

(3)计算销售额为 500 万元时的利润率。

6.某地区家计调查资料得到,每户平均年收入为 6800 元,均方差为 800 元,每户平均年消费支出为 5200 元,方差为 40000 元,支出对于收入的回归系数为 0.2。

要求：(1)计算收入与支出的相关系数；

(2)拟合支出对于收入的回归方程；

(3)估计年收入在 7300 元时的消费支出额；

(4)计算收入每增加 1 元，支出平均增加多少元。

7.某部门 8 个企业产品销售额和销售利润资料如下。

单位：万元

企业编号	产品销售额	销售利润
1	170	8.1
2	220	12.5
3	390	18.0
4	430	22.0
5	480	26.5
6	650	40.0
7	950	64.0
8	1000	69.0

要求：(1)计算产品销售额与利润额的相关系数；

(2)建立以利润额为因变量的直线回归方程，说明斜率的经济意义；

(3)计算当企业产品销售额为 500 万元时的销售利润。

8.已知 x、y 两变量的相关系数 $\gamma = 0.8$，$\bar{x} = 20$，$\bar{y} = 50$，σ_y 为 σ_x 的两倍，求 y 倚 x 的回归方程。

补充练习

拓展阅读

第 7 章
时间数列分析

统计推断的一个目的就是利用样本来推断总体。这里的总体既可以是具体的也可以是抽象的。假如把过去、现在和未来的整个历史视为一个总体，那么这就是一个抽象的总体，而过去形成的历史数据就可以作为样本，对总体的推断就转化为对未来的预测。

拉奥曾说过："未来是不可预测的，不管人们掌握多少信息，都不可能存在能够做出正确决策的系统方法。"在实际中，我们不能够完全肯定未来会产生什么样的结果，但是，仍然希望建立一些有用的模型，来为政策制定人提供一种分析的工具。例如，如果我们已知某地区 2013—2018 年期间的国内生产总值：

年　份	2013	2014	2015	2016	2017	2018
国内生产总值（万元）	1660	1700	1732	1756	1780	1820

那么一个很自然的问题就是，我们应该如何对 2019 年和 2020 年的国内生产总值进行预测。这就需要我们分析 2013—2018 年国内生产总值是如何变化的，找出其变化模式。如果过去的变化模式在未来的一段时间能够延续，那么就可以根据这一模式建立适当的模型进行预测。

本章介绍的内容就是时间数列的变化分析和预测问题。通过本章学习，要求了解时间数列的一般概念、种类及编制方法，掌握并能运用时间数列的各种分析指标，掌握长期趋势分析的常用方法，等等。

7.1　时间数列的基本问题

7.1.1　时间数列的含义

（1）时间数列的定义

事物是发展的，发展是有规律的，统计研究的具体对象也是如此。社会经济生活的各个方面，都需要根据已有的数据对未来进行预测。例如，我们可以根据某企业若干年来销售额的历史数据来预测明年甚至未来几年的销售额；股票投资者可以通过观察某只股票股价的历史数据，来预测该股票未来的走势；等等。将历史数据按照时间顺序的先后排列而成的数列就构成所谓的时间数列。

所谓时间数列，准确地说，就是把反映不同时间上的社会经济现象的统计指标值，按照时间先后顺序排列所形成的统计数列。由于时间数列从动态上反映了社会经济现象的数量发展变化，因此也称为动态数列。

（2）时间数列的构成要素

时间数列的基本构成要素有两个，一是现象所属的时间，可以是年份、季度、月份或其他任何时间形式，二是现象在相应时间所达到的水平（指标数值）。

假如用 t 表示所观察的时间，用 a 表示观察值，则 $a_i (i=1,2,\cdots,n)$ 就是时间 t_i 上的观察值。

7.1.2　时间数列的种类

时间数列按照指标性质的不同，可以分为总量指标时间数列、相对指标时间数列、平均指标时间数列。其中总量指标时间数列是最基础的数列，后两种数列是由前者派生而来。

总量指标时间数列是由总量指标按时间顺序排列而形成的统计数列。它反映社会经济现象在不同时间所达到的规模、水平或工作总量。根据总量指标反映的时间状态不同，可分为时期数列和时点数列。

（1）时期数列

时期数列是指时期指标按时间顺序排列而形成的数列，各期指标值反映现象在一定时期累计达到的总量。表 7.1.1 中，国内生产总值、职工工资总额时间数列就是时期数列。时期数列的特点如下：

①不同时期数值可以累加。

②指标值大小与时期长短有直接关系，一般来说，时期越长，数值越大。

③一般通过连续登记获取数据。

通常由企业销售额、生产总值、居民总收入等指标构成的时间数列均为时期数列。

（2）时点数列

时点数列是指时点指标按时间顺序排列而形成的数列，指标值反映现象在一定时点或瞬间达到的水平。表 7.1.1 中，年末人口数、年末职工人数数列均为时点数列，其特点有以下几点：

①不同时点上的数值不可以累加（相加没有意义）。

②指标值大小与时间长短无直接关系。

③一般通过间隔登记获取数据。

表 7.1.1　统计年鉴资料

年份	年末人口数（万人）	年人口自然增长率（‰）	国内生产总值（亿）	人均国内生产总值（元）	职工工资总额（亿元）	年末职工人数（万人）	职工平均工资（元）
1992	117171	11.60	26651.9	2287	3939.2	14792	2711
1993	118517	11.45	34560.5	2939	4916.2	14849	3371
1994	119850	11.21	46670.0	3923	6656.4	14849	4538
1995	121121	10.55	57494.9	4854	8100.0	14908	5500
1996	122389	10.42	66850.5	5576	9080.0	14845	6210
……	……	……	……	……	……	……	……

通常由商品库存数、企业数、人口数、存款余额等指标构成的时间数列均为时点数列。

相对指标时间数列是指相对指标按时间顺序排列而形成的统计数列，它反映的是社会经济现象之间相互联系的发展过程。相对指标时间数列可由两个绝对数时间数列对比而来，其指标数值为相对数表现形式。例如，第三产业增加值比重数列、重工业产业比重数列、商品利润率数列等均为相对指标时间数列。

需要指出的是，相对指标时间数列各个指标数值不具有可加性，相加的结果没有实际意义。例如，第三产业增加值的相对指标时间数列是由第三产业产值时间数列与社会总产值时间数列对比构成的，由于基数的差异，其指标数值不可直接相加。

平均指标时间数列是指平均指标按时间顺序排列而形成的统计数列。它反映的是社会经济现象一般水平的发展变动程度，一般由两个总量指标对比形成，其指标数值为平均数表现形式。例如，居民人均收入、职工平均工资等均为平均指标。与相对指标时间数列一样，平均指标时间数列各个指标数值也不具有可加性，相加的结果没有实际意义。

7.1.3　时间数列的影响因素

时间数列的变化可能受到一种或几种因素的影响，导致它在不同时间上取值的差异，这些影响因素就是时间数列的组成因素，通常由四种因素组成：长期趋势、季节变动、循环变动和不规则变动。

（1）长期趋势

长期趋势是指时间数列在较长一段时期内,受一些基本因素的作用而呈现出来的持续向上或持续向下的变动。例如,随着人口增长资源总量逐年减少,随着生产技术的发展,企业劳动生产率逐年提高,企业的生产成本是逐年下降的,等等。长期趋势一般记为 T。

长期趋势在一定观察时期内可能是线性变化,但随着时间的推移也可能呈现出非线性变化。

（2）季节变动

季节变动是指时间数列中各期指标值随着季节交替而出现周期性、有规则的重复变动。这里周期通常指一年。例如,羽绒服销售在每年的冬季形成旺季,冷饮销售集中在夏天,旅客运输量通常在节假日达到高峰,等等。季节变动一般记为 S。

（3）循环变动

类似于季节变动,循环变动也是时间数列中各指标值随着时间发生周期性的重复变动,但是循环变动周期长且不稳定,一般记为 C。例如,通货膨胀和紧缩,经济增长率的循环变动,等等。

图 7.1.1 是经济周期示意图。经济活动从衰退、萧条、再复苏、再繁荣,周而复始地变化,这一循环变动过程短则若干年,长则数十年,而且很难判断每种变化情形要持续多久,下一个拐点何时出现等。

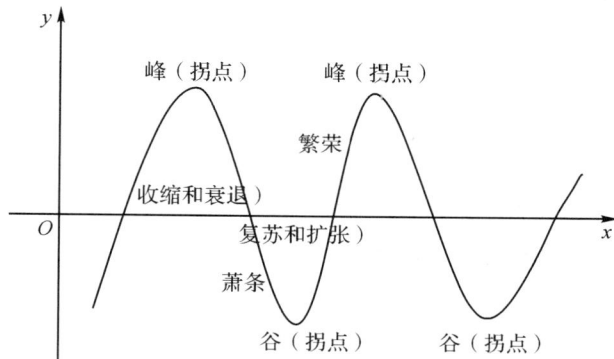

图 7.1.1　经济周期示意图

（4）不规则变动

不规则变动是指未能解释的变动(通常指短期波动),它主要受偶然和意外条件影响,一般记为 I。例如,气候异常对空调销售的影响;海啸对东南亚旅游的影响;等等。如果一个时间数列变动不受长期趋势、季节变动或循环变动的影响,那么通常是受不规则变动的影响。需要注意的是,这一变动是无法预知的。

　　时间数列的波动可归结为上述四种变动的综合数学模型。这类模型通常可分为两种,即加法模型和乘法模型。

　　加法模型:假定四种变动因素相互独立,则时间数列就是各因素的代数和,即

$$Y = T + S + C + I \tag{7.1.1}$$

其中 Y 为时间数列的观测值,T 为长期趋势值,S 为季节变动值,C 为循环变动值,I 为不规则变动值,它们均为绝对数。

　　乘法模型:假定四种因素相互影响,则时间数列就是各因素的乘积,即

$$Y = T \times S \times C \times I \tag{7.1.2}$$

其中长期趋势值 T 用绝对数表示,其他三个因素用相对数表示。

7.1.4　时间数列的编制原则

　　编制时间数列是为了从动态上分析说明现象的发展过程,反映现象发展变化的基本趋势和数量规律性。因此,保证时间数列中各项指标数值可以相互比较,即具有可比性,是编制时间数列的基本原则。在实际编制过程中,需要注意如下问题。

　　(1)时间的一致性

　　对于时间数列,需要注意时间单位(年、季、月等)的选择,时间的长短尽量一致。比如对于时期数列来说,由于数列中每个指标数值的大小与其时期长短有直接的关系,因此,应该编制时期长度一致的时期数列。对于时点数列来说,由于数列中每个指标数值的大小与其间隔长短没有直接的关系,因此,时间间隔相等不是编制时点数列必须具备的条件。为了更准确地反映现象的发展趋势和发展规律,应该尽可能编制时间间隔相等的时点数列。

　　(2)总体范围的一致性

　　总体范围包括空间范围和单位范围。若各时期指标值的总体范围不一致,它们彼此之间就缺乏可比性。例如,对于基于区域的统计指标,应该注意区域范围的一致性,如果行政区域有过调整,则前后指标值不能直接比较,需要做相应调整。另外,时间数列中各期指标值包括的总体单位标准也应该是相同的。例如,编制某地居民家庭消费支出的时间数列时,家庭户籍人口标准采用常住人口还是户籍人口的标准,要做统一规定。

　　(3)经济内容的一致性

　　经济内容是指一个理论形态统计指标的内容及其外延。一个名称完全相同的指标由于其所处年代、统计制度、理论依据的不同,在含义与计算项目上常有很大的区别。例如,我国税制改革前后的税后收入,其内容是不同的,在编制时间数列时,要做调整以保证其可比性。

　　(4)计算方法的一致性

　　同一指标,由于计算方法不同,计算结果常常会有所出入。例如国内生产总值

(GDP)可按生产法、分配法和使用法三种方法计算,其结果会有差异。在实际统计中,由于资源渠道不同,不同计算方法的结果会有误差。一个高质量的国内生产总值时间数列应尽量采用同一方法计算。

7.2　时间数列的水平分析

编制时间数列的目的在于从中寻找现象数量发展变化的特征与规律,为此需要对时间数列进行深入的统计分析。时间数列的统计分析方法通常有两类:综合指标法和统计模型法。前者通过计算各种统计指标来描述、刻画、测度现象总体的动态变化特征,包括水平指标和速度指标两类。后者借助数学模型来描述现象总体的动态趋势与规律,包括趋势分析、季节变动分析、循环变动分析等。本节主要讨论时间数列的水平指标的计算方法,包括发展水平、平均发展水平、增减量、平均增减量。

7.2.1　发展水平

发展水平是现象在不同时间上所达到的规模或水平的数量反映,也就是时间数列中的每一项指标数值,是最基本的指标。一般用 a_k 来表示,第一项用 a_0 表示,最后项用 a_n 表示。

发展水平既可能是总量数据,也可能是相对数据或平均数据,它们分别反映现象在不同时间上所达到的总量水平、相对水平或平均水平。

为了便于理解,按在时间数列分析中所处的位置和作用不同,发展水平分为期初水平、期末水平、中间水平或报告期水平、基期水平等。例如,对于时间数列 $a_0, a_1, a_2, \cdots,$ a_{n-1}, a_n 而言,a_0 表示期初水平,a_n 表示期末水平,$a_1, \cdots, a_{n-1}$ 表示中间水平。

在实际统计中,被研究的时期称为报告期,相应的发展水平称为报告期水平,而把研究中作为对比的时期称为基期,相应的发展水平称为基期水平。特别地,对于时间数列各期发展水平的表述习惯用"增加(减少)到""增加(减少)为"表示。例如,某高校2014年在校学生为2000人,2017年增加到8000人。

7.2.2　平均发展水平

平均发展水平,又叫序时平均数或动态平均数,是把时间数列中各期指标数值加以平均而求得的平均数,它可以反映现象在一段时间内的总体水平或代表性水平。

序时平均数与一般平均数既有联系又有区别。它们的共同之处在于两者都是平均数,具有抽象性和代表性,可以反映现象的一般水平或代表性水平。它们的相异之处在于,序时平均数是同一现象在不同时间上数值的平均,消除的是该现象在不同时间上的数量差异,综合说明现象在一段时间的一般水平,而一般平均数是同一时间上总体各单位数值的平均,消除的是总体各单位的数量差异,综合说明总体各单位的一般水平。

(1)时期数列序时平均数的计算(简单平均数)

对于时期数列,由于各期指标值可以累加,其序时平均数直接采用简单算术平均法计算。记各期的发展水平为 $a_1, a_2, \cdots, a_n$,则序时平均数为

$$\bar{a} = \frac{a_1 + a_2 + \cdots + a_n}{n} = \frac{\sum\limits_{i=1}^{n} a_i}{n} \tag{7.2.1}$$

[例 7.2.1]　已知海关 1995—2004 年的出口额,见下表。

年份	总额(亿元)
1995	1487.80
1996	1510.48
1997	1827.92
1998	1837.09
1999	1949.31
2000	2492.03
2001	2660.98
2002	3255.96
2003	4382.28
2004	5933.26

由公式(7.2.1)计算可得 1995—2004 年的年平均出口额为

$$\bar{a} = \frac{1}{n} \sum a = \frac{1487.80 + 1510.48 + \cdots + 5933.26}{10} = 2733.71 (\text{亿元})$$

(2)时点数列序时平均数的计算

时点数列序时平均数的计算较复杂,通常根据时点指标登记的连续性和时间间隔不同,分为四种情况:连续且时间间隔相等、连续但时间间隔不等、不连续但时间间隔相等、不连续且时间间隔不等。

①逐日记录的时点数列。

对于逐日记录的时点数列可视其为连续,由连续时点数列计算间隔相等时,采用简单算术平均法

$$\bar{a} = \frac{a_1 + a_2 + \cdots + a_n}{n} = \frac{\sum\limits_{i=1}^{n} a_i}{n} \tag{7.2.2}$$

［例 7.2.2］　某股票连续 5 个交易日价格资料如下：

日期	6 月 1 日	6 月 2 日	6 月 3 日	6 月 4 日	6 月 5 日
收盘价（元）	16.2	16.7	17.5	18.2	17.8

则该股票的平均价格为

$$\bar{a} = \frac{\sum a}{n} = \frac{16.2 + 16.7 + 17.5 + 18.2 + 17.8}{5} = 17.28（元）$$

［例 7.2.3］　某商业银行最近 10 天的存款余额（万元）分别为 1240、1245、1268、1400、1380、1540、1340、1280、1366、1460，则这 10 天的平均余额为

$$\bar{a} = \frac{\sum a}{n} = \frac{1240 + 1245 + 1268 + 1400 + 1380 + 1540 + 1340 + 1280 + 1366 + 1460}{10}$$

$$= \frac{13519}{10} = 1351.9（万元）$$

②连续登记间隔不同的时点数列。

对于有些时点数列并非每天都在发生变化，连续登记其实演变为"变化登记"。时间间隔不相等时，序时平均数的计算采用以间隔天数为权数的加权算术平均法。记不同间隔点（发生变化的时点）登记值为 $a_1, a_2, \cdots, a_n$，相应每一登记值持续的时间长度（间隔）为 $f_1, f_2, \cdots, f_q$，则序时平均数为

$$\bar{a} = \frac{a_1 f_1 + a_2 f_2 + \cdots + a_n f_n}{f_1 + f_2 + \cdots + f_n} = \frac{\sum_{i=1}^{n} a_i f_i}{\sum_{i=1}^{n} f_i} \tag{7.2.3}$$

［例 7.2.4］　某企业 5 月份每日实有人数资料如下：

日期	1—9 日	10—15 日	16—22 日	23—31 日
实有人数（人）	780	784	786	783

则 5 月的平均人数：

$$\bar{a} = \frac{\sum af}{\sum f} = \frac{780 \times 9 + 784 \times 6 + 786 \times 7 + 783 \times 9}{9 + 6 + 7 + 9} = 783（人）$$

③不连续登记间隔相等的时点数列。

实际统计工作中，很多现象并不是逐日对其时点数据进行统计，而是隔一段时间（如一月、一季度、一年等）对其期初（期末）时点数据进行登记。当时点资料是以月度、季度、年度为时间间隔单位时，我们不可能像对连续时点资料那样求得准确的时点平均数。这

种情况下,我们可以根据资料所属时间的间隔特点,选用不同的计算公式。对于间隔相等的资料,通常采用首尾折半法,比如 2018 年某企业应收账款为 1 月末 42 万元,2 月末 52 万元,要求计算 2 月份平均应收账款。由于缺少 2 月份每天的账款数据,引入假设条件:上期期末时点数据即为本期期初时点数据,并假定相邻两时点间现象的数量变动是均匀的。由此可知,2 月初应收账款为 1 月末 42 万元,平均应收账款为月初和月末的应收账款的平均值,即 47 万元。统计学中常用此法确定期内的平均水平,计算公式可以归结为:

$$期内一般水平 = \frac{期初发展水平 + 期末发展水平}{2} \tag{7.2.4}$$

如果将其推广到不连续登记间隔相等的时点数列 $a_0, a_1, a_2, \cdots, a_n$,则其序时平均数等于各期首尾折半法的结果的简单算术平均数,即

$$
\begin{aligned}
\overline{a} &= \frac{\overline{a}_1 + \overline{a}_2 + \cdots + \overline{a}_n}{n} \\
&= \frac{\dfrac{a_0 + a_1}{2} + \dfrac{a_1 + a_2}{2} + \cdots + \dfrac{a_{n-2} + a_{n-1}}{2} + \dfrac{a_{n-1} + a_n}{2}}{n} \\
&= \frac{\dfrac{a_0}{2} + a_1 + \cdots\cdots + a_{n-1} + \dfrac{a_n}{2}}{n}
\end{aligned}
\tag{7.2.5}
$$

[例 7.2.5]　某商业企业 2000 年第二季度某商品库存资料如下,求第二季度的月平均库存量。

时间	3 月末	4 月末	5 月末	6 月末
库存量(百件)	66	72	64	68

采用公式(7.2.5),计算该企业第二季度的月平均库存量为

$$\overline{a} = \frac{\dfrac{66}{2} + 72 + 64 + \dfrac{68}{2}}{4 - 1} = 67.67(百件)$$

④不连续登记间隔不等的时点数列。

对于间隔不等的时点数列,两相邻时点间的间隔期数不尽相同,不能利用"首尾折半法"求平均发展水平,应以间隔期数为权数进行加权平均,这一做法通常称为间隔加权法。假设不连续登记的时点数列指标值为 $a_0, a_1, a_2, \cdots, a_n$,对应的相邻时间间隔为 $f_1, f_2, \cdots, f_n$,则其序时平均数为

$$\overline{a} = \frac{\overline{a}_1 f_1 + \overline{a}_2 f_2 + \cdots + \overline{a}_n f_n}{f_1 + f_2 + \cdots + f_n}$$

$$= \frac{\dfrac{a_0 + a_1}{2} \times f_1 + \dfrac{a_1 + a_2}{2} \times f_2 + \cdots + \dfrac{a_{n-1} + a_n}{2} \times f_n}{f_1 + f_2 + \cdots + f_n} \qquad (7.2.6)$$

[例 7.2.6] 某银行 2004 年存款余额资料如下表,计算该银行 2004 年月平均存款余额。

时间	1 月 1 日	4 月 1 日	9 月 1 日	12 月 1 日	12 月 31 日
存款余额(万元)	120	100	140	135	160

根据资料可知其时间间隔分别为 3 个月、5 个月、3 个月和 1 个月,利用公式(7.2.6),求得平均存款余额为

$$\bar{a} = \frac{\dfrac{120 + 100}{2} \times 3 + \dfrac{100 + 140}{2} \times 5 + \dfrac{140 + 135}{2} \times 3 + \dfrac{135 + 160}{2} \times 1}{12} = 124.17(万元)$$

（3）相对数和平均数数列平均发展水平的计算

相对数或平均数数列中的各项数值(以 c 表示)是根据两个有联系的总量数据(分别用 a 和 b 表示)对比而求得的,用符号表示即 $c = a/b$。因此,由相对数或平均数数列计算平均发展水平,应当符合该相对数或平均数本身的计算公式。为了表示方便,给定一个动态数列 $c_1, c_2, \cdots, c_n$,其分子指标 a 的时间序列为 $a_1, a_2, \cdots, a_n$,其分母指标 b 的时间序列是 $b_1, b_2, \cdots, b_n$,则数列 $\{c_i\}$ 的序时平均数计算公式为

$$\bar{c} = \frac{\bar{a}}{\bar{b}} \qquad (7.2.7)$$

因此,我们可以先计算分子指标和分母指标时间数列的序时平均数 $\bar{a}$ 和 $\bar{b}$,然后将两个序时平均数作对比,得到指标 c 的序时平均数 $\bar{c}$。这里 $\bar{a}$ 和 $\bar{b}$ 的计算需要根据时间数列 a_1, $a_2, \cdots, a_n$ 和 $b_1, b_2, \cdots, b_n$ 的特点,选取公式(7.2.1)—(7.2.6)。需要注意的是,$\bar{c}$ 不能根据 $\dfrac{\sum c}{n}$ 计算,原因在于忽略了权数影响。这里我们主要讨论以下三种情形:

① a、b 均为时期数列。

假定分子指标时间数列 a 和分母指标时间数列 b 均为时期数列,则 $\bar{a}$ 和 $\bar{b}$ 采用简单算术平均数计算,由此可得,

$$\bar{c} = \frac{\bar{a}}{\bar{b}} = \frac{\sum a/n}{\sum b/n} = \frac{\sum a}{\sum b} \qquad (7.2.8)$$

[例 7.2.7] 某公司最近三年销售额计划完成情况如下表,试计算三年平均的计划完成程度。

年度序号	计划销售额 b(百万元)	实际销售额 a(百万元)	销售额计划完成 c(%)
1	100	105	105
2	400	380	95
3	200	200	100
合计	700	685	97.86

本例中计划销售额(b)和实际销售额(a)时间数列均为时期数列,采用简单算术平均数计算其序时平均数,根据公式

$$平均计划完成程度 = \frac{年均实际数}{年均计划数} \times 100\%,$$

可以得到

$$\bar{c} = \frac{\bar{a}}{\bar{b}} = \frac{685/3}{700/3} = 97.86\%$$

②a、b 均为时点数列。

假定分子指标时间数列 a 和分母指标时间数列 b 均为时点数列,可以采用首尾折半法计算其序时平均数,即

$$\bar{a} = \frac{\frac{a_1}{2} + a_2 + \cdots + a_{n-1} + \frac{a_n}{2}}{n-1} \qquad (7.2.9)$$

$$\bar{b} = \frac{\frac{b_1}{2} + b_2 + \cdots + b_{n-1} + \frac{b_n}{2}}{n-1} \qquad (7.2.10)$$

利用公式(7.2.7),得到

$$\bar{c} = \frac{\bar{a}}{\bar{b}} = \frac{\left(\frac{a_1}{2} + a_2 + \cdots + a_{n-1} + \frac{a_n}{2}\right)/(n-1)}{\left(\frac{b_1}{2} + b_2 + \cdots + b_{n-1} + \frac{b_n}{2}\right)/(n-1)}$$

$$= \frac{\frac{a_1}{2} + a_2 + \cdots + a_{n-1} + \frac{a_n}{2}}{\frac{b_1}{2} + b_2 + \cdots + b_{n-1} + \frac{b_n}{2}} \qquad (7.2.11)$$

[例 7.2.8]　某企业 2017 年有关资料如下:

项目	1 月	2 月	3 月	4 月
月初全部职工(人)	800	1000	1000	1200

项目	1月	2月	3月	4月
月初工人数（人）	530	692	698	856
工人占全部职工比重（%）	66.25	69.2	69.8	71.33
总产值（万元）	795	1052	1068	—

要求：计算一季度工人数占全部职工数的平均比重。

本例中月初全部职工和工人数数列均为时点数列，根据公式（7.2.11）得

$$\bar{c} = \frac{\bar{a}}{\bar{b}} = \frac{530/2 + 692 + 698 + 856/2}{800/2 + 1000 + 1000 + 1200/2} = \frac{694.3}{1000} = 69.43\%$$

因此，一季度工人数占全部职工数的平均比重为 69.43%。

③a 为时期数列、b 为时点数列。

假定分子指标时间数列 a 和分母指标时间数列 b 分别为时期数列和时点数列，其序时平均数可按如下公式计算

$$\bar{a} = \frac{a_1 + a_2 + \cdots + a_{n-1} + a_n}{n} \tag{7.2.12}$$

$$\bar{b} = \frac{\dfrac{b_0}{2} + b_1 + \cdots + b_{n-1} + \dfrac{b_n}{2}}{n} \tag{7.2.13}$$

由此可得，

$$\bar{c} = \frac{\bar{a}}{\bar{b}} = \frac{(a_1 + a_2 + \cdots + a_{n-1} + a_n)/n}{\left(\dfrac{b_0}{2} + b_1 + \cdots + b_{n-1} + \dfrac{b_n}{2}\right)/n}$$

$$= \frac{a_1 + a_2 + \cdots + a_{n-1} + a_n}{\dfrac{b_0}{2} + b_1 + \cdots + b_{n-1} + \dfrac{b_n}{2}} \tag{7.2.14}$$

［例 7.2.9］已知某企业的下列资料：

月份	三	四	五	六	七
工业增加值（万元）	11.0	12.6	14.6	16.3	18.0
月末全员人数（人）	2000	2000	2200	2200	2300

要求计算该企业第二季度的月平均劳动生产率。

本例中工业增加值和月末全员人数数列分别是时期数列和时点数列，根据公式（7.2.14）得

$$\bar{c}=\frac{\bar{a}}{\bar{b}}=\frac{10000\times(12.6+14.6+16.3)/3}{\left(\frac{2000}{2}+2000+2200+\frac{2200}{2}\right)/(4-1)}=69.05(元/人)。$$

7.2.3 增减量和平均增减量

（1）增减量

时间数列反映了社会经济现象的动态变化过程。增减量指标是反映现象数量变动的常用指标，它是报告期水平与基期水平之差，用以说明现象在一定时期内增减的绝对数量。一般地，差额为正，表示报告期水平较基期有所提高，差额为负则表示为减少。

在实际统计中，由于计算时所采用的基期不同，增减量可分为逐期增减量和累计增减量。逐期增减量是指报告期水平与报告期前期水平之差，说明现象逐期增减的数量，即

$$a_i-a_{i-1}(i=1,2\cdots,n) \tag{7.2.15}$$

累计增减量是指报告期水平与某一固定基期水平之差，说明一段时期内总的增减绝对数量，表示为

$$a_i-a_0(i=1,2,\cdots,n) \tag{7.2.16}$$

容易验证逐期增减量与累计增减量之间的数量关系：

①各逐期增减量的和等于相应时期的累计增减量，即

$$(a_1-a_0)+(a_2-a_1)+\cdots+(a_n-a_{n-1})=a_n-a_0 \tag{7.2.17}$$

对于以月份、季度为时间单位的时间数列，利用本期发展水平与去年同期水平之差，计算得到年距增长量，即

$$年距增长量=a_{i+L}-a_i \quad (L=3 或 12;i=1,2,\cdots,n) \tag{7.2.18}$$

②两相邻时期累计增减量之差等于相应时期的逐期增减量

$$(a_i-a_0)-(a_{i-1}-a_0)=a_i-a_{i-1}(i=1,2,\cdots,n) \tag{7.2.19}$$

（2）基于增减量的相关指标

上述指标可以消除季节变动对时间数列发展水平的影响，适合于有季节性波动的现象增长量分析。

[例 7.2.10]某地今年第一季度对外贸易进出口总额为 360 亿美元，去年第一季度为 300 亿美元，则：

$$年距增长量=360-300=60(亿美元)$$

由式（7.2.15）可知，逐期增减量构成增减量数列，我们通常采用平均增长量来刻画增量序列的一般水平。因此，平均增长量是逐期增减量的序时平均数，用以说明现象在一段时期内平均每期的绝对增加数量，数值上等于各期逐期增减量总和除以其个数，即

$$平均增长量 = \frac{\sum\limits_{i=1}^{n}(a_i - a_{i-1})}{n} = \frac{a_n - a_0}{n} \qquad (7.2.20)$$

[例 7.2.11] 1996—2000 年我国水泥产量资料如下，试计算增减量和平均增长量指标。

年份		1996	1997	1998	1999	2000
水泥产量(万吨)		49119	51174	53600	57300	59700
增减量	逐期	—	2055	2426	3700	2400
	累计	—	2055	4481	8181	10581

由式(7.2.15)(7.2.16)可得逐期增减量和累计增减量，见上表。由式(7.2.20)可知，

$$平均增长量 = \frac{2055 + 2426 + 3700 + 2400}{4} = \frac{10581}{4} = 2645.25(万吨)$$

7.3 时间数列的速度分析

时间数列可以动态反映社会经济现象发展变化速度，常用的速度指标有发展速度、增长速度、平均发展速度和平均增长速度。

7.3.1 发展速度

发展速度是报告期水平与基期水平之比，用以说明现象报告期水平较基期水平的相对发展程度。当发展速度大于 1 时，说明报告期水平较基期上升；当发展速度小于 1，意味着报告期水平较基期下降；当发展速度等于 1 时，报告期水平与基期持平。

由于所选择的基期不同，发展速度分为环比发展速度和定基发展速度。

环比发展速度：报告期水平与报告期前一期水平之比，反映现象逐期发展变化的相对程度。

定基发展速度：报告期水平与某一固定基期水平(通常为最初水平)之比，表明现象在一段时期内的发展相对程度，也称总速度。

假设时间数列中各期发展水平为 $a_0, a_1, \cdots, a_{n-1}, a_n$，我们可以构造如下发展速度数列：

环比发展速度数列：$\dfrac{a_1}{a_0}, \dfrac{a_2}{a_1}, \cdots, \dfrac{a_n}{a_{n-1}}$

定基发展速度数列：$\dfrac{a_1}{a_0},\dfrac{a_2}{a_0},\cdots,\dfrac{a_n}{a_0}$

容易验证,环比发展速度与定基发展速度存在如下两个数量关系。

第一,某段时期内各环比发展速度的连乘积等于该时期内的定基发展速度,即

$$\frac{a_1}{a_0}\times\frac{a_2}{a_1}\times\cdots\times\frac{a_{n-1}}{a_{n-2}}\times\frac{a_n}{a_{n-1}}=\frac{a_n}{a_0}\qquad(7.3.1)$$

第二,相邻的两个定基发展速度之商,等于相应的环比发展速度,即

$$\frac{a_i}{a_0}\div\frac{a_{i-1}}{a_0}=\frac{a_i}{a_0}\times\frac{a_0}{a_{i-1}}=\frac{a_i}{a_{i-1}}(i=1,2,\cdots,n)\qquad(7.3.2)$$

7.3.2　增长速度

增长速度是反映现象增长程度的相对指标,可以表示为报告期增长量与基期水平之比,即

$$增长速度=\frac{报告期水平-基期水平}{基期水平}=发展速度-100\%\qquad(7.3.3)$$

当增长速度为正时,它反映的是现象数量上的增加程度,当增长速度为负时,它反映的是现象数量的减少程度。

类似于发展速度,基期水平选取不同,可以得到不同的增长速度。常用的增长速度指标如下:

$$环比增长速度:\frac{a_i-a_{i-1}}{a_{i-1}}=\frac{a_i}{a_{i-1}}-100\%\qquad(7.3.4)$$

$$定基增长速度:\frac{a_i-a_0}{a_0}=\frac{a_i}{a_0}-100\%\qquad(7.3.5)$$

其中 a_i 表示报告期发展水平,a_{i-1} 表示上一期发展水平,a_0 表示固定基期发展水平。从上式容易发现,增长速度与发展速度存在等式关系,即

$$环比增长速度=环比发展速度-1$$
$$定基增长速度=定基发展速度-1$$

在统计分析中,发展速度与增长速度性质不同。前者是动态相对数,后者是强度相对数;定基增长速度与环比增长速度之间没有直接的换算关系,即环比增长速度的连乘积并不等于相应时期的定基增长速度;两相邻定基增长速度之商也不等于相应时期的环比增长速度。

7.3.3　平均发展速度和平均增长速度

(1)平均发展速度

对于一个以发展速度构成的数列,我们可以通过平均发展速度测算其一般水平。平

均发展速度就是各期环比发展速度的序时平均数,表明现象在一段时期内逐期发展变化的平均程度。

由于各期环比发展速度所对应对比的基期不同,我们不能采用一般序时平均数的计算方法。目前计算平均发展速度通常采用水平法,也称几何平均法。采用这一方法的原理是:一定时期内现象发展的总速度等于各期环比发展速度的连乘积。根据平均数的计算原理,采用几何平均数公式计算各指标值的平均数。

如果从最初水平 a_0 出发,每期按一定的平均发展速度 $\bar{x}$ 发展,经过 n 个时期后,达到最末水平 a_n,有

$$a'_1 = a_0 \cdot \bar{x}, \ a'_2 = a'_1 \cdot \bar{x} = a_0 \cdot \bar{x}^2, \cdots, a'_n = a'_{n-1} \cdot \bar{x} = a_0 \cdot \bar{x}^n \quad (7.3.6)$$

如果着眼于期末水平,其实际值等于按平均速度推算得到的理论值,即

$$a_0 \cdot \bar{x}^n = c_n \quad (7.3.7)$$

由此可得平均发展速度,为

$$\bar{x} = \sqrt[n]{\frac{a_n}{a_0}} \quad (7.3.8)$$

由于上述公式关注最后一年的发展水平,所以常将其称为"水平法",实际上是定基发展速度的 n 次方根。根据式(7.3.1)知,定基发展速度是各期环比发展速度的连乘积,所以式(7.3.8)也可以表示为

$$\bar{x} = \sqrt[n]{x_1 x_2 \cdots x_n} \quad (7.3.9)$$

其中 $x_1, x_2, \cdots, x_n$ 是各期环比发展速度。

（2）平均增长速度

平均增长速度是反映社会及自然现象在较长时期内各期（年）平均增长程度的相对数,通常以倍数或百分数表示,数值上等于平均发展速度减 1（或 100%）,即

$$平均增长速度 = 平均发展速度 - 1 \quad (7.3.10)$$

上式如为正值,表明现象在一定发展阶段内逐期平均递增的程度;负值表示现象逐期平均递减的程度。

［例 7.3.1］ 某单位 1995 年产值为 18250 万元,1990 年为 14300 万元,计算 5 年间的平均发展速度和平均每年递增速度。

容易计算,5 年间总发展速度为

$$R = \frac{18250}{14300} = 127.62\%$$

5 年间的平均发展速度为 $\bar{x} = \sqrt[5]{127.62\%} = 105\%$

5 年间的平均增长速度为 $105\% - 1 = 5\%$。

［例 7.3.2］ 根据下表中的有关数据,计算这 5 年间我国第三产业国内生产总值的

年平均发展速度和年平均增长速度。

年份序号	1	2	3	4	5
第三产业国内生产总值（亿元）	14930.0	17947.2	20427.5	24033.3	26104.3

由式(7.3.9)，年平均发展速度为

$$\bar{x} = \sqrt[n]{\prod \frac{a_i}{a_{i-1}}} = \sqrt[4]{120.2\% \times 113.8\% \times 117.7\% \times 108.6\%} = 114.99\%$$

年平均增长速度：$114.99\% - 1 = 14.99\%$

7.3.4　其他相关指标

对于以月份或季度为时间单位的时间数列，为消除季节变动因素的影响，可以计算年距发展速度和年距增长速度。

年距发展速度指标的计算考虑"同比"的方式，即计算年距发展速度，其公式为

$$年距发展速度 = \frac{报告年某月（季）发展水平}{上年某月（季）发展水平} \tag{7.3.11}$$

年距增长速度可以直接由年距发展速度 -100% 得到，也可以根据年距增长量除以上年同月或上年同季度发展水平得到，其公式为

$$年距增长速度 = 年距发展速度 - 100\% \tag{7.3.12}$$

$$年距增长速度：\frac{a_{i+L} - a_i}{a_i} = \frac{a_{i+L}}{a_i} - 100\% \tag{7.3.13}$$

弹性系数：反映一个现象相对变动对另一个现象变动的相对影响程度，通常可以根据两个现象的增长速度对比得到。

增长 1% 的水平值：在进行速度分析过程中，应注意相对水平和绝对水平的结合，需要将增长速度和增长量结合起来，计算增长 1% 的绝对值。由此得到

$$增长 1\% 的水平值 = 基期发展水平 \times 1\% = \frac{基期发展水平}{100} = \frac{报告期增长量}{增长速度 \times 100} \tag{7.3.14}$$

7.4　长期趋势的测定

长期趋势是时间数列变动中最基本、最常见的因素。测定长期趋势有助于把握现象随时间演变的基本趋势和规律。对时间数列进行处理，使处理后的数列排除季节变动、循环变动、不规则变动等因素的影响，就可以呈现其基本趋势或长期趋势。实际上，将时间数列的时间和变量值直接描述在图形上，据此可以观察现象变动的基本趋势，拟合适当

的趋势线。该方法直观但只适合对长期趋势做初步判断。为了更为精确表述长期趋势，常采用移动平均法和数学模型法。下面着重介绍这两种方法。

7.4.1 移动平均法

所谓移动平均，是选择一定的平均项数（常用 k 表示），采用逐项递移的方法对原时间数列计算一系列移动平均值。这些移动平均值消除或削弱了原数列中的不规则变动和其他变动，揭示出现象在较长时间内的基本发展趋势。

移动平均法对原始时间数列的处理步骤如下：

① 确定移动时距，一般应选择奇数项进行移动平均，若原数列呈周期变动，应选择现象的变动周期作为移动的时距长度。

② 基于确定的移动时距，计算各移动平均值，并将其编制成时间数列。

③ 基于移动的时间数列，进行长期趋势的拟合。

一般地，若时间序列为 $y_1, y_2, \cdots, y_n, \cdots$，且移动时距为 k，则 $t(t \geqslant k)$ 期的移动平均值为：

$$\overline{y}_t = \frac{y_{t-k+1} + y_{t-k+2} + \cdots + y_{t-1} + y_t}{k} \tag{7.4.1}$$

[**例 7.4.1**] 某企业 2000—2011 年销售收入资料如下，拟采用移动平均法，估算相应月份的长期趋势值。

年份	销售收入（百万元）	三项移动平均	四项移动平均	二次移动平均
2000	1	—	—	—
2001	3	3	4	—
2002	5	5	4.25	4.125
2003	7	4.67	4.5	4.375
2004	2	4.33	4.75	4.625
2005	4	4	5	4.875
2006	6	6	5.25	5.125
2007	8	5.67	5.5	5.375
2008	3	5.33	5.75	5.625
2009	5	5	6	5.875

续　表

年份	销售收入(百万元)	三项移动平均	四项移动平均	二次移动平均
2010	7	7	—	—
2011	9	—	—	—

上表中,移动平均值的计算结果随着移动项数 k 不同而不同。如果采用三项移动平均,则对 2000 年、2001 年、2002 年三年的销售收入计算算术平均数,作为 2001 年的趋势值,然后根据 2001 年、2002 年、2003 年三年的销售收入计算算术平均数,作为 2002 年的趋势值,以此类推,最后将 2009 年、2010 年、2011 年三年的销售收入的算术平均数作为 2010 年的趋势值。如果采用四项移动平均,此时的简单平均值落在两个相邻年份的中间,需要进行校正处理,即再做一次两项移动平均。例如对 2000 年、2001 年、2002 年、2003 年四年的销售收入计算算术平均数,得到平均值为 4,以此类推,最后得到 2008 年、2009 年、2010 年、2011 年四年的销售收入的算术平均数为 6,在此基础上,再做一次两项移动平均,得到 2002 年的趋势值为 4.125,最后一项 2009 年的趋势值为 5.875,具体结果见表第 5 列。

移动平均法的特点有以下几点:

① 移动平均对数列具有平滑修匀作用,移动项数越多,平滑修匀作用越强。当移动项数太多时,移动平均值也就是趋势值的图形表现很平缓,会导致与实际趋势不相吻合。实际应用中,移动项数应该适中。

② 由移动平均数组成的趋势值数列,较原数列的项数少,k 为奇数时,趋势值数列首尾各少 $(k-1)/2$ 项;k 为偶数时,首尾各少 $k/2$ 项。平均项数 k 为奇数,只需一次移动平均,而平均项数 k 为偶数时,尚需再进行一次中心化或二次移动平均。

③ 若数列中包含周期变动,则平均项数 k 必须与周期长度一致,才能消除数列中的周期波动。

特别地,设时间数列的观察值为 y_1,…,y_{n-1},y_n,计算 k 项移动平均值。当数列的发展变化较稳定时,可以将移动平均值用于外推预测。第 $t+1$ 期的预测公式为

$$\hat{y}_{t+1} = \frac{y_{t-k+1} + y_{t-k+2} + \cdots + y_{t-1} + y_t}{k}, t > k \qquad (7.4.2)$$

7.4.2　数学模型法

该法是测定长期趋势最常用的方法,是采用适当的数学模型模拟动态数列,以此计算各期的趋势值。实际上,这里的数学模型就是确定相应的函数表达式,可以是线性模型,也可以是非线性模型,关键在于如何确定模型的参数。模型参数可以通过确定若干个点来求解,也可以基于某一优化目标函数来求解,前者可以用于半数平均法,后者通常采用误差平方和最小的目标函数,用于最小平方法。

（1）半数平均法

半数平均法是测定时间数列趋势方程最为简捷的一种方法。我们主要讨论直线趋势方程，即把时间数列分成相等的两段，计算每段观察值的算术平均数，以此作为趋势线的两点，确定两点所在的直线就是所求的趋势方程。

设时间数列为 $y_1, y_2, \cdots, y_n$，时间变量为 t，记为 $t_1, t_2, \cdots, t_n$，直线方程表达式为 $y_t = a + bt$，其中参数 a, b 待定。半数平均法求解参数的步骤如下：

① 将时间数列分成相等两部分（若时间数列项数为奇数项，通常去掉第一项）；

② 分别计算两部分的数列和时间的算术平均数，得到两点坐标 $(\bar{t}_1, \bar{y}_1)$，$(\bar{t}_2, \bar{y}_2)$，其中 $\bar{t}_1 = \dfrac{1}{n/2} \sum\limits_{i=1}^{n/2} t_i$，$\bar{y}_1 = \dfrac{1}{n/2} \sum\limits_{i=1}^{n/2} y_i$，$\bar{t}_2 = \dfrac{1}{n/2} \sum\limits_{i=n/2+1}^{n} t_i$，$\bar{y}_2 = \dfrac{1}{n/2} \sum\limits_{i=n/2+1}^{n} y_i$

③ 将上述两点代入方程求 a 和 b。利用方程组

$$\begin{cases} \bar{y}_1 = a + b\bar{t}_1 \\ \bar{y}_2 = a + b\bar{t}_2 \end{cases} \tag{7.4.3}$$

解得参数 a, b。

④ 利用趋势方程预测各期趋势值，即 $\hat{y}_i = a + bt_i$。

[例 7.4.2]　以某地区居民收入数据为例，利用半数平均法测算 2018 年居民人均年收入的趋势值。

年份	t_i	人均年收入 y_i（元）
2010	1	22000
2011	2	24000
2012	3	22500
2013	4	30000
2014	5	33600
2015	6	40000
2016	7	43400
2017	8	50000

上述数列有 8 项，分成相等的两部分，则

$$\begin{cases} \bar{y}_1 = (22000 + 24000 + 22500 + 30000)/4 = 24625 \\ \bar{t}_1 = (1 + 2 + 3 + 4)/4 = 2.5 \end{cases}$$

$$\begin{cases} \bar{y}_2 = (33600 + 40000 + 43400 + 50000)/4 = 41750 \\ \bar{t}_2 = (5 + 6 + 7 + 8)/4 = 6.5 \end{cases}$$

代入 $y_t = a + bt$ 中,解得 $a = 13921.88, b = 4281.25$,由此得到趋势方程

$$\hat{y} = 13921.88 + 4281.25t$$

若假设今后该地区居民收入仍按此趋势发展,则可预测 2018 年 $(t = 9)$ 的居民人均收入为

$$\hat{y}_{2018} = 13921.88 + 4281.25 \times 9 = 52453.13(元)$$

(2) 最小平方法

最小平方法也称最小二乘法,是回归方程拟合中最常用的方法,也适用于趋势方程的拟合。其主要思路是,根据时间数列的观察值与趋势值的离差平方和为最小的基本要求,拟合一种趋势模型,然后利用多元函数求极值的方法,求出参数值,确定趋势模型,并测定趋势值,形成理想的趋势线。这里我们考虑如何建立直线趋势方程。

如果时间数列的环比增长量大致相等,则可拟合直线趋势方程。设拟合的直线方程为

$$\hat{y} = a + bt \tag{7.4.4}$$

根据第 6 章的最小平方法,得到

$$\sum (y_t - \hat{y}_t)^2 = \sum (y_t - a - bt)^2 = \min \tag{7.4.5}$$

关于 a, b 求偏导数并令其为 0,得到如下联立方程组

$$\begin{cases} \sum y = na + b \sum t \\ \sum ty = a \sum t + b \sum t^2 \end{cases} \tag{7.4.6}$$

由此解得

$$\begin{cases} b = \dfrac{n \sum ty - \sum t \sum y}{n \sum t^2 - \left(\sum t \right)^2} \\ a = \bar{y} - b\bar{t} \end{cases} \tag{7.4.7}$$

从而有直线趋势方程 $\hat{y} = a + bt$。

类似于回归分析,参数 b 表示 t 每增加一个单位 y 的平均增长量。特别地,当 t 增加一个单位代表 1 年时,b 即为年平均增长量,a 是 $t = 0$ 时的趋势值。与回归分析不同之处在于,这里的时间变量 t 是人为设定的,只是观察点按时间次序排列的一个序号,可以是时间值比如年份。不同的 t 值取值规则,会得到不同的参数解。一般而言,对于连续时间间隔的时间数列,常用的取值方式是令 t 为一自然数 $(t = 1, 2, \cdots, n)$。实践中,为了方便,人们常改变 t 的取值起点,比如将时间数列人为分为两段,前半段的 t 值为负,后半段的 t 值为正,呈等差数列,且满足 $\sum t = 0$,此时式(7.4.7)简化为

$$\begin{cases} b = \dfrac{\sum ty}{\sum t^2} \\[4mm] a = \dfrac{\sum y}{n} = \bar{y} \end{cases} \tag{7.4.8}$$

这种方法称为简捷法。为了正确运用简捷法，需要对 t 值按以下方法取值：

①N 为奇数时，令 $t = \cdots, -3, -2, -1, 0, 1, 2, 3, \cdots$

②N 为偶数时，令 $t = \cdots, -5, -3, -1, 1, 3, 5, \cdots$

下面举例说明最小平方法在直线趋势方程中的应用。

[例 **7.4.3**]　某海关口岸 1990—2000 年的关税额资料如下表所示，分别用最小平方法的普通法和简捷法拟合直线趋势方程，并预测 2001 年、2003 年的关税额。

年份	t	关税额 y（百万元）	t^2	ty
1990	1	85.6	1	85.6
1991	2	91.0	4	182.0
1992	3	96.1	9	288.3
1993	4	101.2	16	404.8
1994	5	107.0	25	535.0
1995	6	112.2	36	673.2
1996	7	119.6	49	837.2
1997	8	125.6	64	1004.8
1998	9	136.5	81	1228.5
1999	10	145.2	100	1452.0
2000	11	155.7	121	1712.7
合 计	66	1275.7	506	8404.1

设直线趋势方程为 $\hat{y} = a + bt$，根据上表计算结果，得

$$b = \frac{n\sum ty - \sum t \sum y}{n\sum t^2 - (\sum t)^2} = \frac{11 \times 8404.1 - 66 \times 1275.7}{11 \times 506 - 66^2} = 6.82$$

$$a = \bar{y} - b\bar{t} = \frac{1275.7}{11} - 6.82 \times \frac{66}{11} = 75.07$$

则拟合的直线趋势方程为 $\hat{y} = 75.07 + 6.82t$。

因此，预测 2001 年和 2003 年的关税额分别为：

$$\hat{y}_{2001} = 75.07 + 6.82 \times 12 = 156.91（百万元）$$
$$\hat{y}_{2003} = 75.07 + 6.82 \times 14 = 170.55（百万元）$$

如果采用简捷法，则时间变量 t 的取值应该是 $-5, -4, -3, -2, -1, 0, 1, 2, 3, 4, 5,$

呈公差为 1 的等差数列,计算结果如下表所示。

年份	t	关税额 y(百万元)	t^2	ty
1990	-5	85.6	25	-428
1991	-4	91.0	16	-364
1992	-3	96.1	9	-288.3
1993	-2	101.2	4	-202.4
1994	-1	107.0	1	-107
1995	0	112.2	0	0
1996	1	119.6	1	119.6
1997	2	125.6	4	251.2
1998	3	136.5	9	409.5
1999	4	145.2	16	580.8
2000	5	155.7	25	778.5
合计	0	1275.7	110	749.9

因为 t 取值满足 $\sum t = 0$,根据式(7.4.8),得

$$b = \frac{\sum ty}{\sum t^2} = \frac{749.9}{110} = 6.82, a = \bar{y} = \frac{1275.7}{11} = 115.97$$

则拟合的直线趋势方程为 $\hat{y} = 115.97 + 6.82t$。

因此,预测 2001 年、2003 年的关税额分别为:
$$\hat{y}_{2001} = 115.97 + 6.82 \times 6 = 156.89(百万元)$$
$$\hat{y}_{2003} = 115.97 + 6.82 \times 8 = 170.53(百万元)$$

练习题

一、填空题

1. 编制动态数列最基本的原则是_____。

2. 时间数列中的四种变动(构成因素)分别是_____、_____、_____、和_____。

3. 增长量由于采用的基期不同,分为_____增长量和_____增长量,各____增长量之和等于相应的_____增长量。

4. 把报告期的发展水平除以基期的发展水平得到的相对数叫_____,亦称动态系数。根据采用的基期不同,它又可分为_____发展速度和_____发展速度两种。

5. 平均发展速度的计算方法有_____法和_____法两种。

6.把增长速度和增长量结合起来而计算出来的相对指标是_____。

7.在时间数列的变动影响因素中，最基本、最常见的因素是_____，举出三种常用的测定方法：_____、_____、_____。

8.通常情况下，当时间数列的一级增长量大致相等时，可拟合_____趋势方程，而当时间数列中各二级增长量大致相等时，宜配合_____趋势方程。

二、单项选择题

1.下列属于时点数列的是（　　）。

A.某工厂各年工业总产值　　　　B.某厂各年劳动生产率

C.某厂历年年初固定资产额　　　D.某厂历年新增职工人数

2.时间数列中，各项指标数值可以相加的是（　　）。

A.时期数列　　　　　　　　　　B.相对数时间数列

C.平均数时间数列　　　　　　　D.时点数列

3.在时点数列中，称为"间隔"的是（　　）。

A.最初水平与最末水平之间的距离

B.最初水平与最末水平之差

C.两个相邻指标在时间上的距离

D.两个相邻指标数值之间的距离

4.对时间数列进行动态分析的基础指标是（　　）。

A.发展水平　　　　　　　　　　B.平均发展水平

C.发展速度　　　　　　　　　　D.平均发展速度

5.计算序时平均数与一般平均数的资料来源是（　　）。

A.前者为时点数列，后者为时期数列

B.前者为时期数列，后者为时点数列

C.前者为变量数列，后者为时间数列

D.前者为时间数列，后者为变量数列

6.根据时期数列计算序时平均数应采用（　　）。

A.首尾折半法　　　　　　　　　B.简单算术平均法

C.加权算术平均法　　　　　　　D.几何平均法

7.定基增长量和环比增长量的关系是（　　）。

A.定基增长量－1＝环比增长量

B.定基增长量等于各环比增长量之和

C.环比增长量的连乘积＝定基增长量

D.相邻两环比增长量之差等于相应的定基增长量

8. 定基发展速度和环比发展速度的关系是( )。

A. 相邻两个定基发展速度之商＝其相应的环比发展速度

B. 相邻两个定基发展速度之积＝其相应的环比发展速度

C. 相邻两个定基发展速度之差＝其相应的环比发展速度

D. 相邻两个定基发展速度之和＝其相应的环比发展速度

9. 当时期数列分析的目的侧重于研究某现象在各时期发展水平的累计总和时,应采用( )方法计算平均发展速度。

A. 算术平均法   B. 调和平均法

C. 方程式法   D. 几何平均法

10. 如果时间数列共有 20 年的年度资料,若使用五项移动平均法进行修匀,结果修匀之后的时间数列只有( )。

A. 19 项   B. 18 项

C. 16 项   D. 15 项

11. 直线趋势方程 $Y_c = a + bt$ 中 a 和 b 的意义是( )。

A. a 是截距,b 表示 $t=0$ 的趋势值

B. a 表示最初发展水平的趋势值,b 表示平均发展水平

C. a 表示最初发展水平的趋势值,b 表示平均发展速度

D. a 是直线的截距,表示最初发展水平的趋势值,b 是直线斜率,表示按最小平方法计算的平均增长量

12. 用最小平方法配合趋势直线方程 $Y_c = a + bt$ 在什么条件下 $a = \bar{y}, b = \sum ty / \sum t^2$ ( )。

A. $\sum t = 0$ B. $\sum (Y - \bar{y}) = 0$

C. $\sum Y = 0$ D. $\sum (Y - \bar{y})^2 =$ 最小值

13. 如果时间数列逐期增长量大体相等,则宜配合( )。

A. 直线模型   B. 抛物线模型

C. 曲线模型   D. 指数曲线模型

14. 当时间数列的逐期增长速度基本不变时,宜配合( )。

A. 直线模型   B. 二次曲线模型

C. 逻辑曲线模型   D. 指数曲线模型

15. 当一个时间数列是以年为时间单位排列时,则其中没有 ( )

A. 长期趋势   B. 季节变动

C. 循环变动   D. 不规则变动

三、判断题（把"√"或"×"填在题后的括号里）

1.动态数列也称时间数列，它是变量数列的一种形式。　　　　（　　）

2.时期数列和时点数列均属于总量指标时间数列。　　　　（　　）

3.两个总量指标时间数列相对比得到的时间数列一定是相对数时间数列。（　　）

4.所谓序时平均数就是将同一总体的不同时期的平均数按时间先后顺序排列起来。

（　　）

5.间隔相等的时期数列计算平均发展水平时，应用首尾折半的方法。（　　）

6.累计增长量除以时间数列的项数等于平均增长量。　　　　（　　）

7.若时间数列各期的环比增长量 $\Delta(\Delta > 0)$ 相等，则各期的环比增长速度是逐年（期）增加的。　　　　（　　）

8.如果时间数列的定基增长量开始下降，则环比增长量将出现负数。（　　）

9.平均增长速度是各期环比发展速度的连乘积开 n 次方根。（　　）

10.用几何平均法计算的平均发展速度只取决于最初发展水平和最末发展水平，与中间各期发展水平无关。　　　　（　　）

11.用移动平均法测定长期趋势时，移动平均项数越多，所得的结果越好。（　　）

12.季节变动是指某些现象由于受自然因素和社会条件的影响，在短期内（通常指一年）呈现有规律的、周期性的变动。　　　　（　　）

13.如果时间数列的资料是按年排列的，则不存在季节变动。（　　）

14.用相同方法拟合趋势方程时，t 的取值不同，所得的趋势方程不同，但趋势值不变。　　　　（　　）

四、简答题

1.序时平均数与静态平均数有何异同？

2.时期数列与时点数列有哪些区别？

3.环比发展速度和定基发展速度之间有什么关系？

4.什么是平均发展速度？说说水平法和累计法计算平均发展速度的基本思路。各在什么样的情况下选用？

5.为什么要注意速度指标和水平指标的结合运用？

五、计算题

1. 某大学研究生院各期毕业的研究生数量如下：

毕业时间	毕业人数（人）
2010 年 1 月份	200
2010 年 7 月份	230
2011 年 1 月份	160
2011 年 7 月份	250
2012 年 1 月份	300
2012 年 7 月份	260
2013 年 1 月份	350
2013 年 7 月份	298

计算该院上述时期平均每年的毕业研究生数。

2. 某企业定额流动资金占有的统计资料如下：

月份	1	2	3	4	5	6	7	10	12
月初定额流动资金（万元）	280	300	325	310	300	290	280	320	350

又知 12 月末的定额流动资金 300 万元，分别计算该企业上半年、下半年和全年的定额流动资金平均占用额。

3. 某企业职工人数及非生产人员数资料如下：

	4 月 1 日	5 月 1 日	6 月 1 日	7 月 1 日
职工人数（人）	2000	2020	2030	2010
非生产人数（人）	360	362	340	346

计算该企业第二季度非生产人员在全部职工人数中所占的比重。

4. 某企业第一季度各月某种产品的单位成本及产品总成本资料如下：

	1月	2月	3月	4月
产品总成本(元)	45000	24000	51000	51200
单位产品成本(元/件)	25	2C	25.5	26

计算第一季度平均的单位产品成本。

5. 根据已知条件完成下表空缺的项目。

时间	1月	2月	3月	4月	5月	6月	上半年平均每月
月末资金占用(万元)	120	125	160	146	156	170	
利润额(万元)	13			16	17		
资金利润率(%)		10	12			15	

备注：一月初的资金占用为 140 万元，资金利润率＝利润/平均资金占用额，利润＝资金利润率×平均资金占用额

6. 下表是我国某年 1—6 月份工业增加值的时间数列，根据资料计算各种动态分析指标，填入表中相应空格内。

时间		一月份	二月份	三月份	四月份	五月份	六月份
工业总产值(亿元)		2662	2547	3134	3197	3190	3633
增长量(亿元)	逐期	/					
	累计	/					
发展速度(%)	环比	/					
	定基	/					
增长速度(%)	环比	/					
	定基	/					
增长 1% 的绝对值							

7. 某企业历年年初资产总值资料如下：

单位:万元

年　份	2005	2006	2007	2008	2009	2010	2011
年初总资产	100	125	140	165	190	220	260

要求:

(1)计算 2006—2010 年期间的年平均资产额;

(2)该企业 2006—2010 年的年初总资产的平均增长速度。

8.某企业历年产值资料如下:

单位:万元

年份	2008	2009	2010	2011	2012	2013	2014
产值	10	12	15	18	20	24	28

要求:

(1)分别用最小平方法的普通法和简捷法配合直线方程,并预测该地区 2018 年这种产品可能达到的产量;

(2)比较两种方法得出的结果有何异同。

9.某种商品各年销售的分月资料如下:

单位:万元

月份\年份	2012 年	2013 年	2014 年
1	0.8	1.7	2.4
2	0.7	1.56	2.06
3	0.6	1.4	1.96
4	0.52	1.26	1.7
5	0.54	0.9	1.9
6	0.64	1.38	2.1
7	1.1	2.16	3.7
8	1.42	3.26	4.26
9	1.54	3.5	4.7
10	1.36	2.64	4.16
11	0.84	1.9	2.9
12	0.76	1.8	2.54

用"按月平均法"测定该种商品销售量的季节比率,写出计算的步骤。若已测定 2015 年该产品全年的销售额可达 40 万元,则各月的情况如何?

10.根据下表资料,计算相应题目。

单位:万元

时间	1 月	2 月	3 月	4 月	5 月	6 月	7 月
销售额	12	12.4	12.8	14	14.2	15	15.4
月初库存额	5.8	5.2	6	6.5	7.2	7	6.8
流通费用额	1	1.2	1.1	1.5	1.5	1.8	2

(1)该企业一季度和上半年的商品流转次数;

(2)该企业二季度和上半年平均每月的商品流转次数;

(3)该企业一季度和上半年的商品流通费用率;

(4)该企业二季度和上半年平均每月的商品流通费用率。

(提示:商品流转次数＝销售额/平均库存额;流通费用率＝流通费用额/商品销售额)

补充练习　　　拓展阅读

第8章
统计指数

本章主要阐述统计指数的理论与方法。通过本章学习,要求:(1)理解统计指数的基本概念和统计指数的编制原理;(2)掌握综合指数和平均指数的编制方法;(3)能够熟练应用指数体系分析实际问题。

8.1 统计指数及其种类

8.1.1 统计指数的概念

指数是研究现象差异或变动的重要的统计方法。

指数的编制起源于 18 世纪 60 年代欧洲关于物价波动的研究。当时,来自美洲新大陆的金银大量流入,使欧洲的物价飞涨,引起社会动荡。经济学家为了测定物价的变动,开始尝试编制物价指数。第二次世界大战后,指数除了衡量物价变动外,逐步发展到工业生产、进出口贸易、生活费用、股票证券等多个方面,形成了各种不同的指数。现实生活中,我们常接触到相关指数,比如消费品价格指数、生活费用价格指数,同人们的日常生活休戚相关;比如生产资料价格指数、股票价格指数等,则直接影响人们的投资活动,成为社会经济的晴雨表。指数不但能反映物价的变动,也能反映物量的变动;不但能够反映现象在不同时间上的水平变动,也能反映在不同空间(如不同国家、地区、部门、企业等)的现象水平的对比。由此可见,指数在经济分析上具有十分广阔的应用领域。

我们所研究的现象总体一般可分为简单现象总体和复杂现象总体。所谓简单现象总体,是指总体中的单位数或标志值可以直接加以总计。如生产产值、销售产值、利润等。所谓复杂现象总体,是指那些由于各个部分的不同性质,而在研究其数量特征时不能直接进行加总或直接对比的总体。例如,我们不能把 500 台电视机和 1000 张桌子直接相加,也不能直接计算电视机和桌子的平均价格、平均单位成本等。

从指数的概念来看,统计指数的概念有广义和狭义两种理解。

(1) 广义指数

凡是表明社会经济现象总体变动的相对数,都是指数。也就是说,广义指数泛指社会经济现象总体数量变动的相对数,即用来表明同类现象在不同空间、不同时间、实际与计划对比变动情况的相对数。例如，2018 年和 2017 年相比较，某地煤产量和钢产量的发展速度分别为 105.2％ 和 112.4％，这时我们可以说煤产量指数和钢产量指数分别为 105.2％ 和 112.4％。

（2）狭义指数

狭义指数能反映复杂经济现象总体数量综合变动的相对数。这意味着，狭义指数是指反映不能直接相加或直接对比的复杂社会经济现象总体数量综合变动的相对数。例如，由于各种商品的经济用途、规格、型号、计量单位等不同，因此不能直接将各种商品的价格简单对比，故而要说明一个国家或一个地区商品价格的综合变动情况，就要解决这种复杂经济现象总体各要素的相加问题，而这就需要编制统计指数来反映它们的综合变动情况。

8.1.2   统计指数的作用

（1）综合反映现象总体的变动方向和变动程度

这是统计指数最基本的作用。统计研究社会经济现象的变动时，不仅要说明个别现象的变动情况，如说明某种产品产量的变动，某种商品价格的变动，还要说明由许多个别现象组成的总体的数量总变动情况，如说明全部产品产量的总变动，全部商品销售量的总变动，全部产品单位成本的总变动，全部股票价格综合变动，等等。由于各种产品或商品的使用价值不同、各种股票价格涨跌幅度和成交量不同等原因而使所研究现象总体的各个个体之间不能直接相加或直接对比，因此需要通过编制统计指数来解决个体之间不能直接相加和对比的问题，从而综合反映现象总体的变动方向和变动程度。

（2）分析现象总体变动中各个因素的影响方向和影响程度

许多社会经济现象是复杂现象，其变动受多种因素影响。比如影响利润总额变化的各种因素有产品产量、产品销售量、产品成本、产品销售价格等。通过编制各种因素指数，可以分析各因素的影响方向和影响程度。如分别编制产品产量指数、产品销售量指数、产品成本指数和产品销售价格指数等，并对它们进行测定，根据各因素变动影响，可综合评价利润总额变动的情况。

（3）分析研究社会经济现象在长时间内的发展变化趋势

利用连续编制的动态指数数列，可以进行长时间的现象发展趋势分析。例如，根据 1980－2018 年共 39 年的零售商品价格资料，编制 38 个环比价格指数，从而构成价格指数数列。该指数数列可以揭示价格的变动趋势，研究物价变动对经济建设和人民生活水平的影响程度。不仅如此，还可以把相互联系指标的指数数列加以比较分析，如工农业产品的综合比价指数数列，即是从农产品收购价格指数和工业品零售价格指数两个数列的联系中进行分析。

（4）对社会经济现象进行综合评价和测定

随着指数在实际应用中的发展，许多经济现象可以运用统计指数进行综合评定，以便对某种经济现象的水平做出综合的数量判断。例如，采用综合经济指数评价一个地区或单位经济效益的高低；采用平均指数评价和测定技术进步的程度，及其在经济增长中的作用；等等。

8.1.3　统计指数的种类

（1）按其反映对象范围的不同，分为个体指数和总指数

个体指数是反映个别现象数量变动的相对数，通常记为 k，即

$$个体指数 = \frac{报告期个体水平}{基期个体水平}$$

例如，个体产品产量指数为

$$k_q = \frac{q_1}{q_0}$$

个体物价指数为

$$k_p = \frac{p_1}{p_0}$$

其中 q 代表产量，p 代表产品或商品价格；下标 1 代表报告期，下标 0 代表基期。可见，个体指数实际上是同一种现象在报告期的指标数值与基期的指标数值对比而得到的发展速度指标。

总指数是通过总体数量对比来反映总体某种数量综合变动情况的相对数。总指数是本章统计指数的主要研究内容，即狭义的指数，如多种产品的产量总指数、全部商品物价总指数等。按照编制的方法不同，主要由于所掌握的数据资料条件不同，总指数可以分为综合指数和平均指数。综合指数是从数量上表明不能直接相加或直接对比的社会经济现象的总指数，平均指数是以个体指数为基础，采取加权平均形式编制的总指数。在后续两节，我们将重点介绍这两个指数。

总指数与个体指数有一定的联系，可以用个体指数计算相应的总指数。用个体指数简单平均求得的总指数，称为简单指数；用个体指数加权平均求得的总指数，称为加权指数。有时为了研究需要，在介于个体指数与总指数之间，还编制组指数（或类指数）。例如编制居民消费价格指数中，服务价格指数就是其中的一个类指数，它的编制方法与总指数相同。

（2）按其所反映的指数化指标的性质不同，分为数量指标指数和质量指标指数

所谓指数化指标，是指在指数中用于反映数量变化或对比关系的指标。比如在居民消费价格指数中，价格就是指数化指标；股票成交量指数中，成交量就是指数化指标。由

于指数化指标可以分为数量指标和质量指标,因此统计指数也可以分为数量指标指数和质量指标指数。

数量指标指数,简称数量指数,是指反映总体某种数量指标变化的指数,例如商品销售量指数、工业产品产量指数等等。

质量指标指数,简称质量指数,是指反映总体某种质量指标变化的指数,例如物价指数、股票价格指数、产品成本指数、劳动生产率指数等等。

（3）按其采用基期的不同,分为定基指数和环比指数

指数通常是每间隔一段时间就编制一次,这样就形成了一个指数数列。在指数数列中,如果各期指数都以某一固定时期为基期,这种指数称定基指数。如果各期指数都以其前一期为基期,则为环比指数。

（4）指数按其对比内容的不同,分为动态指数和静态指数

指数方法论主要论述动态指数,动态指数是出现最早、应用最多的指数,也是理论上最为重要的统计指数。静态指数则是动态指数在实际应用中的扩展。

动态指数是由两个不同时期的同类经济变量值对比形成的指数,说明现象在不同时间上发展变化的过程和程度。比如商品零售价格指数、房地产价格指数等。

静态指数则包括空间指数和计划完成情况指数两种。空间指数（地域指数）是将不同空间（如不同国家、地区、部门、企业等）的同类现象进行比较的结果,反映现象在不同空间的差异程度。比如,地区人均国内生产总值比较指数、地区价格比较指数等。计划完成程度指数是由同一地区、单位的实际指标值与计划指标数值对比而形成的指数,反映计划的执行情况或完成与未完成的程度。比如能耗降低计划程度,就属于该类指数。

8.1.4 统计指数的性质

正确应用指数的统计方法,必须要对统计指数性质有深刻的了解。

指数的性质主要有四条,即综合性、平均性、相对性和代表性。

（1）综合性

统计指数是综合反映由多事物或多项目组成的复杂现象总体在某一方面数量的总变动方向和程度的相对数。综合性说明指数是由多种事物或项目综合对比形成。没有综合性,指数就不可能发展成为一种独立的理论和方法论体系。

（2）平均性

指数是总体水平的一个代表性数值。平均性有两层含义:一是指数进行比较的综合数量是作为个别量的一个代表,这本身就具有平均的性质;二是两个综合量对比形成的指数反映了个别量的平均变动水平,比如物价指数反映了多种商品和服务项目价格的平均变动水平。

（3）相对性

统计指数是总体各变量在不同场合下对比形成的相对数，其相对性有两层含义：一是统计指数采用相对数或比率表示；二是在编制总指数时，假定其他指标或因素不变的条件下，指数反映指数化指标的变动方向和程度，结果具有相对准确性。

（4）代表性

编制总指数时，涉及的事物或项目较多，难以全面考虑，只能选择部分有代表性的事物或项目作为编制指数的依据。

8.2　综合指数及其应用

8.2.1　综合指数

综合指数是指两个具有经济意义及紧密联系的总量指标对比求得的指数。计算综合指数的分子和分母都是由两个或两个以上因素所决定的总量指标，其中被研究的因素（或指标）通常称为指数化因素或指数化指标，其他因素则是把不同度量的现象过渡成可以同度量的媒介因素，称为同度量因素。

编制综合指数的特点是先综合，后比较。具体来说，第一，先综合是指通过引入同度量因素，将多种不能直接相加的各事物或各项目的指数化因素综合成为能直接相加的总量指标。以产品产量指数为例。该指数用于反映产品产量的变化，由于各种产品具有不同的使用价值和计量单位，不能直接相加，因而无法进行比较；但各种产品的价值量（产量×价格 ＝ 产值）是可以相加和进行对比的，可以引入产品价格这一同度量因素将其转化为产值这个能直接相加的量，进而综合为可比的产品产值。类似地，对于产品价格指数，可以把不能直接相加的不同产品的价格，通过产量这个同度量因素转化为产值，再综合为可比的产品产值。第二，后对比就是指在综合为可比的总量指标的基础上，通过固定同度量因素的时间或空间，选择两个合适的总量指标进行对比得到所需的指数。对比时，处于分子的指数化因素属于报告期，处于分母的指数化因素属于基期。

同度量因素在综合指数编制过程中起着非常重要的作用：一是引进同度量因素可以对复杂总体进行综合；二是将同度量因素固定，可以消除同度量因素变动的影响；三是同度量因素在起到同度量的同时，也起到一定的加权作用，即指数化因素与同度量因素乘积大（小）的事物或项目，指数化因素变动对总指数的影响就大（小）。

8.2.2　综合指数编制的一般方法

编制综合指数的一般方法，是同度量因素所属时期确定的一般方法，即在编制数量指标综合指数时，一般要以基期的质量指标作为同度量因素；在编制质量指标综合指数时，一般要以报告期的数量指标作为同度量因素。设 q 为数量指标，p 为质量指标，以 1 表示报告期，以 0 表示基期，以 I 表示指数，以 I_q 表示数量指标综合指数，以 I_p 表示质量指标综合指数，则数量指标综合指数和质量指标综合指数编制原则和方法分别为：

（1）数量指标综合指数的编制原则和方法

编制原则：① 编制数量指标综合指数应以质量指标作为同度量因素；② 将同度量因素固定在基期。

数量指标综合指数计算公式如下：

$$Iq = \frac{\sum q_1 p_0}{\sum q_0 p_0} \tag{8.2.1}$$

数量指标综合指数计算公式（8.2.1）中，数量指标 q 是指数化指标，质量指标 p 是同度量因素。该综合指数有两层含义：一是反映数量指标 q 综合变动的程度；二是由于数量指标 q 的变动，引起价值量指标 pq 变动的程度，具体数值为数量指标综合指数分子与分母的差额：$\sum q_1 p_0 - \sum q_0 p_0$。

（2）质量指标综合指数的编制原则和方法

编制原则具体有两点：① 编制质量指标综合指数应以数量指标作为同度量因素；② 将同度量因素固定在报告期。

质量指标综合指数计算公式如下：

$$Ip = \frac{\sum p_1 q_1}{\sum p_0 q_1} \tag{8.2.2}$$

质量指标综合指数计算公式（8.2.2）中，质量指标 p 是指数化指标，数量指标 q 是同度量因素。该综合指数的两层含义：一是反映质量指标 p 综合变动的程度；二是由于质量指标 p 的变动，引起价值量指标 pq 变动的程度，具体数值等于质量指标综合指数分子与分母的差额：$\sum p_1 q_1 - \sum p_0 q_1$。

[例 8.2.1]　某企业三种商品销售量和价格资料如表 8.2.1 所示，要求计算全部商品销售量综合指数和全部商品价格综合指数。

表 8.2.1　某企业三种商品销售量和价格数据

商品名称	计量单位	商品销售量		商品价格（万元）	
		基期	报告期	基期	报告期
甲	件	120	100	2.00	4.00
乙	支	800	1000	0.40	0.60
丙	个	1000	1200	15.00	15.00

根据表8.2.1资料,计算得到相关销售额数据如表8.2.2所示。

表 8.2.2　某企业三种商品相关销售额数据

商品名称	计量单位	商品销售量		商品价格(万元)		商品销售额(万元)		
		基期 q_0	报告期 q_1	基期 p_0	报告期 p_1	基期 $p_0 q_0$	报告期 $p_1 q_1$	假定 $p_0 q_1$
甲	件	120	100	2.00	4.00	240	400	200
乙	支	800	1000	0.40	0.60	320	600	400
丙	个	1000	1200	15.00	15.00	15000	18000	18000
合计	—	—	—	—	—	15560	19000	18600

根据公式(8.2.1)计算得到商品销售量指数为

$$I_q = \frac{\sum q_1 p_0}{\sum q_0 p_0} = \frac{18600}{15560} = 119.54\%$$

即三种商品销售量报告期比基期总的增加了19.54%。

因为

$$\sum q_1 p_0 - \sum q_0 p_0 = 18600 - 15560 = 3040(元)$$

所以,由商品销售量的变动而使商品销售额增加的绝对额为3040元。

根据公式(8.2.2)计算得到销售价格指数为

$$I_p = \frac{\sum p_1 q_1}{\sum p_0 q_1} = \frac{19000}{18600} = 102.15\%$$

即三种商品价格报告期比基期总的增加了2.15%。

因为

$$\sum p_1 q_0 - \sum p_0 q_1 = 19000 - 18600 = 400(元)$$

所以,由商品价格的变动而使商品销售额增加的绝对额为400元。

8.2.3　综合指数编制的其他方法

由于选取同度量因素的时间不同,编制综合指数还有很多不同的方法,主要有拉氏指数、派氏指数、费歇尔指数、马艾指数和杨格指数五种形式,其中拉氏指数和派氏指数最为常用。

(1)拉氏指数

拉氏指数是1864年德国经济学家拉斯贝尔斯提出的一种指数计算方法。他采用基期的指标值作为同度量因素,分别得出了综合价格指数公式和综合物量指数公式,并被分别命名为拉氏价格指数与拉氏物量指数。其编制公式为：

拉氏价格指数：

$$I_p = \frac{\sum p_0 q_0 \dfrac{p_1}{p_0}}{\sum p_0 q_0} = \frac{\sum p_1 q_0}{\sum p_0 q_0} \qquad (8.2.3)$$

拉氏物量指数：

$$I_q = \frac{\sum q_0 p_0 \dfrac{q_1}{q_0}}{\sum q_0 p_0} = \frac{\sum q_1 p_0}{\sum q_0 p_0} \qquad (8.2.4)$$

式中，p_0，p_1 分别为商品基期的价格与报告期的价格，q_0，q_1 分别为商品基期的物量与报告期的物量。不难发现，拉氏指数的本质是把同度量因素的时间固定在基期的一种综合指数形式。

[例 8.2.2] 某批发市场三种商品的销售资料如表 8.2.3 所示，要求采用拉氏指数形式编制商品价格指数和商品销售量指数。

表 8.2.3 某批发市场三种商品的销售资料

商品	计量单位	销售量		单价（元）	
		基期 q_0	报告期 q_1	基期 p_0	报告期 p_1
棉毛裤	万条	15	20	80	90
香肠	万斤	40	30	60	70
尼龙布	万米	50	60	10	12

根据表 8.2.3 资料计算可得如下销售额数据，见表 8.2.4。

表 8.2.4 某批发市场三种商品的销售额数据

单位：万元

商品	$p_0 q_0$	$p_1 q_1$	$p_0 q_1$	$p_1 q_0$
棉毛裤	1200	1800	1600	1350
香 肠	2400	2100	1800	2800
尼龙布	500	720	600	600
合 计	4100	4620	4000	4750

根据公式(8.2.3)(8.2.4)，计算得

拉氏商品价格指数：

$$I_p = \frac{\sum p_1 q_0}{\sum p_0 q_0} = \frac{4750}{4100} = 115.85\%$$

拉氏商品销售量指数：

$$I_q = \frac{\sum q_1 p_0}{\sum q_0 p_0} = \frac{4000}{4100} = 97.56\%$$

结果表明，该市场三种商品的价格都有所上涨，总的来说，报告期比基期上涨了15.85%。而该市场三种商品的销售量有升有降，按照拉氏指数形式，报告期三种商品的综合销售量水平比基期下降了2.44%。由此可知，无论是商品价格指数115.85%还是商品销售量指数97.56%，都是这三种不同商品的价格或销售量综合变动的结果。

（2）派氏指数

派氏指数是德国经济学家派许于1874年首创的。他主张不论是数量指标指数，还是质量指标指数，都采用报告期同度量因素（权数）的指数。

数量指标指数：

$$I_q = \frac{\sum q_1 p_1}{\sum q_0 p_1} \tag{8.2.5}$$

质量指标指数：

$$I_p = \frac{\sum p_1 q_1}{\sum p_0 q_1} \tag{8.2.6}$$

［例8.2.3］根据表（8.2.3）（8.2.4）所示数据，要求采用派氏指数形式编制商品价格指数和商品销售量指数。

派氏商品价格指数：

$$I_p = \frac{\sum p_1 q_1}{\sum p_0 q_1} = \frac{4620}{4000} = 115.5\%$$

派氏商品销售量指数：

$$I_q = \frac{\sum q_1 p_1}{\sum q_0 p_1} = \frac{4620}{4750} = 97.26\%$$

结果表明，按照派氏指数形式，该市场三种商品的综合价格水平上涨了15.5%，销售量则综合下降了2.74%。

对照拉氏指数和派氏指数，可以发现两个指数不同之处在于同度量因素的确定原则。在不否定各类指数的合理性的前提下，为了统计标准和历史数据的一致性，也为了学习和考核的一致性。规定同度量因素选择的一般原则为数量指标指数应以基期的质量指标作为同度量因素，而质量指标指数应以报告期的数量指标作为同度量因素。因此，我们习惯采用拉氏指数形式编制数量指标指数，采用派氏指数形式编制质量指标指数。

（3）理想指数

理想指数是对拉氏指数和派氏指数所求的几何平均数，它是美国经济学家沃尔什和庇古先后于1901年和1912年提出，后由美国统计学家费歇尔于1927年进行了系统总结。其编制公式如下：

数量指标指数：

$$I_q = \sqrt{\frac{\sum q_1 p_0}{\sum q_0 p_0} \times \frac{\sum q_1 p_1}{\sum q_0 p_1}} \tag{8.2.7}$$

质量指标指数：

$$I_p = \sqrt{\frac{\sum p_1 q_0}{\sum p_0 q_0} \times \frac{\sum p_1 q_1}{\sum p_0 q_1}} \tag{8.2.8}$$

（4）马艾指数

马艾指数是以同度量因素的基期数值与报告期数值的简单算术平均数作为权数的一种综合指数形式。该指数由英国经济学家马歇尔于1887年提出，后由英国统计学家艾吉沃兹加以推广。其编制公式为：

数量指标指数：

$$I_q = \frac{\sum q_1 \dfrac{p_0 + p_1}{2}}{\sum q_0 \dfrac{p_0 + p_1}{2}} \tag{8.2.9}$$

质量指标指数：

$$I_p = \frac{\sum p_1 \dfrac{q_0 + q_1}{2}}{\sum p_0 \dfrac{q_0 + q_1}{2}} \tag{8.2.10}$$

（5）杨格指数

杨格指数是把同度量因素固定在报告期与基期以外的某个常态时期（n），或以同度量因素的若干时期数值的平均数作为权数的一种综合指数形式。该指数由英国学者杨格提出，其编制公式为：

数量指标指数：

$$I_q = \frac{\sum q_1 p_n}{\sum q_0 p_n} \text{ 或 } I_q = \frac{\sum q_1 \bar{p}}{\sum q_0 \bar{p}} \tag{8.2.11}$$

质量指标指数：

$$I_p = \frac{\sum p_1 q_n}{\sum p_0 q_n} \text{ 或 } I_p = \frac{\sum p_1 \overline{q}}{\sum p_0 \overline{q}} \quad\quad (8.2.12)$$

8.2.4　综合指数的应用

（1）工业生产指数

反映一个国家或地区工业产品产量综合变动程度的一种数量指标指数，是衡量经济增长水平和判断经济形势的重要依据。我国在 1995 年以前，采用综合指数中的杨格指数形式来编制工业生产指数。其形式为

$$Iq = \frac{\sum q_1 p_n}{\sum q_0 p_n} \quad\quad (8.2.13)$$

中华人民共和国成立以来，我国先后采用过 1952 年、1957 年、1970 年、1980 年和 1990 年的不变价格，1995 年以后逐步被加权算术平均指数所替代。

（2）生产价格指数

生产价格指数（PPI）是衡量工业企业产品出厂价格变动趋势和变动程度的指数，是反映某一时期生产领域价格变动情况的重要经济指标，也是制定有关经济政策和国民经济核算的重要依据。对于生产价格指数 PPI 的计算，采用基期的第 i 种商品销售量（q_i）作为权重，其编制公式为

$$I_p = \frac{\sum p_{1i} q_{0i}}{\sum p_{0i} q_{0i}} \qu\quad\quad (8.2.14)$$

其中 p_{1i} 为报告期所有抽选的 n 种商品（$i = 1, 2, \cdots, n$）的价格，p_{0i} 为基期对应商品的价格，q_{0i} 为权重。

（3）股票价格指数

股票价格指数是反映某一股票市场上多种股票价格变动程度的指数，简称股价指数。常用的是以股票发行量为同度量的综合指数形式，编制公式为

$$I_p = \frac{\sum p_1 q}{\sum p_0 q} \quad\quad (8.2.15)$$

公式中发行量 q 的时期有的固定在基期，有的固定在报告期。例如，美国标准普尔指数采用拉氏指数公式；香港恒生指数采用派氏指数公式；我国的上证指数和深证指数采用派氏指数公式。

8.3 平均指数及其应用

8.3.1 平均指数的概念

平均指数是用个体指数加权平均计算得出的指数。从理论上讲，平均指数是综合指数的变形，因为平均指数在计算形式上虽然不同于综合指数，而在组成指数的分子分母指标的社会内容上和综合指数是相同的。

实际统计中，应该根据综合指数的要求决定平均指数的形式和权数。由于计算资料的完整性限制，一般不能直接编制综合指数，而经常计算平均指数。常用的平均指数有加权算术平均指数和加权调和平均指数。编制平均指数的特点是先对比，后综合。所谓先对比，就是先计算出研究总体中各事物和各项目的指数化因素的个体指数，获得反映单个事物或单个项目指数化因素数量变动的相对数。所谓后综合，就是通过选定适当的权数，采用适当的加权方法，对指数化因素的个体指数进行加权平均，把单个的个体指数综合成为总指数。因此，在平均指数编制过程中，加权平均可以看成是把个体指数综合成为总指数的一种手段，这是一个平均的过程。

平均指数和综合指数都是总指数的一种形式，两者既有联系又有区别。两者的联系是，在平均指数作为综合指数变形使用的条件下，两种指数的计算公式可以相互推导。两者的区别是，综合指数需要使用全面调查资料计算，而平均指数既可以使用全面调查资料，也可以使用非全面调查资料。综合指数是从社会经济现象的总量出发，引入同度量因素，计算出总体的总量，然后再对比，即先综合，后对比；平均指数是从个体指数出发，先对比，后综合。

另外，综合指数分子分母之差具有一定的经济内容，即说明由于价格或销售量变动带来价值总量指标的增减额；而平均指数，特别是采用固定权数的平均指数，只具有相对数的意义，分子分母之差都不具有指数化因素对价值总量指标增减的影响等经济内容。

8.3.2 平均指数编制的基本原理

平均指数的编制步骤如下：

① 计算所研究现象总体中各个项目的个体指数。

② 以个体指数为变量值，给出一定的物值（pq）权数，采用加权平均求得平均指数。

需要注意的是，用作权数的物值（pq）有如下四种组合方式：p_0q_0，p_0q_1，p_1q_0，p_1q_1。一般情况下，编制平均指数应该遵循以下两个原则：一是采用真实的数据，即 p_0q_0 和 p_1q_1；二是与综合指数编制的一般方法保持一致，以保证计算结果的一致性。基于上述两个准则，在实际统计中，我们常用用作权数的是 p_0q_0 和 p_1q_1，其中 p_0q_0 用作计算加权算术平均指数的权数，p_1q_1 用作计算加权调和平均指数的权数。

（1）加权算术平均指数

加权算术平均指数是以个体指数为基础，按加权算术平均法计算的总指数。一般以基期总值加权的算术平均指数最为常用，即

数量指标指数：

$$\bar{I}_q = \frac{\sum k_q p_0 q_0}{\sum p_0 q_0} = \frac{\sum p_0 q_1}{\sum p_0 q_0} \tag{8.3.1}$$

质量指标指数：

$$\bar{I}_p = \frac{\sum k_p p_0 q_0}{\sum p_0 q_0} = \frac{\sum p_1 q_0}{\sum p_0 q_0} \tag{8.3.2}$$

其中 $p_0 q_0$ 是基期总值，$k_q = \frac{q_1}{q_0}$ 是数量指标个体指数，$k_p = \frac{p_1}{p_0}$ 是质量指标个体指数。为了保持与综合数量指标指数结果的一致性，鉴于数量指标指数一般采用拉氏指数形式，我们常用基期加权算术平均指数即（8.3.1）式来编制数量指标指数。

[**例 8.3.1**]　某商场三种商品的总成本和产量个体指数如表 8.3.1 所示，要求计算商品产量的加权算术平均指数。

表 8.3.1　某商场商品的总成本和产量个体指数资料

商品名称	计量单位	总成本（万元）		产量个体指数 $k_q = q_1/q_0$
		基期 $p_0 q_0$	报告期 $p_1 q_1$	
甲	件	200	220	1.03
乙	台	50	50	0.98
丙	箱	120	150	1.10

商品产量的加权算术平均指数

$$\bar{I}_q = \frac{\sum k_q p_0 q_0}{\sum p_0 q_0} = \frac{103\% \times 200 + 98\% \times 50 + 110\% \times 120}{200 + 50 + 120} = 104.6\%$$

由此可知，甲商品产量上升了 3%，乙商品下降了 2%，丙商品上升了 10%，平均上升了 4.6%。

（2）加权调和平均指数

加权调和平均指数是以个体指数为基础，按加权调和平均法计算的总指数。一般以报告期总值加权的调和平均指数最为常用，即

数量指标指数：

$$\bar{I}_q = \frac{\sum p_1 q_1}{\sum \dfrac{p_1 q_1}{k_q}} = \frac{\sum p_1 q_1}{\sum p_1 q_0} \tag{8.3.3}$$

质量指标指数：

$$\bar{I}_p = \frac{\sum p_1 q_1}{\sum \dfrac{p_1 q_1}{k_p}} = \frac{\sum p_1 q_1}{\sum p_0 q_1} \tag{8.3.4}$$

其中 $p_1 q_1$ 是报告期总值，k_q 和 k_p 分别是数量和质量指标个体指数。为了符合平均指数编制原则，又考虑综合质量指标指数一般采用派氏形式，我们常用报告期加权调和平均指数即（8.3.4）式来编制质量指标指数。

[**例 8.3.2**]　某商场三种商品的总成本和成本个体指数如表 8.3.2 所示，要求计算商品成本的加权调和平均指数。

表 8.3.2　某商场商品的总成本和成本个体指数资料

商品名称	计量单位	总成本（万元）		成本个体指数 $k_p = p_1 / p_0$
		基期 $p_0 q_0$	报告期 $p_1 q_1$	
甲	件	200	220	1.14
乙	台	50	50	1.05
丙	箱	120	150	1.20

根据公式（8.3.4），商品成本的加权调和平均指数：

$$\bar{I}_p = \frac{\sum p_1 q_1}{\sum \dfrac{p_1 q_1}{k_p}} = \frac{220 + 50 + 150}{\dfrac{220}{114\%} + \dfrac{50}{105\%} + \dfrac{150}{120\%}} = 115.07\%$$

甲成本上升 14%，乙上升 5%，丙上升 20%，平均上升 15.07%。

[**例 8.3.3**]　某企业三种商品销售量和价格资料如表 8.2.1 所示，在此基础上计算得到个体销售量指数和个体价格指数见表 8.3.3，要求计算商品销售量的加权算术平均指数和商品价格的加权调和平均指数。

表 8.3.3　某企业三种商品销售量、价格、销售额和个体指数数据

商品名称	单位	商品销售量		商品价格（万元）		销售量个体指数% $k_q = q_1 / q_0$	价格个体指数% $k_p = p_1 / p_0$	商品销售额（万元）	
		基期 q_0	报告期 q_1	基期 p_0	报告期 p_1			基期 $p_0 q_0$	报告期 $p_1 q_1$
甲	件	120	100	2.00	4.00	83.3	200	240	400
乙	支	800	1000	0.40	0.60	125	150	320	600
丙	个	1000	1200	15.00	15.00	120	100	15000	18000
合计	—	—	—	—	—	—	—	15560	19000

根据公式（8.3.1），商品销售量的加权算术平均指数为：

$$\bar{k}_q = \frac{\sum k_q p_0 q_0}{\sum p_0 q_0} = \frac{83.3\% \times 240 + 125\% \times 320 + 120\% \times 15000}{240 + 320 + 15000} = \frac{18600}{15600} = 119.54\%$$

即三种商品销售量报告期比基期总的（平均）增长 19.54%。

根据公式（8.3.4），商品价格的加权调和平均指数为：

$$\bar{k}_p = \frac{\sum p_1 q_1}{\sum \dfrac{p_1 q_1}{k-p}} = \frac{400 + 600 + 18000}{\dfrac{400}{200\%} + \dfrac{600}{150\%} + \dfrac{18000}{100\%}} = \frac{19000}{18600} = 102.15\%$$

即三种商品价格报告期比基期总的（平均）增长 2.15%。

（3）固定权数平均指数

前面作为综合指数变形的加权算术平均指数和加权调和平均指数，分别以 $p_0 q_0$ 和 $p_1 q_1$ 作为权数。在实践中，还经常使用固定权数 w。固定权数平均指数的计算公式为

数量指标指数：

$$\bar{I}_q = \frac{\sum k_q w}{\sum w} \tag{8.3.5}$$

质量指标指数：

$$\bar{I}_p = \frac{\sum k_p w}{\sum w} \tag{8.3.6}$$

其中 w 是通过调整计算出来的比重。

固定权数的平均指数应用起来比较方便，只要取得权数资料，便可以在相对较长时间内使用，大大减少了工作量。而且，在不同时期内采用同样的权数，可比性强，有利于指数数列的分析，因此在实践中广泛应用。我国的商品零售价格指数、农副产品收购价格指数等都是用固定权数的平均指数形式编制的。

8.3.3 平均指数的应用

（1）商品零售物价指数

商品零售物价指数是反映城乡商品零售价格变动趋势的一种经济指数。商品零售物价的调整变动直接影响到城乡居民的生活支出和国家的财政收入，影响居民购买力和市场供需平衡，影响消费与积累的比例。因此，计算商品零售物价指数，可以从一个侧面对上述经济活动进行观察和分析。

商品零售物价指数采用加权算术平均公式计算。每年根据住户调查资料调整一次权数。每种商品的个体指数采用代表规格品的平均价格计算，其加权算术平均指数公式为：

$$\bar{k}_p = \frac{\sum k_p p_0 q_0}{\sum p_0 q_0} \tag{8.3.7}$$

其中 k_p 表示各大（中或小）类商品价格指数。

平均法指数在国内外统计工作中被广泛使用,但编制时很难得到全面系统的相关信息。所以,现实中往往采用经济发展比较稳定的某一时期的代表规格品的价值总量作为固定权数（w）,该权数一经确定就沿用数年不变。如我国的零售物价指数和工业生产指数都是采用固定权数的平均法指数。其形式有固定加权算术平均指数和固定加权调和平均指数两种。其中固定加权算术平均指数如下:

$$\bar{k}_p = \frac{\sum k_p w}{\sum w} \tag{8.3.8}$$

采用固定权数的平均指数,可以避免每次编制指数权数资料来源的困难,也便于前后不同时期的比较。我国编制商品零售物价指数时,全国统一规定了商品分类。全部商品分为十四大类,每个大类又分若干中类,中类内再分为小类,每个小类又包括若干商品。各大类、中类、小类中各部分零售额比重均等于 100%。这样,各小类的加权平均指数便是中类的指数,各中类的加权平均指数便是大类的指数,各大类的加权平均指数就是总指数,即商品零售物价指数。

（2）工业生产指数

前面提到,自 1995 以后采用加权算术平均指数编制工业生产指数。具体编制步骤为:在产品分类的基础上,逐层计算各产品的个体指数,再由个体指数计算类指数,最后由类指数或大类指数计算出反映整个工业发展速度的总指数。这里权数采用基期的数值,相应的编制公式为

$$\bar{I}_q = \frac{\sum k_q p_0 q_0}{\sum p_0 q_0} \tag{8.3.9}$$

其中 k_q 表示工业产品的个体指数或类指数,$p_0 q_0$ 表示各产品或各类产品的基期增加值。在实际统计中,常把权数相对固定,比如 5 年保持不变,即

$$\bar{I}_q = \sum k_q w \tag{8.3.10}$$

其中 w 是固定权数,满足 $\sum w = 1$。

8.4 指数体系与因素分析

8.4.1 指数体系的概念

社会经济现象是相互联系、彼此制约的。每一现象的变动都受到其他因素的影响和制约,这种相互联系、相互影响的关系,在许多经济指标之间通过数量表现出来。例如,商

品销售额的变动受商品销售量和商品价格这两个因素的影响;工业总产值的变动受工业产品价格和工业品产量两个因素的影响;产品生产费用的变动受单位产品成本及产品数量两个因素的影响;等等。这些因素之间的联系,可以通过指标之间的经济等式表示,例如:

$$商品销售额 = 商品销售量 \times 商品价格$$

$$工业总产值 = 工业产品价格 \times 工业品产量$$

$$产品生产费用 = 单位产品成本 \times 产品数量$$

以上等式反映了经济指标之间客观的经济联系。通过前面的分析,我们已经知道现象的总变动和因素的变动可以通过统计指数的形式来反映,因此经济指标之间的这种联系可以在应用指数进行动态分析时被保持下来,即

$$商品销售额指数 = 商品销售量指数 \times 商品价格指数$$

$$工业总产值指数 = 工业产品价格指数 \times 工业品产量指数$$

$$产品生产费用指数 = 单位产品成本指数 \times 产品数量指数$$

以上是指数体系中常用的三种形式,在许多指数之间都存在着类似的联系形式。一般来说,通过三个或三个以上具有内在本质联系的指数以分析经济指标的动态,这样组成的相互联系的指数形式称为指数体系。

我们研究和利用指数体系,主要目的有两个:一是利用指数体系对复杂现象总体的数量变化,从相对数和绝对数两方面进行因素分析,以此说明现象总体变动中各因素的影响程度和影响绝对额;二是利用指数体系中各个指数之间的数量等式关系,由已知的统计指数推算未知的指数。

本节我们将重点讨论如何基于指数体系进行因素分析。指数体系是因素分析的基本基础。这里我们介绍下构建指数体系的基本原则及因素分析的基本步骤。

在构建统计指数体系中应遵循以下基本原则:

(1)指数体系中各个指数之间必须保持等式关系,以便从相对数和绝对数两方面进行因素分析。一般来说,相对数之间是乘除关系,绝对数之间是加减关系。

(2)利用指数体系进行因素分析时,必须区分各个因素或指标的性质,即考虑数量指标和质量指标,选择合适的方法编制各指数。

(3)为了保持与统计指数编制原则的一致性,在指数体系中,通常质量指标指数采用派氏形式,数量指标指数采用拉氏形式。

所谓因素分析就是利用指数体系中各个指数之间的数量联系关系,对现象总体总变动的各个影响因素进行分析,分析各因素对现象总变动的影响程度和绝对效果。其步骤大致分为三步:首先要明确分析研究的目的和要求,确定各影响因素之间的相互关系,构造合适的指数体系;其次是按照指数体系的构建原则,选取合适的指数形式,计算出能反映现象总体总变动和各影响因素变动的指数;最后是从相对数和绝对数两方面对各影响

因素进行综合分析和验证。

8.4.2　指数体系的作用

（1）总量指标变动的因素分析

这是统计指数体系分析的核心。下面以销售额指数、销售量指数和价格指数构成的指数体系为例,说明如何进行因素分析。

首先,计算所要分析销售额总指数及其增减变动绝对量,即 $I_{pq} = \dfrac{\sum p_1 q_1}{\sum p_0 q_0}$ 和 $\left(\sum p_1 q_1 - \sum p_0 q_0\right)$。然后,按照数量指标指数的一般编制方法,计算销售量指数及其分子分母差额,反映销售量变动对销售额总量变动的影响程度和影响绝对量,分别为 $I_q = \dfrac{\sum q_1 p_0}{\sum q_0 p_0}$ 和 $\left(\sum q_1 p_0 - \sum q_0 p_0\right)$。接着,按照质量指标指数的一般编制方法,计算价格指数及其分子分母差额,反映价格指标变动对销售额总量变动的影响程度和影响绝对量,分别为 $I_p = \dfrac{\sum p_1 q_1}{\sum p_0 q_1}$ 和 $\left(\sum q_1 p_1 - \sum q_1 p_0\right)$。最后,验证销售额指数及其增减变动绝对量、销售量指数及其增减变动绝对量、价格指数及其增减变动绝对量之间的关系:

相对数的关系

$$I_{qp} = I_q \times I_p \tag{8.4.1}$$

绝对数的关系

$$\left(\sum q_1 p_1 - \sum q_0 p_0\right) = \left(\sum q_1 p_1 - \sum q_1 p_0\right) + \left(\sum q_1 p_0 - \sum q_0 p_0\right) \tag{8.4.2}$$

［例8.4.1］　某企业报告期与基期各种商品销售量和价格资料如前表8.2.1,整理后的数据如下表所示:

商品名称	单位	商品销售量		商品价格（万元）		商品销售额（万元）		
		基期 q_0	报告期 q_1	基期 p_0	报告期 p_1	基期 $p_0 q_0$	报告期 $p_1 q_1$	假定 $p_0 q_1$
甲	件	120	100	2.00	4.0	240	400	200
乙	支	800	1000	0.40	0.60	320	600	400
丙	个	1000	1200	15.0	15.0	15000	18000	18000
合计		—	—	—	—	15560	19000	18600

要求从相对数和绝对数两个方面分析商品销售量的变动和商品价格的变动对商品

销售额变动影响的程度和影响的绝对额。

根据上表资料,我们容易计算三种商品的销售额指数及分子与分母差额分别为

$$I_{pq} = \frac{\sum p_1 q_1}{\sum p_0 q_0} = \frac{19000}{15560} = 122.11\%$$

$$\sum p_1 q_1 - \sum p_0 q_0 = 19000 - 15560 = 3440(元)$$

根据例 8.2.1,我们已经计算得到商品销售量指数为

$$I_q = \frac{\sum q_1 p_0}{\sum q_0 p_0} = \frac{18600}{15560} = 119.54\%$$

其分子与分母的差额为

$$\sum q_1 p_0 - \sum q_0 p_0 = 18600 - 15560 = 3040(元)$$

根据例 8.2.1,商品价格指数为

$$I_p = \frac{\sum p_1 q_1}{\sum p_0 q_1} = \frac{19000}{18600} = 102.15\%$$

其分子与分母的差额为

$$\sum p_1 q_1 - \sum p_0 q_1 = 19000 - 18600 = 400(元)$$

从相对数和绝对数角度容易验证:

① $I_{qp} = I_q \times I_p$,即 $122.11\% = 119.54\% \times 102.15\%$

② $\sum p_1 q_1 - \sum p_0 q_0 = \left(\sum q_1 p_0 - \sum q_0 p_0\right) + \left(\sum p_1 q_1 - \sum p_0 q_1\right)$,即

$3440(元) = 3040(元) + 400(元)$

综上所述,该企业商品销售额报告期比基期增长了 22.11%,增加的绝对额为 3440 元,是由于商品销售量的变动使商品销售额增长了 19.54%,增加的绝对额为 3040 元;由于商品价格的变动使商品销售额增长了 2.15%,增加的绝对额为 400 元的共同结果。

当指数体系中影响因素对应指数的形式变为平均指数时,我们仍然可以考虑指数体系的因素分析。下面以总成本指数、产量指数、成本平均指数构成的指数体系为例说明如何进行因素分析。

[**例 8.4.2**] 某商场三种商品的总成本、成本个体指数如表 8.3.2 所示,要求分析商品产量的变动和单位成本的变动对商品总成本变动影响的程度和影响的绝对额。

根据表 8.3.1,我们可以计算得到商品总成本指数为

$$I_{pq} = \frac{\sum p_1 q_1}{\sum p_0 q_0} = \frac{220 + 50 + 150}{200 + 50 + 120} = \frac{420}{370} = 113.51\%$$

分子与分母差额为

$$\sum p_1 q_1 - \sum p_0 q_0 = 420 - 370 = 50 \text{（万元）}$$

商品产量指数为

$$\overline{I}_q = \frac{\sum \dfrac{p_1 q_1}{k_p}}{\sum p_0 q_0} = \frac{\dfrac{220}{114\%} + \dfrac{50}{105\%} + \dfrac{150}{120\%}}{200 + 50 + 120} = \frac{365}{370} = 98.65\%$$

分子与分母差额为

$$\sum q_1 p_0 - \sum q_0 p_0 = 365 - 370 = -5 \text{（万元）}$$

根据例 8.3.2，已知商品成本的加权调和平均指数为

$$\overline{I}_p = \frac{\sum p_1 q_1}{\sum \dfrac{p_1 q_1}{k_p}} = \frac{220 + 50 + 150}{\dfrac{220}{114\%} + \dfrac{50}{105\%} + \dfrac{150}{120\%}} = \frac{420}{365} = 115.07\%$$

$$\sum p_1 q_1 - \sum p_0 q_1 = 420 - 365 = 55 \text{（万元）}$$

容易验证：

$$113.51\% = 98.65\% \times 115.07\%$$
$$50 \text{（万元）} = -5 \text{（万元）} + 55 \text{（万元）}$$

综上所述，该商场商品总成本报告期比基期增长 13.51%，增加的绝对额为 50 万元，是由于商品产量的变动使商品总成本减少 1.35%，减少的绝对额为 5 万元；由于商品单位成本的变动使商品总成本增长 15.07%，增加的绝对额为 55 万元的共同结果。

根据指数体系中各个指数之间的关系，可以对其中的某一个未知指数进行推算。例如，商品销售额指数、商品销售量指数和商品价格指数构成的指数体系中，有如下关系式：

$$\text{商品销售额指数} = \text{商品销售量指数} \times \text{商品价格指数} \qquad (8.4.3)$$

在实际工作中，全面的商品销售量资料不易取得，直接计算商品销售量指数会存在很多困难，但商品销售额指数和商品价格指数一般是可以计算的，因此可以根据上述关系式推算销售量指数，即

$$\text{商品销售量指数} = \text{商品销售额指数} \div \text{商品价格指数} \qquad (8.4.4)$$

$$\frac{\sum q_1 p_0}{\sum q_0 p_0} = \frac{\sum p_1 q_1}{\sum p_0 q_0} \div \frac{\sum p_1 q_1}{\sum p_0 q_1} \qquad (8.4.5)$$

［例 8.4.3］已知某地区商品销售额报告期比基期增加 12.5%，同时期该地区物价上涨 8%，试求该地区同期商品销售量变动程度。

根据上述资料容易求得

$$(1 + 12.5\%) \div (1 + 8\%) = 104.2\%$$

因此,同期内该地区商品销售量增加 4.2%。

(2) 平均指标变动的因素分析

平均指标是表明社会经济总体一般水平的指标。平均指标变动是指两个时期经济内容相同的平均指标对比形成的相对数,称为平均指标指数。

按照总体中个体标志值的不同水平分成若干组,则总体平均指标 $\bar{x}$ 的变动受两方面因素的影响:总体内部各组水平 x 的变动;总体内部各组频数 f 所占的比重 $\dfrac{f}{\sum f}$ 的变动。

平均指标变动的因素分析需要编制三种平均指标指数,它们分别为可变构成指数、固定构成指数和结构影响指数,并且这三种指数组成如下的指数体系:

$$可变构成指数 = 固定构成指数 \times 结构影响指数 \qquad (8.4.6)$$

与之前的记号一致,我们还是用下标 1 表示报告期,用下标 0 表示基期。

① 可变构成指数:

$$\frac{\bar{x}_1}{\bar{x}_0} = \frac{\sum x_1 \left(\dfrac{f_1}{\sum f_1} \right)}{\sum x_0 \left(\dfrac{f_0}{\sum f_0} \right)} \qquad (8.4.7)$$

它表示报告期的平均工资与基期的平均工资之比。

② 固定构成指数:

$$固定构成指数 = \frac{\sum x_1 \left(\dfrac{f_1}{\sum f_1} \right)}{\sum x_0 \left(\dfrac{f_1}{\sum f_1} \right)} \qquad (8.4.8)$$

它表示将总体构成(即各组的比重)固定在报告期计算的总平均指标,从而消除了总体结构变动的影响,专门用以综合反映各组水平变动时对总体平均指标的变动影响。

(3) 结构影响指数

$$结构影响指数 = \frac{\sum x_0 \left(\dfrac{f_1}{\sum f_1} \right)}{\sum x_0 \left(\dfrac{f_0}{\sum f_0} \right)} \qquad (8.4.9)$$

它是将各组水平固定在基期的条件下计算的总平均指标指数,用以反映总体结构变动对总体平均指标变动的影响。

[**例 8.4.4**]某总公司所属两个分公司职工平均工资水平资料见下表：

分公司	年工资总额（万元）		职工人数（人）		每人年平均工资（万元）	
	$x_0 f_0$	$x_1 f_1$	f_0	f_1	x_0	x_1
一公司	2000	1470	1000	700	2	2.1
二公司	1200	2080	800	1300	1.5	1.6
合计	3200	3550	1800	2000	—	—

计算总公司职工平均工资的变动，并对其变动因素进行分析。

解　① 总平均工资指数（可变构成指数）为：

$$\frac{\overline{x_1}}{\overline{x_0}} = \frac{\sum x_1 f_1 / \sum f_1}{\sum x_0 f_0 / \sum f_0} = \frac{3550/2000}{3200/1800} = \frac{1.775}{1.778} = 99.8\%$$

总平均工资变动的绝对额：

$$\frac{\sum x_1 f_1}{\sum f_1} - \frac{\sum x_0 f_0}{\sum f_0} = 1.775 - 1.778 = -0.003（万元）= -30（元）$$

② 固定构成指数为：

$$\frac{\sum x_1 f_1 / \sum f_1}{\sum x_0 f_1 / \sum f_1} = \frac{3550/2000}{3350/2000} = \frac{1.775}{1.675} = 106\%$$

绝对额：

$$\frac{\sum x_1 f_1}{\sum f_1} - \frac{\sum x_0 f_1}{\sum f_1} = 1.775 - 1.675 = 0.100（万元）= 1000（元）$$

③ 结构影响指数为：

$$\frac{\sum x_0 f_1 / \sum f_1}{\sum x_0 f_0 / \sum f_0} = \frac{3350/2000}{3200/1800} = \frac{1.675}{1.778} = 94.2\%$$

绝对额：

$$\frac{\sum x_0 f_1}{\sum f_1} - \frac{\sum x_0 f_0}{\sum f_0} = 1.675 - 1.778 = -0.103（万元）= -1030（元）$$

综合影响：

$$99.8\% = 106\% \times 94.2\%$$

$$-30 \text{ 元} = 1000 \text{ 元} - 1030 \text{ 元}$$

计算结果表明，总公司平均工资降低 0.2%，降低绝对额每人平均 30 元，这是因为以下两个因素综合影响的结果:(1)由于各分公司平均工资的增加使得总公司平均工资提高了 6%,提高绝对额为每人 1000 元;(2)由于各分公司人员结构变动影响(工资较高的一公司减少了职工,公司较低的二公司增加了职工),使总公司平均工资下降 5.8%,使总公司每人平均工资降低额为 1030 元。

练习题

一、填空题

1.综合反映不能直接相加的多种事物综合变动的相对数就是_____。

2.综合指数的编制方法是先_____,后_____;平均指数的编制方法是先_____,后_____。

3.同度量因素在计算综合指数中起两个作用,即_____和_____。

4.统计指数具有_____、_____、_____和_____的性质。

5.指数体系中,总量指数等于各因素指数的_____,总量指数相应的绝对增减量等于各因素指数引起的相应的绝对增减量的_____。

6.若不考虑共变影响因素,为保持指数体系在数量上的对等关系,则编制指数时的一般原则是:在编制数量指标指数时,应将同度量因素固定在_____,而编制质量指标指数时,应将同度量因素固定在_____。

7.综合指数公式只适用掌握了_____的情况,平均指数的权数既可以根据_____确定,也可以根据_____确定。

8.平均指数是根据_____和权数资料计算的总指数,分为_____和_____两种。

9.因素分析就是借助于_____来分析社会经济现象变动中各种因素变动发生作用的影响程度。

10.三个或三个以上有联系的指数之间只能构成_____关系,则称其为指数体系。分析指数体系中各构成因素对总变动的影响程度的方法,称作_____。应用这种方法的前提是社会经济现象的诸因素具有_____关系。

二、单项选择题

1.统计指数划分个体指数和总指数的条件是(　　)。

A.包括的范围是否相同　　　　　B.同度量因素是否相同

C.指数化的指标是否相同　　　　D.计算时是否进行加权

2.从形式看,编制总指数的方法主要有(　　)。

A.综合指数和个体指数　　　　　B.综合指数与平均指数

C. 综合指数与平均指标指数　　　　　D. 数量指数与质量指数

3. 按照所反映指标性质不同,综合指数包括(　　　)。

A. 个体指数和总指数　　　　　　　B. 质量指标指数和数量指标指数

C. 平均指数和平均指标指数　　　　D. 定基指数和环比指数

4. 拉氏物量综合指数公式是(　　　)。

A. $\dfrac{\sum p_1 q_1}{p_0 q_1}$　　　B. $\dfrac{\sum p_0 q_1}{p_0 q_0}$　　　C. $\dfrac{\sum p_1 q_0}{p_0 q_1}$　　　D. $\dfrac{\sum p_1 q_1}{p_1 q_0}$

5. 派氏价格综合指数公式是(　　　)。

A. $\dfrac{\sum p_1 q_1}{p_0 q_1}$　　　B. $\dfrac{\sum p_1 q_0}{p_0 q_0}$　　　C. $\dfrac{\sum p_1 q_0}{p_0 q_1}$　　　D. $\dfrac{\sum p_1 q_1}{p_0 q_0}$

6. 因素分析的根据是(　　　)。

A. 总指数或类指数　　　　　　　　B. 两因素指数

C. 平均指标指数　　　　　　　　　D. 指数体系

7. 如果用同一资料,在特定权数条件下,利用平均指数或综合指数计算公式,它们的计算形式不同,且(　　　)。

A. 两者的经济内容和计算结果都不相同

B. 经济内容不同,但计算结果相同

C. 指数的经济内容相同,两种指数的计算结果也相同

D. 指数的经济内容相同,两种指数计算结果不同

8. 产值＝产量×价格,在掌握基期产值和几种产品产量个体指数资料的条件下,要计算产量总指数应采用(　　　)。

A. 综合指数　　　　　　　　　　　B. 加权调和平均指数

C. 加权算术平均指数　　　　　　　D. 可变构成指数

9. 产值＝产量×价格,在掌握报告期产值和几种产品价格个体指数资料的条件下,要计算价格总指数应采用(　　　)。

A. 综合指数　　　　　　　　　　　B. 加权调和平均指数

C. 加权算术平均指数　　　　　　　D. 可变构成指数

10. 我国物价指数的编制,一般采用(　　　),为权数计算平均指数。

A. 统计报表资料　　　　　　　　　B. 抽样调查资料

C. 零点调查资料　　　　　　　　　D. 典型调查资料

11. 加权算术平均指数要成为综合指数的变形,其权数为(　　　)。

A. $P_1 Q_1$　　　B. $P_0 Q_0$　　　C. $P_1 Q_0$　　　D. 前三者均可

12. 加权调和平均指数要成为综合指数的变形,其权数为(　　　)。

A. $P_1 Q_1$　　　　　B. $P_0 Q_0$　　　　　C. $P_1 Q_0$　　　　　D. 前三者均可

13. 用指数体系作两因素分析,则两因素指数的同度量因素必须(　　)。

A. 是同一时期　　　　　　　　B. 是不同时期

C. 都是基期　　　　　　　　　D. 都是报告期

14. 如果生活费用指数上涨 20％,则现在 100 元钱(　　)。

A. 只值原来的 80 元　　　　　　B. 只值原来的 83 元

C. 与原来的 100 元钱等值　　　　D. 无法与过去比较

15. 如果报告期商品价格计划降低 5％,销售额计划增加 10％,则销售量应(　　)。

A. 增加 15％　　　　　　　　　B. 增加 5％

C. 增加 5.25％　　　　　　　　D. 增加 15.79％

三、判断题(把"√"或"×"填在题后的括号里)

1. 指数是综合反映能直接相加的多因素所组成的社会经济现象总变动的相对数。

(　　)

2. 综合指数是总指数的一种形式,它是由两个总量指标对比形成的指数。　(　　)

3. 价格是价格指数的研究对象,习惯上把它称为指数化指标,而销售量则是销售量指数中的指数化指标。　(　　)

4. 产量指数、销售量指数、出厂价格指数、种植面积指数都是说明总体各种数量变动情况的,都是数量指标指数。　(　　)

5. 有时由于资料的限制,使综合指数的计算产生困难,就需要采用综合指数的变形公式平均指数。　(　　)

6. 统计指数的作用是:①综合反映事物的变动方向和变动程度;②进行因素分析;③研究事物长期变动趋势。　(　　)

7. 指数体系不仅在反映相对变动的指数间存在数量对等关系,而且在各个指数所代表的绝对额变动之间也存在一定对等关系。　(　　)

8. 用两个不同时期不同经济内容的平均指标值对比形成的指数就是平均指标指数。

(　　)

9. 在缺少综合指数的分母资料时,可以用其分子作权数计算个体指数的加权调和平均数,这种形式就是加权调和平均指数。　(　　)

四、简答题

1. 什么是统计指数?它具有哪些性质?

2. 统计指数有何重要作用?统计指数如何分类?

3. 什么是综合指数?什么是平均指数?两者有何区别与联系?

4.指数因素分析法的基本原理是什么？

五、计算题

1.某商场三种商品的价格和销售量资料如下：

商品名称	计量单位	价格（元）		销售量	
		基期	报告期	基期	报告期
皮　鞋	双	180	210	300	400
手　套	双	20	18	400	380
布　料	米	48	53	280	350
合计	—				

要求：(1)计算三种商品价格总指数；(2)计算三种商品销售量总指数；(3)计算三种商品销售额总指数；(4)阐述以上三个指数的具体经济意义,试分析价格和销售量两因素对销售额的影响。

2.四种商品的销售额及价格指数资料如下：

商品名称	计量单位	基期销售额（万元）	报告期销售额（万元）	个体物价指数（％）
棉　布	米	800	910	93
白　糖	千克	432	486	105
服　装	套	736	1030	135
手　表	块	850	988	96
合计	—			

要求：(1)计算四种商品的物价总指数；(2)计算四种商品的销售量总指数；(3)计算四种商品的销售额总指数；(4)试分析价格和销售量两因素对销售额的影响。

3.某企业资料如下表所示：

商品名称	总产值（万元）		报告期出厂价格比基期增减（％）
	基期	报告期	
甲	145	168	＋12
乙	220	276	＋15
丙	350	378	＋5
合计			

要求:(1)计算出厂价格指数和由于价格变化而增加的总产值;(2)计算总产值指数和产品产量指数;(3)试从相对数和绝对数两方面简要分析总产值变动所受的因素影响。

4.某企业报告期生产的甲、乙、丙三种产品的总产值分别是 80 万元、32 万元、150 万元,产品价格报告期和基期相比分别为 105%、100%、98%,该企业总产值报告期比基期增长了 8.5%。试计算三种产品产量和价格总指数以及对总产值的影响。

5.某地区市场销售额,报告期为 40 万元,比上年增加了 5 万元,销售量与上年相比上升 3%,试计算:

(1)市场销售量总指数;

(2)市场销售价格指数;

(3)销售量变动对销售额的影响。

6.某公司收购几种农产品的价格 2014 年比 2013 年平均提高 18.5%,收购额上升 24%,试计算这几种商品的收购量升(或降)了多少。

7.某公司某种商品明年的计划销售额比今年增长 32%,而价格提高 10%,试求明年商品销售量比今年增长多少才能完成商品销售计划。

8.报告期粮食总产量增长 12%,粮食播种面积增加 9%,问粮食作物单位面积产量如何变动。

拓展阅读

附录一
常用分布及概率表

附表1　泊松分布表

设 $X \sim P(\lambda)$，表中给出概率

$$P\{X \geqslant x\} = \sum_{r=x}^{+\infty} \frac{e^{-r}\lambda^r}{r!}$$

x	$\lambda=0.2$	$\lambda=0.3$	$\lambda=0.4$	$\lambda=0.5$	$\lambda=0.6$
0	1.0000000	1.0000000	1.0000000	1.0000000	1.0000000
1	0.1812692	0.2591818	0.3296800	0.323469	0.451188
2	0.0175231	0.0369363	0.0615519	0.090204	0.121901
3	0.0011485	0.0035995	0.0079263	0.014388	0.023115
4	0.0000568	0.0002658	0.0007763	0.001752	0.003358
5	0.0000023	0.0000158	0.0000612	0.000172	0.000394
6	0.0000001	0.0000008	0.0000040	0.000014	0.000039
7			0.0000002	0.000001	0.000003

x	$\lambda=0.7$	$\lambda=0.8$	$\lambda=0.9$	$\lambda=1.0$	$\lambda=1.2$
0	1.0000000	1.0000000	1.0000000	1.0000000	1.0000000
1	0.503415	0.550671	0.593430	0.632121	0.698806
2	0.155805	0.191208	0.227518	0.264241	0.337373
3	0.034142	0.047423	0.062857	0.080301	0.120513
4	0.005753	0.009080	0.013459	0.018988	0.033769
5	0.000786	0.001411	0.002344	0.003660	0.007746
6	0.000090	0.000184	0.000343	0.000594	0.001500
7	0.000009	0.000021	0.000043	0.000083	0.000251
8	0.000001	0.000002	0.000005	0.000010	0.000037
9				0.000001	0.000005
10					0.000001

x	$\lambda=1.4$	$\lambda=1.6$	$\lambda=1.8$		
0	1.000000	1.000000	1.000000		
1	0.753403	0.798103	0.834701		
2	0.408167	0.475069	0.537163		
3	0.166502	0.216642	0.269379		
4	0.053725	0.078813	0.108708		
5	0.014253	0.023682	0.036407		
6	0.003201	0.006040	0.010378		
7	0.000622	0.001336	0.002569		
8	0.000107	0.000260	0.000562		
9	0.000016	0.000045	0.000110		
10	0.000002	0.000007	0.000019		
11		0.000001	0.000003		

x	$\lambda=2.5$	$\lambda=3.0$	$\lambda=3.5$	$\lambda=4.0$	$\lambda=4.5$	$\lambda=5.0$
0	1.000000	1.000000	1.000000	1.000000	1.000000	1.000000
1	0.917915	0.950213	0.969803	0.981684	0.988891	0.993262
2	0.712703	0.800852	0.864112	0.908422	0.938901	0.959572
3	0.456187	0.576810	0.679153	0.761897	0.826422	0.875348
4	0.242424	0.352768	0.463367	0.566530	0.657704	0.734974
5	0.108822	0.184737	0.274555	0.371163	0.467896	0.559507
6	0.042021	0.083918	0.142386	0.214870	0.297070	0.384039
7	0.014187	0.033509	0.065288	0.110674	0.168949	0.237817
8	0.004247	0.011905	0.026739	0.051134	0.086586	0.133372
9	0.001140	0.003803	0.009874	0.021368	0.040257	0.068094
10	0.000277	0.001102	0.003315	0.008132	0.017093	0.031828
11	0.000062	0.000292	0.001019	0.002840	0.006669	0.013695
12	0.000013	0.000071	0.000289	0.000915	0.002404	0.005453
13	0.000002	0.000016	0.000076	0.000274	0.000805	0.002019
14		0.000003	0.000019	0.000076	0.000252	0.000698
15		0.000001	0.000004	0.000020	0.000074	0.000226
16			0.000001	0.000005	0.000020	0.000069
17				0.000001	0.000005	0.000020
18					0.000001	0.000005
19						0.000001

附表2 标准正态分布表

$$\Phi(x) = \int_{-\infty}^{x} \frac{1}{\sqrt{2\pi}} e^{-u^2/2} \mathrm{d}u$$

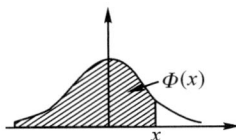

x	0	1	2	3	4	5	6	7	8	9
0.0	0.5000	0.5040	0.5080	0.5120	0.5160	0.5199	0.5239	0.5279	0.5319	0.5359
0.1	0.5398	0.5438	0.5478	0.5517	0.5557	0.5596	0.5636	0.5675	0.5714	0.5753
0.2	0.5793	0.5832	0.5871	0.5910	0.5948	0.5987	0.6026	0.6064	0.6103	0.6141
0.3	0.6179	0.6217	0.6255	0.6293	0.6331	0.6368	0.6406	0.6443	0.6480	0.6517
0.4	0.6554	0.6591	0.6628	0.6664	0.6700	0.6736	0.6772	0.6808	0.6844	06879
0.5	0.6915	0.6950	0.6985	0.7019	0.7054	0.7088	0.7123	0.7157	0.7190	0.7224
0.6	0.7257	0.7291	0.7324	0.7357	0.7389	0.7422	0.7454	0.7486	0.7517	0.7549
0.7	0.7580	0.7611	0.7642	0.7673	0.7703	0.7734	0.7764	0.7794	0.7823	0.7852
0.8	0.7881	0.7910	0.7939	0.7967	0.7995	0.8023	0.8051	0.8078	0.8106	0.8133
0.9	0.8159	0.8186	0.8212	0.8238	0.8264	0.8289	0.8315	0.8340	0.8365	0.8389
1.0	0.8413	0.8438	0.8461	0.8485	0.8508	0.8531	0.8554	0.8577	0.8599	0.8621
1.1	0.8643	0.8665	0.8686	0.8708	0.8729	0.8749	0.8770	0.8790	0.8810	0.8830
1.2	0.8849	08869	0.8888	0.8907	0.8925	0.8944	0.8962	0.8980	0.8997	0.9015
1.3	0.9032	0.9049	0.9066	0.9082	0.9090	0.9115	0.9131	0.9147	0.9162	0.9177
1.4	0.9192	0.9207	0.9222	0.9236	0.9251	0.9265	0.9278	0.9292	0.9306	0.9319
1.5	0.9332	0.9345	0.9357	0.9370	0.9382	0.9394	0.9406	0.9418	0.9430	0.9441
1.6	0.9452	0.9463	0.9474	0.9484	0.9495	0.9505	0.9515	0.9525	0.9535	0.9545
1.7	0.9554	0.9564	0.9573	0.9582	0.9591	0.9599	0.9608	0.9616	0.9625	0.9633
1.8	0.9641	0.9648	0.9656	0.9664	0.9671	0.9678	0.9686	0.9693	0.9700	0.9706
1.9	0.9713	0.9719	0.9726	0.9732	0.9738	0.9744	0.9750	0.9756	0.9762	0.9767
2.0	0.9772	0.9778	0.9783	0.9788	0.9793	0.9798	0.9803	0.9808	0.9812	0.9817

x	0	1	2	3	4	5	6	7	8	9
2.1	0.9821	0.9826	0.9830	0.9834	0.9838	0.9842	0.9846	0.9850	0.9854	0.9857
2.2	0.9861	0.9864	0.9868	0.9871	0.9874	0.9878	0.9881	0.9884	0.9887	0.9890
2.3	0.9893	0.9896	0.9898	0.9901	0.9904	0.9906	0.9909	0.9911	0.9913	0.9916
2.4	0.9918	0.9920	0.9922	0.9925	0.9927	0.9929	0.9931	0.9932	0.9934	0.9936
2.5	0.9938	0.9940	0.9941	0.9943	0.9945	0.9946	0.9948	0.9949	0.9951	0.9952
2.6	0.9953	0.9955	0.9956	0.9957	0.9959	0.9960	0.9961	0.9962	0.9963	0.9964
2.7	0.9965	0.9966	0.9967	0.9968	0.9969	0.9970	0.9971	0.9972	0.9973	0.9974
2.8	0.9974	0.9975	0.9976	0.9977	0.9977	0.9978	0.9979	0.9980	0.9981	
2.9	0.9981	0.9982	0.9982	0.9983	0.9984	0.9985	0.9985	0.9986	0.9986	
3.0	0.9987	0.9990	0.9993	0.9995	0.9997	0.9698	0.9998	0.9999	0.9999	1.0000

注:表中末行系函数值 $\Phi(3.0),\Phi(3.1),\cdots,\Phi(3.9)$.

附表3 χ^2 分布表

$P\{\chi^2(n) > \chi_a^2(n)\} = \alpha$

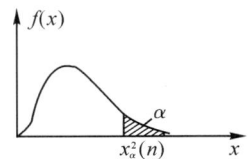

n	$\alpha=0.995$	0.99	0.975	0.95	0.90	0.75
1	—	—	0.001	0.004	0.016	0.102
2	0.010	0.020	0.051	0.103	0.211	0.575
3	0.072	0.115	0.216	0.352	0.584	1.213
4	0.207	0.297	0.484	0.711	1.064	1.923
5	0.412	0.554	0.831	1.145	1.610	2.675
6	0.676	0.872	1.237	1.635	2.204	3.455
7	0.989	1.239	1.690	2.167	2.833	4.255
8	1.344	1.646	2.180	2.733	3.490	5.071
9	1.735	2.088	2.700	3.325	4.168	5.899
10	2.156	2.558	3.247	3.940	4.865	6.737
11	2.603	3.053	3.816	4.575	5.578	7.584
12	3.074	3.571	4.404	5.226	6.304	8.438
13	3.565	4.107	5.009	5.892	7.042	9.299
14	4.075	2.660	5.629	6.571	7.790	10.165
15	4.601	5.229	6.262	7.261	8.547	11.037
16	5.142	5.812	6.908	7.962	9.312	11.912
17	5.697	6.408	7.564	8.672	10.085	12.792
18	6.255	7.015	8.231	9.390	10.865	13.675
19	6.844	7.633	8.907	10.117	11.651	14.562
20	7.434	8.260	9.591	10.851	12.443	15.452
21	8.034	8.897	10.283	11.591	13.240	16.344
22	8.643	9.542	10.982	12.338	14.042	17.240
23	9.260	10.196	11.689	13.091	14.848	18.137
24	9.886	10.856	12.401	13.848	15.659	19.037
25	10.520	11.524	13.120	14.611	16.473	19.939
26	11.160	12.198	13.844	15.379	17.292	20.843
27	11.808	12.879	14.573	16.15t	18.114	21.749
28	12.461	13.565	15.308	16.928	18.939	22.657
29	13.121	14.257	16.047	17.708	19.768	23.567

n	$\alpha=0.995$	0.99	0.975	0.95	0.90	0.75
30	13.787	14.954	16.791	18.493	20.599	24.478
31	14.458	15.655	17.539	19.281	21.434	25.390
32	15.134	16.362	18.291	20.072	22.271	26.304
33	15.815	17.074	19.047	20.807	23.110	27.219
34	16.501	17.789	19.806	21.664	23.952	28.136
35	17.192	18.509	20.569	22.465	24.797	29.054
36	17.887	19.233	21.336	23.269	25.613	29.973
37	18.586	19.960	22.106	24.075	26.492	30.893
38	19.289	20.691	22.878	24.884	27.343	31.815
39	19.996	21.426	23.654	25.695	28.196	32.737
40	20.707	22.164	24.433	26.509	29.051	33.660
41	21.421	22.906	25.215	27.326	29.907	34.585
42	22.138	23.650	25.999	28.144	30.765	35.510
43	22.859	24.398	26.785	28.965	31.625	36.430
44	23.584	25.143	27.575	29.787	32.487	37.363
45	24.311	25.901	28.366	30.612	33.350	38.291
n	$\alpha=0.25$	0.10	0.05	0.025	0.01	0.005
1	1.323	2.706	3.841	5.024	6.635	7.879
2	2.773	4.605	5.991	7.378	9.210	10.597
3	4.108	6.251	7.815	9.348	11.345	12.838
4	5.385	7.779	9.488	11.143	13.277	14.860
5	6.626	9.236	11.071	12.833	15.086	16.750
6	7.841	10.645	12.592	14.449	16.812	18.548
7	9.037	12.017	14.067	16.013	18.475	20.278
8	10.219	13.362	15.507	17.535	20.090	21.955
9	11.389	14.684	16.919	19.023	21.666	23.589
10	12.549	15.987	18.307	20.483	23.209	25.188
11	13.701	17.275	19.675	21.920	24.725	26.757
12	14.845	18.549	21.026	23.337	26.217	28.299
13	15.984	J9.812	22.362	24.736	27.688	29.819
14	17.117	21.064	23.685	26.119	29.141	31.319
15	18.245	22.307	24.996	27.488	30.578	32.801
16	19.369	23.542	26.296	28.845	32.000	34.267
17	20.489	24.769	27.587	30.191	33.409	35.718
18	21.605	25.989	28.869	31.526	34.805	37.156

n	$\alpha=0.25$	0.10	0.05	0.025	0.01	0.005
19	22.718	27.204	30.144	32.852	36.191	38.582
20	23.828	28.412	31.410	34.170	37.566	39.997
21	24.935	29.615	32.671	35.479	38.932	41.401
22	26.039	30.813	33.924	36.781	40.289	42.796
23	27.141	32.007	35.172	38.076	41.638	44.181
24	28.241	33.196	36.415	39.364	42.980	45.559
25	29.339	34.382	37.652	40.646	14.314	46.928
26	30.435	35.563	38.885	41.923	45.642	48.290
27	31.528	36.741	40.113	43.194	46.963	49.645
28	32.620	37.916	41.337	44.461	48.278	50.993
29	33.711	39.087	42.557	45.722	49.588	52.336
30	34.800	40.256	43.773	46.979	50.892	53.672
31	35.887	41.422	44.985	48.232	52.191	55.003
32	36.973	42.585	46.194	49.480	53.486	56.328
33	38.053	43.745	47.400	50.725	54.776	57.648
34	39.141	44.903	48.602	51.966	56.061	58.964
35	40.223	46.059	49.802	53.203	57.342	60.275
36	41.304	47.212	50.998	54.437	58.619	61.581
37	42.383	48.363	52.192	55.668	59.892	62.883
38	43.462	49.513	53.384	56.896	61.162	64.181
39	44.539	50.660	54.572	58.120	62.428	65.476
40	45.616	51.805	55.758	59.342	63.691	66.766
41	46.692	52.949	53.942	60.561	64.950	68.053
42	47.766	54.090	58.124	61.777	66.206	69.336
43	48.840	55.230	59.304	62.990	67.459	70.606
44	49.913	56.369	60.481	64.201	68.710	71.893
45	50.985	57.505	61.656	65.410	69.957	73.166

附表 4 t 分布表

$P\{t(n)>t_\alpha(n)\}=\alpha$

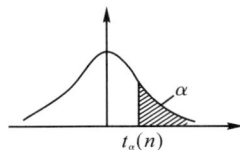

n	α=0.25	0.10	0.05	0.025	0.01	0.005
1	1.0000	3.0777	6.3138	12.7062	31.8207	63.6574
2	0.8165	1.8856	2.9200	4.3027	6.9646	9.9248
3	0.7649	1.6377	2.3534	3.1824	4.5407	5.8409
4	0.7407	1.5332	2.1318	2.7764	3.7469	4.6041
5	0.7267	1.4759	2.0150	2.5706	3.3649	4.0322
6	0.7176	1.4398	1.9432	2.4469	3.1427	3.7074
7	0.7111	1.4149	1.8946	2.3646	2.9980	3.4995
8	0.7064	1.3968	1.8595	2.3060	2.8965	3.3554
9	0.7027	1.3830	1.8331	2.2622	2.8214	3.2498
10	0.6998	1.3722	1.8125	2.2281	2.7638	3.1693
11	0.6974	1.3634	1.7959	2.2010	2.7181	3.1058
12	0.6955	1.3562	1.7823	2.1788	2.6810	3.0545
13	0.6938	1.3502	1.7709	2.1604	2.6503	3.0123
14	0.6924	1.3450	1.7613	2.1448	2.6245	2.9768
15	0.6912	1.3406	1.7531	2.1315	2.6025	2.9467
16	0.6901	1.3368	1.7459	2.1199	2.5835	2.9208
17	0.6892	1.3334	1.7396	2.1098	2.5669	2.8982
18	0.6884	1.3304	1.7341	2.1009	2.5524	2.8784
19	0.6876	1.3277	1.7291	2.0930	2.5395	2.8609
20	0.6870	1.3253	1.7247	2.0860	2.5280	2.8453
21	0.6864	1.3232	1.7207	2.0796	2.5177	2.8314
22	0.6858	1.3212	1.7171	2.0739	2.5083	2.8188
23	0.6853	1.3195	1.7139	2.0687	2.4999	2.8073
24	0.6848	1.3178	1.7109	2.0639	2.4922	2.7969
25	0.6844	1.3163	1.7081	2.0595	2.4851	2.7874
26	0.6840	1.3150	1.7058	2.0555	2.4786	2.7787
27	0.6837	1.3137	1.7033	2.0518	2.4727	2.7707
28	0.6834	1.3125	1.7011	2.0484	2.4671	2.7633

n	$\alpha=0.25$	0.10	0.05	0.025	0.01	0.005
29	C.6830	1.3114	1.6991	2.0452	2.4620	2.7564
30	0.6828	1.3104	1.6973	2.0423	2.4573	2.7500
31	0.6825	1.3095	1.6955	2.0395	2.4528	2.7440
32	0.6822	1.3086	1.6939	2.0369	2.4487	2.7385
33	0.6820	1.3077	1.6924	2.0345	2.4448	2.7333
34	0.6818	1.3070	1.6909	2.0322	2.4411	2.7284
35	0.6816	0.3062	1.6896	2.0301	2.4377	2.7238
36	0.6814	1.3055	1.6883	2.0281	2.4345	2.7195
37	0.6812	1.3049	1.6871	2.0262	2.4314	2.7154
38	0.6810	1.3042	1.6860	2.0244	2.4286	2.7116
39	0.6808	1.3036	1.6849	2.0227	2.4258	2.7079
40	0.6807	1.3031	1.6839	2.0211	2.4233	2.7045
41	0.6805	1.3025	1.6829	2.0195	2.4208	2.7012
42	0.6804	1.3020	1.6820	2.0181	2.4185	2.6981
43	0.6802	1.3016	1.6811	2.0167	2.4163	2.6951
44	0.6801	1.3011	1.6802	2.0154	2.4141	2.6923
45	0.6800	1.3006	1.6794	2.0141	2.4121	2.6806

附表 5　F 分布表

$$P\{F(m,n) > F_\alpha(m,n)\} = \alpha$$

$$\alpha = 0.10$$

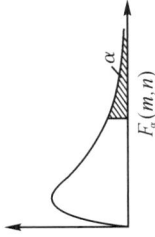

n\m	1	2	3	4	5	6	7	8	9	10	12	15	20	24	30	40	60	120	∞
1	39.86	49.50	53.59	55.83	57.24	58.29	58.91	59.44	59.86	60.19	60.71	61.22	61.74	62.00	62.26	62.53	62.79	63.06	63.33
2	8.53	9.00	9.16	9.24	9.29	9.33	9.35	9.37	9.38	9.39	9.41	9.42	9.44	9.45	9.46	9.47	9.47	9.48	9.49
3	5.54	5.46	5.39	5.34	5.31	5.28	5.27	5.25	5.24	5.23	5.22	5.20	5.18	5.18	5.17	5.16	5.15	5.14	5.13
4	4.54	4.32	4.19	4.11	4.05	4.01	3.98	3.95	3.94	3.92	3.90	3.87	3.84	3.83	3.82	3.80	3.79	3.78	3.76
5	4.06	3.78	3.62	3.52	3.45	3.40	3.37	3.34	3.32	3.30	3.27	3.24	3.21	3.19	3.17	3.16	3.14	3.12	3.10
6	3.78	3.46	3.29	3.18	3.11	3.05	3.01	2.98	2.96	2.94	2.90	2.87	2.84	2.82	2.80	2.78	2.76	2.74	2.72
7	3.59	3.26	3.07	2.96	2.88	2.83	2.78	2.75	2.72	2.70	2.67	2.63	2.59	2.58	2.56	2.54	2.51	2.49	2.47
8	3.46	3.11	2.92	2.81	2.73	2.67	2.62	2.59	2.56	2.54	2.50	2.46	2.42	2.40	2.38	2.36	2.34	2.32	2.29
9	3.36	3.01	2.81	2.69	2.61	2.55	2.51	2.47	2.44	2.42	2.38	2.34	2.30	2.28	2.25	2.23	2.21	2.18	2.16
10	3.29	2.92	2.73	2.61	2.52	2.46	2.41	2.38	2.35	2.32	2.28	2.24	2.20	2.18	2.16	2.13	2.11	2.08	2.06
11	3.23	2.86	2.66	2.54	2.45	2.39	2.34	2.30	2.27	2.25	2.21	2.17	2.12	2.10	2.08	2.05	2.03	2.00	1.97
12	3.18	2.81	2.61	2.48	2.39	2.33	2.28	2.24	2.21	2.19	2.15	2.10	2.06	2.04	2.01	1.99	1.96	1.93	1.90
13	3.14	2.76	2.56	2.43	2.35	2.28	2.23	2.20	2.16	2.14	2.10	2.05	2.01	1.98	1.96	1.93	1.90	1.88	1.85
14	3.10	2.73	2.52	2.39	2.31	2.24	2.19	2.15	2.12	2.10	2.05	2.01	1.96	1.94	1.91	1.89	1.86	1.83	1.80
15	3.07	2.70	2.49	2.36	2.27	2.21	2.16	2.12	2.09	2.06	2.02	1.97	1.92	1.90	1.87	1.85	1.82	1.79	1.76
16	3.05	2.67	2.46	2.33	2.24	2.18	2.13	2.09	2.06	2.03	1.99	1.94	1.89	1.87	1.84	1.81	1.78	1.75	1.72

续附表 5

$\alpha=0.10$

m \ n	1	2	3	4	5	6	7	8	9	10	12	15	20	24	30	40	60	120	∞
17	3.03	2.64	2.44	2.31	2.22	2.15	2.10	2.06	2.03	2.00	1.96	1.91	1.86	1.84	1.81	1.78	1.75	1.72	1.69
18	3.01	2.62	2.42	2.29	2.20	2.13	2.08	2.04	2.00	1.98	1.93	1.89	1.84	1.81	1.78	1.75	1.72	1.69	1.66
19	2.99	2.61	2.40	2.27	2.18	2.11	2.06	2.02	1.98	1.96	1.91	1.86	1.81	1.79	1.76	1.73	1.70	1.67	1.63
20	2.97	2.59	2.38	2.25	2.16	2.09	2.04	2.00	1.96	1.94	1.89	1.84	1.79	1.77	1.74	1.71	1.68	1.64	1.61
21	2.96	2.57	2.36	2.23	2.14	2.08	2.02	1.98	1.95	1.92	1.87	1.83	1.78	1.75	1.72	1.69	1.66	1.62	1.59
22	2.95	2.56	2.35	2.22	2.13	2.06	2.01	1.97	1.93	1.90	1.86	1.81	1.76	1.73	1.70	1.67	1.64	1.60	1.57
23	2.94	2.55	2.34	2.21	2.11	2.05	1.99	1.95	1.92	1.89	1.84	1.80	1.74	1.72	1.69	1.66	1.62	1.59	1.55
24	2.93	2.54	2.33	2.19	2.10	2.04	1.98	1.94	1.91	1.88	1.83	1.78	1.73	1.70	1.67	1.64	1.61	1.57	1.53
25	2.92	2.53	2.32	2.18	2.09	2.02	1.97	1.93	1.89	1.87	1.82	1.77	1.72	1.69	1.66	1.63	1.59	1.56	1.52
26	2.91	2.52	2.31	2.17	2.08	2.01	1.96	1.92	1.88	1.86	1.81	1.76	1.71	1.68	1.65	1.61	1.58	1.54	1.50
27	2.90	2.51	2.30	2.17	2.07	2.00	1.95	1.91	1.87	1.85	1.80	1.75	1.70	1.67	1.64	1.60	1.57	1.53	1.49
28	2.89	2.50	2.29	2.16	2.06	2.00	1.94	1.90	1.87	1.84	1.79	1.74	1.69	1.66	1.63	1.59	1.56	1.52	1.48
29	2.89	2.50	2.28	2.15	2.06	1.99	1.93	1.89	1.86	1.83	1.78	1.73	1.68	1.65	1.62	1.58	1.55	1.51	1.47
30	2.88	2.49	2.28	2.14	2.05	1.98	1.93	1.88	1.85	1.82	1.77	1.72	1.67	1.64	1.61	1.57	1.54	1.50	1.46
40	2.84	2.44	2.23	2.09	2.00	1.93	1.87	1.83	1.79	1.76	1.71	1.66	1.61	1.57	1.54	1.51	1.47	1.42	1.38
60	2.79	2.39	2.18	2.04	1.95	1.87	1.82	1.77	1.74	1.71	1.66	1.60	1.54	1.51	1.48	1.44	1.40	1.35	1.29
120	2.75	2.35	2.13	1.99	1.90	1.82	1.77	1.72	1.68	1.65	1.60	1.55	1.48	1.45	1.41	1.37	1.32	1.26	1.19
∞	2.71	2.30	2.08	1.94	1.85	1.77	1.72	1.67	1.63	1.60	1.55	1.49	1.42	1.38	1.34	1.30	1.24	1.17	1.00

续附表 5

$\alpha = 0.05$

n \ m	1	2	3	4	5	6	7	8	9	10	12	15	20	24	30	40	60	120	∞
1	161.4	199.5	215.7	224.6	230.2	234.0	236.8	238.9	240.5	241.9	243.9	245.9	248.0	249.1	250.1	251.1	252.2	253.3	254.3
2	18.51	19.00	19.16	19.25	19.30	19.33	19.35	19.37	19.38	19.40	19.41	19.43	19.45	19.45	19.46	19.47	19.48	19.49	19.50
3	10.13	9.55	9.28	9.12	9.01	8.94	8.89	8.85	8.81	8.79	8.74	8.70	8.66	8.64	8.62	8.59	8.57	8.55	8.53
4	7.71	6.94	6.59	6.39	6.26	6.16	6.09	6.04	6.00	5.96	5.91	5.86	5.80	5.77	5.75	5.72	5.69	5.66	5.63
5	6.61	5.79	5.41	5.19	5.05	4.95	4.88	4.82	4.77	4.74	4.68	4.62	4.56	4.53	4.50	4.46	4.43	4.40	4.36
6	5.99	5.14	4.76	4.53	4.39	4.28	4.21	4.15	4.11	4.06	4.00	3.94	3.87	3.84	3.81	3.77	3.74	3.70	3.67
7	5.59	4.74	4.35	4.12	3.97	3.87	3.79	3.73	3.68	3.64	3.57	3.51	3.44	3.41	3.38	3.34	3.30	3.27	3.23
8	5.32	4.46	4.07	3.84	3.69	3.58	3.50	3.44	3.39	3.35	3.28	3.22	3.15	3.12	3.08	3.04	3.01	2.97	2.93
9	5.12	4.26	3.86	3.63	3.48	3.37	3.29	3.23	3.18	3.14	3.07	3.01	2.94	2.90	2.86	2.80	2.79	2.75	2.71
10	4.96	4.10	3.71	3.48	3.33	3.22	3.14	3.07	3.02	2.98	2.91	2.85	2.77	2.74	2.70	2.66	2.62	2.58	2.54
11	4.84	3.98	3.59	3.36	3.20	3.09	3.01	2.95	2.911	2.85	2.79	2.72	2.65	2.61	2.57	2.53	2.49	2.45	2.40
12	4.75	3.89	3.49	3.26	3.11	3.00	2.91	2.85	2.80	2.75	2.69	2.62	2.54	2.51	2.47	2.43	2.38	2.34	2.30
13	4.67	3.81	3.41	3.18	3.03	2.92	2.83	2.77	2.71	2.67	2.60	2.53	2.46	2.42	2.38	2.34	2.30	2.25	2.21
14	4.60	3.74	3.34	3.11	2.96	2.85	2.76	2.70	2.65	2.60	2.53	2.46	2.39	2.35	2.31	2.27	2.22	2.18	2.13
15	4.54	3.68	3.29	3.06	2.90	2.79	2.71	2.64	2.59	2.54	2.48	2.40	2.33	2.29	2.25	2.20	2.16	2.11	2.07
16	4.49	3.63	3.24	3.01	2.85	2.74	2.66	2.59	2.54	2.49	2.42	2.35	2.28	2.24	2.19	2.15	2.11	2.06	2.01
17	4.45	3.59	3.20	2.96	2.81	2.70	2.61	2.55	2.49	2.45	2.38	2.31	2.23	2.19	2.15	2.10	2.06	2.01	1.96
18	4.41	3.55	3.16	2.93	2.77	2.66	2.58	2.51	2.46	2.41	2.34	2.27	2.19	2.15	2.11	2.06	2.02	1.97	1.93
19	4.38	3.52	3.13	2.90	2.74	2.63	2.54	2.48	2.42	2.38	2.31	2.23	2.16	2.11	2.07	2.03	1.98	1.93	1.88
20	4.35	3.49	3.11	2.87	2.71	2.60	2.51	2.45	2.39	2.35	2.28	2.20	2.12	2.08	2.04	1.99	1.95	1.90	1.84
21	4.32	3.47	3.07	2.84	2.68	2.57	2.49	2.42	2.37	2.32	2.25	2.18	2.10	2.05	2.01	1.96	1.92	1.87	1.81

续附表 5

$\alpha=0.05$

m\n	1	2	3	4	5	6	7	8	9	10	12	15	20	24	30	40	60	120	∞
22	4.30	3.44	3.05	2.82	2.66	2.55	2.46	2.40	2.34	2.30	2.23	2.15	2.07	2.03	1.98	1.94	1.89	1.84	1.78
23	4.28	3.42	3.03	2.80	2.64	2.53	2.44	2.37	2.32	2.27	2.20	2.13	2.05	2.01	1.96	1.91	1.86	1.81	1.76
24	4.26	3.40	3.01	2.78	2.62	2.51	2.42	2.36	2.30	2.25	2.18	2.11	2.03	1.98	1.94	1.89	1.84	1.79	1.73
25	4.24	3.39	2.99	2.76	2.60	2.49	2.40	2.34	2.28	2.24	2.16	2.09	2.01	1.96	1.92	1.87	1.82	1.77	1.71
26	4.23	3.37	2.98	2.74	2.59	2.47	2.39	2.32	2.27	2.22	2.15	2.07	1.99	1.95	1.90	1.85	1.80	1.75	1.69
27	4.21	3.35	2.96	2.73	2.57	2.46	2.37	2.31	2.25	2.20	2.13	2.06	1.97	1.93	1.88	1.84	1.79	1.73	1.67
28	4.20	3.34	2.95	2.71	2.56	2.45	2.36	2.29	2.24	2.19	2.12	2.04	1.96	1.91	1.87	1.82	1.77	1.71	1.65
29	4.18	3.33	2.93	2.70	2.55	2.43	2.35	2.28	2.22	2.18	2.10	2.03	1.94	1.90	1.85	1.81	1.75	1.70	1.64
30	4.17	3.32	2.92	2.69	2.53	2.42	2.33	2.27	2.21	2.16	2.09	2.01	1.93	1.89	1.84	1.79	1.74	1.68	1.62
40	4.08	3.23	2.84	2.61	2.45	2.34	2.25	2.18	2.12	2.08	2.00	1.92	1.84	1.79	1.74	1.69	1.64	1.53	1.51
60	4.00	3.15	2.76	2.53	2.37	2.25	2.17	2.10	2.04	1.99	1.92	1.84	1.75	1.70	1.65	1.59	1.53	1.47	1.39
120	3.92	3.07	2.68	2.45	2.29	2.17	2.09	2.02	1.96	1.91	1.83	1.75	1.66	1.61	1.55	1.50	1.43	1.35	1.25
∞	3.84	3.00	2.60	2.37	2.21	2.10	2.01	1.94	1.88	1.83	1.75	1.67	1.57	1.52	1.46	1.39	1.32	1.22	1.00

续附表 5

$\alpha=0.025$

$n\diagdown m$	1	2	3	4	5	6	7	8	9	10	12	15	20	24	30	40	60	120	∞
1	647.8	799.5	864.2	899.6	921.8	937.1	943.2	956.7	963.3	968.6	976.7	984.9	993.1	997.2	1001	1006	1010	1014	1018
2	38.51	39.00	39.17	39.25	39.30	39.33	39.36	39.37	39.39	39.40	39.41	39.43	39.45	39.46	39.46	39.47	39.48	39.49	39.50
3	17.44	16.04	15.44	15.10	14.88	14.73	14.62	14.54	14.47	14.42	14.34	14.25	14.17	14.12	14.08	14.04	13.99	13.95	13.90
4	12.22	10.65	9.98	9.60	9.36	9.20	9.07	8.98	8.90	8.84	8.75	8.66	8.56	8.51	8.46	8.41	8.36	8.31	8.26
5	10.01	8.43	7.76	7.39	7.15	6.98	6.85	6.76	6.68	6.62	6.52	6.43	6.33	6.28	6.23	6.18	6.12	6.07	6.02
6	8.81	7.26	6.60	6.23	5.99	5.82	5.70	5.60	5.52	5.46	5.37	5.27	5.17	5.12	5.07	5.01	4.96	4.90	4.85
7	8.07	6.54	5.89	5.52	5.29	5.12	4.99	4.90	4.82	4.76	4.67	4.57	4.47	4.42	4.36	4.31	4.25	4.20	4.14
8	7.57	6.06	5.42	5.05	4.82	4.65	4.53	4.43	4.36	4.30	4.20	4.10	4.00	3.95	3.89	3.84	3.78	3.73	3.67
9	7.21	5.71	5.08	4.72	4.48	4.32	4.20	4.10	4.03	3.96	3.87	3.77	3.67	3.61	3.56	3.51	3.45	3.39	3.33
10	6.94	5.46	4.83	4.47	4.24	4.07	3.95	3.85	3.78	3.72	3.62	3.52	3.42	3.37	3.31	3.26	3.20	3.14	3.08
11	6.72	5.26	4.63	4.28	4.04	3.88	3.76	3.66	3.59	3.53	3.43	3.33	3.23	3.17	3.12	3.06	3.00	2.94	2.88
12	6.55	5.10	4.47	4.12	3.89	3.73	3.61	3.51	3.44	3.37	3.28	3.18	3.07	3.02	2.96	2.91	2.85	2.79	2.72
13	6.41	4.97	4.35	4.00	3.77	3.60	3.48	3.39	3.31	3.25	3.15	3.05	2.95	2.89	2.84	2.78	2.72	2.66	2.60
14	6.30	4.86	4.24	3.89	3.66	3.50	3.38	3.29	3.21	3.15	3.05	2.95	2.84	2.79	2.73	2.67	2.61	2.55	2.49
15	6.20	4.77	4.15	3.80	3.58	3.41	3.29	3.20	3.12	3.06	2.96	2.86	2.76	2.70	2.64	2.59	2.52	2.46	2.40
16	6.12	4.69	4.08	3.73	3.5	3.34	3.22	3.12	3.05	2.99	2.89	2.79	2.68	2.63	2.57	2.51	2.45	2.38	2.32
17	6.04	4.62	4.01	3.66	3.44	3.28	3.16	3.06	2.98	2.92	2.82	2.72	2.62	2.56	2.50	2.44	2.38	2.32	2.25
18	5.98	4.56	3.95	3.61	3.38	3.22	3.10	3.01	2.93	2.87	2.77	2.67	2.56	2.50	2.44	2.38	2.32	2.26	2.19
19	5.92	4.51	3.90	3.56	3.33	3.17	3.05	2.96	2.88	2.82	2.72	2.62	2.51	2.45	2.39	2.33	2.27	2.20	2.13
20	5.87	4.46	3.86	3.51	3.29	3.13	3.01	2.91	2.84	2.77	2.68	2.57	2.46	2.41	2.35	2.29	2.22	2.16	2.09
21	5.83	4.42	3.82	3.48	3.25	3.09	2.97	2.87	2.80	2.73	2.64	2.58	2.42	2.37	2.31	2.25	2.18	2.11	2.04

$\alpha=0.025$

续附表 5

m / n	1	2	3	4	5	6	7	8	9	10	12	15	20	24	30	40	60	120	∞
22	5.79	4.38	3.78	3.44	3.22	3.05	2.93	2.84	2.76	2.70	2.60	2.50	2.39	2.33	2.27	2.21	2.14	2.08	2.00
23	5.75	4.35	3.75	3.41	3.18	3.02	2.90	2.81	2.73	2.67	2.57	2.47	2.36	2.30	2.24	2.18	2.11	2.04	1.97
24	5.72	4.32	3.72	3.38	3.15	2.99	2.87	2.78	2.70	2.64	2.54	2.44	2.33	2.27	2.21	2.15	2.08	2.07	1.94
25	5.69	4.20	3.69	3.35	3.13	2.97	2.85	2.75	2.68	2.61	2.51	2.41	2.30	2.24	2.18	2.12	2.05	1.98	1.91
26	5.66	4.27	3.67	3.33	3.10	2.94	2.82	2.73	2.65	2.59	2.49	2.39	1.28	2.22	2.16	2.09	2.03	1.95	1.88
27	5.63	4.24	3.65	3.31	3.08	2.92	2.80	2.71	2.63	2.57	2.47	2.36	1.25	2.19	2.13	2.07	2.00	1.93	1.85
28	5.61	4.22	3.63	3.29	3.06	2.90	2.78	2.69	2.61	2.55	2.45	2.34	2.23	2.17	2.11	2.05	1.98	1.91	1.83
29	5.59	4.20	3.61	3.27	3.04	2.88	2.76	2.67	2.59	2.53	2.43	2.32	2.21	2.15	2.09	2.03	1.96	1.89	1.81
30	5.57	4.18	3.59	3.25	3.03	2.87	2.75	2.65	2.57	2.51	2.41	2.31	3.20	2.14	2.07	2.01	1.94	1.87	1.79
40	5.42	4.05	3.46	3.13	2.90	2.74	2.62	2.53	2.45	2.39	2.29	2.18	2.07	2.01	1.94	1.88	1.80	1.72	1.64
60	5.29	3.93	3.34	3.01	2.79	2.63	2.51	2.41	2.33	2.27	2.17	2.06	1.94	1.88	1.82	1.74	1.67	1.58	1.48
120	5.15	3.08	3.23	2.89	2.67	2.52	2.39	2.30	2.22	2.16	2.05	1.94	1.82	1.76	1.69	1.61	1.58	1.43	1.31
∞	5.02	3.60	3.12	2.79	2.57	2.41	2.29	2.19	2.11	2.05	1.94	1.83	1.71	1.64	1.57	1.48	1.39	1.27	1.00

续附表 5

$\alpha=0.01$

m \ n	1	2	3	4	5	6	7	8	9	10	12	15	20	24	30	40	60	120	∞
1	1052	4999.5	5403	5625	5764	5859	5928	5982	6022	6056	6106	6157	6209	6235	6261	6287	6313	6339	6366
2	98.50	99.00	99.17	99.25	99.30	99.33	99.36	99.37	99.39	99.40	99.42	99.43	99.45	99.46	99.47	99.47	99.48	99.49	99.50
3	24.12	30.82	29.46	28.71	28.24	27.91	27.67	27.49	27.35	27.23	27.05	26.87	26.69	26.50	26.50	26.41	26.32	26.22	26.13
4	21.20	18.00	16.69	15.98	15.52	15.21	14.98	14.80	14.66	14.55	14.37	14.20	14.02	13.93	13.84	13.75	13.65	13.50	13.40
5	16.26	13.27	12.06	11.39	10.97	10.67	10.46	10.29	10.16	10.05	9.89	9.72	9.55	9.47	9.38	9.29	9.20	9.11	9.02
6	13.75	10.92	9.78	9.15	8.75	8.47	8.26	8.10	7.98	7.87	7.72	7.56	7.40	7.31	7.23	7.14	7.06	6.97	6.88
7	12.25	9.55	8.45	7.85	7.46	7.19	6.99	6.84	6.72	6.62	6.47	6.31	6.16	6.07	5.99	5.91	5.82	5.74	5.65
8	11.26	8.65	7.59	7.01	6.63	6.37	6.18	6.03	5.91	5.81	5.67	5.52	5.36	5.28	5.20	5.12	5.03	4.95	4.86
9	10.56	8.02	6.99	6.42	6.06	5.80	5.61	5.47	5.35	5.26	5.11	4.96	4.81	4.73	4.65	4.57	4.48	4.40	4.31
10	10.04	7.56	6.55	5.99	5.64	5.39	5.20	5.06	4.94	4.85	4.71	4.56	4.41	4.33	4.25	4.17	4.08	4.00	3.91
11	9.65	7.21	6.22	5.67	5.32	5.07	4.89	4.74	4.63	4.54	4.40	4.25	4.10	4.02	3.94	3.86	3.78	3.69	3.60
12	9.33	6.93	5.95	5.41	5.06	4.82	4.64	4.50	4.39	4.30	4.16	4.01	3.86	3.78	3.70	3.62	3.54	3.45	3.36
13	9.07	6.70	5.74	5.21	4.86	4.62	4.44	4.30	4.19	4.10	3.96	3.82	3.66	3.59	3.51	3.43	3.34	3.25	3.17
14	8.86	6.51	5.56	5.04	4.69	4.46	4.28	4.14	4.03	3.94	3.80	3.66	3.51	3.43	3.35	3.27	3.18	3.09	3.00
15	8.68	6.36	5.42	4.89	4.56	4.32	4.14	4.00	3.89	3.80	3.67	3.52	3.37	3.29	3.21	3.13	3.05	2.96	2.87
16	8.53	6.23	5.29	4.77	4.44	4.20	4.03	3.89	3.78	3.69	3.55	3.41	3.26	3.18	3.10	3.02	2.93	2.84	2.75
17	8.40	6.11	5.18	4.67	4.34	4.10	3.93	3.79	3.68	3.59	3.46	3.31	3.16	3.08	3.00	2.92	2.83	2.75	2.65
18	8.29	6.01	5.09	4.58	4.25	4.01	3.84	3.71	3.60	3.51	3.37	3.23	3.08	3.00	2.92	2.84	2.75	2.66	2.57
19	8.18	5.93	5.01	4.50	4.17	3.94	3.77	3.63	3.52	3.43	3.30	3.15	3.00	2.92	2.84	2.76	2.67	2.58	2.49
20	8.10	5.85	4.94	4.43	4.10	3.87	3.70	3.56	3.46	3.37	3.23	3.09	2.94	2.86	2.78	2.69	2.61	2.52	2.42
21	8.02	5.78	4.87	4.37	4.04	3.81	3.64	3.51	3.40	3.31	3.17	3.03	2.88	2.80	2.72	2.64	2.55	2.46	2.36

续附表 5

$\alpha=0.01$

m \ n	1	2	3	4	5	6	7	8	9	10	12	15	20	24	30	40	60	120	∞
22	7.95	5.72	4.82	4.31	3.99	3.76	3.59	3.45	3.35	3.26	3.12	2.98	2.83	2.75	2.67	2.58	2.50	2.40	2.31
23	7.88	5.66	4.76	4.26	3.94	3.71	3.54	3.41	3.30	3.21	3.07	2.93	2.78	2.71	2.62	2.54	2.45	2.35	2.26
24	7.82	5.61	4.72	4.22	3.90	3.67	3.50	3.36	3.26	3.17	3.03	2.89	2.74	2.66	2.58	2.49	2.40	2.31	2.21
25	7.77	5.57	4.68	4.18	3.85	3.63	3.46	3.32	3.22	3.13	2.99	2.85	2.70	2.62	2.54	2.45	2.36	2.27	2.17
26	7.72	5.53	4.64	4.14	3.82	3.59	3.42	3.29	3.18	3.09	2.96	2.81	2.66	2.58	2.50	2.42	2.33	2.23	2.13
27	7.68	5.49	4.60	4.11	3.78	3.56	3.39	3.26	3.15	3.06	2.93	2.78	2.63	2.55	2.47	2.38	2.29	2.20	2.10
28	7.64	5.45	4.57	4.07	3.75	3.53	3.36	3.23	3.12	3.03	2.90	2.75	2.60	2.52	2.44	2.35	2.26	2.17	2.06
29	7.60	5.42	4.54	4.04	3.73	3.50	3.33	3.20	3.09	3.00	2.87	2.73	2.57	2.49	2.41	2.33	2.23	2.14	2.03
30	7.56	5.39	4.51	4.02	3.70	3.47	3.30	3.17	3.07	2.98	2.84	2.70	2.55	2.47	2.39	2.30	2.21	2.11	2.01
40	7.31	5.18	4.31	3.83	3.51	3.29	3.12	2.99	2.89	2.80	2.66	2.52	2.37	2.29	2.20	2.11	2.02	1.92	1.80
60	7.08	4.98	4.13	3.65	3.34	3.12	2.95	2.82	2.72	2.63	2.50	2.35	2.20	2.12	2.03	1.94	1.84	1.73	1.60
120	6.85	4.79	3.95	3.48	3.17	2.96	2.79	2.66	2.56	2.47	2.34	2.19	2.03	1.95	1.86	1.76	1.66	1.53	1.38
∞	6.63	4.61	3.78	3.32	3.02	2.80	2.64	2.51	2.41	2.32	2.18	2.04	1.88	1.79	1.70	1.59	1.47	1.32	1.00

续附表 5

$\alpha=0.005$

n \ m	1	2	3	4	5	6	7	8	9	10	12	15	20	24	30	40	60	120	∞
1	16211	20000	21615	22500	23056	23437	23715	23925	24091	24224	24426	24630	24836	24940	25044	25148	25253	25359	25465
2	198.5	199.0	199.2	199.2	199.3	199.3	199.4	199.4	199.4	199.4	199.4	199.4	199.4	199.5	199.5	199.5	199.5	199.5	199.5
3	55.55	49.80	47.47	46.19	45.39	44.84	44.43	44.13	43.88	43.69	43.39	43.08	42.78	42.62	42.47	42.31	42.15	41.99	41.83
4	31.33	26.28	24.26	23.15	22.46	21.97	21.62	21.35	21.14	20.97	20.70	20.44	20.17	20.03	19.89	19.75	19.61	19.47	19.32
5	22.78	18.31	16.53	15.56	14.94	14.51	14.20	13.96	13.77	13.62	13.38	13.15	12.90	12.78	12.66	12.53	12.40	12.27	12.14
6	18.63	14.54	12.92	12.03	11.46	11.07	10.79	10.57	10.39	10.25	10.03	9.81	9.59	9.47	9.36	9.24	9.12	9.00	8.88
7	16.24	12.40	10.88	10.05	9.52	9.16	8.89	8.68	8.51	8.38	8.18	7.97	7.75	7.65	7.53	7.42	7.31	7.19	7.08
8	14.69	11.04	9.60	8.81	8.30	7.95	7.69	7.50	7.34	7.21	7.01	6.81	6.61	6.50	6.40	6.29	6.18	6.06	5.95
9	13.61	10.11	8.72	7.96	7.47	7.13	6.88	6.69	6.54	6.42	6.23	6.03	5.83	5.73	5.62	5.52	5.41	5.30	5.19
10	12.83	9.43	8.08	7.34	6.87	6.54	6.30	6.12	5.97	5.85	5.66	5.47	5.27	5.17	5.07	4.97	4.86	4.75	4.64
11	12.23	8.91	7.60	6.88	6.42	6.10	5.86	5.68	5.54	5.42	5.24	5.05	4.86	4.76	4.65	4.55	4.44	4.34	4.23
12	11.75	8.51	7.23	6.52	6.07	5.76	5.52	5.35	5.20	5.09	4.91	4.72	4.53	4.43	4.33	4.23	4.12	4.01	3.90
13	11.37	8.19	6.93	6.23	5.79	5.48	5.25	5.08	4.94	4.82	4.64	4.46	4.27	4.17	4.07	3.97	3.87	3.76	3.65
14	11.06	7.92	6.68	6.00	5.56	5.26	5.03	4.86	4.72	4.60	4.43	4.25	4.06	3.96	3.86	3.76	3.66	3.55	3.44
15	10.80	7.70	6.48	5.80	5.37	5.07	4.85	4.67	4.54	4.42	4.25	4.07	3.88	3.79	3.69	3.58	3.48	3.37	3.26
16	10.58	7.51	6.30	5.64	5.21	4.91	4.69	4.52	4.38	4.27	4.10	3.92	3.73	3.64	3.54	3.44	3.33	3.22	3.11
17	10.38	7.35	6.16	5.50	5.07	4.78	4.56	4.39	4.25	4.14	3.97	3.79	3.61	3.51	3.41	3.31	3.21	3.10	2.98
18	10.22	7.21	6.03	5.37	4.96	4.66	4.44	4.28	4.14	4.03	3.86	3.68	3.50	3.40	3.30	3.20	3.10	2.99	2.87
19	10.07	7.09	5.92	5.27	4.85	4.56	4.34	4.18	4.04	3.93	3.76	3.59	3.40	3.31	3.21	3.11	3.00	2.89	2.78
20	9.94	6.99	5.82	5.17	4.76	4.47	4.26	4.09	3.96	3.85	3.68	3.50	3.32	3.22	3.12	3.02	2.92	2.81	2.69
21	9.83	6.89	5.73	5.09	4.68	4.39	4.18	4.01	3.88	3.77	3.60	3.43	3.24	3.15	3.05	2.95	2.84	2.73	2.61

续附表 5

$\alpha=0.005$

$n \backslash m$	1	2	3	4	5	6	7	8	9	10	12	15	20	24	30	40	60	120	∞
22	9.73	6.81	5.65	5.02	4.61	4.32	4.11	3.94	3.81	3.70	3.54	3.36	3.18	3.08	2.98	2.88	2.77	2.66	2.55
23	9.63	6.73	5.58	4.95	4.54	4.26	4.05	3.88	3.75	3.64	3.47	3.30	3.12	3.02	2.92	2.82	2.71	2.60	2.48
24	9.55	6.66	5.52	4.89	4.49	4.20	3.99	3.83	3.69	3.59	3.42	3.25	3.06	2.97	2.87	2.77	2.66	2.55	2.43
25	9.48	6.60	5.46	4.84	4.43	4.15	3.94	3.78	3.64	3.54	3.37	3.20	3.01	2.92	2.82	2.72	2.61	2.50	2.38
26	9.41	6.54	5.41	4.79	4.38	4.10	3.89	3.73	3.60	3.49	3.38	3.15	2.97	2.87	2.77	2.67	2.56	2.45	2.33
27	9.34	6.49	5.36	4.74	4.34	4.06	3.85	3.69	3.56	3.45	3.28	3.11	2.93	2.83	2.73	2.63	2.52	2.41	2.29
28	9.28	6.44	5.32	4.70	4.30	4.02	3.81	3.65	3.52	3.41	3.25	3.07	2.89	2.79	2.69	2.59	2.48	2.37	2.25
29	9.23	6.40	5.28	4.66	4.26	3.98	3.77	3.61	3.48	3.38	3.21	3.04	2.86	2.76	2.66	2.56	2.45	2.33	2.21
30	9.18	6.35	5.24	4.62	4.23	3.95	3.74	3.58	3.45	3.34	3.18	3.01	2.82	2.73	2.63	2.52	2.42	2.30	2.18
40	8.83	6.07	4.98	4.37	3.99	3.71	3.51	3.35	3.22	3.12	2.95	2.78	2.60	2.50	2.40	2.30	2.18	2.06	1.93
60	8.49	5.79	4.73	4.14	3.76	3.49	3.29	3.13	3.01	2.90	2.74	2.57	2.39	2.29	2.19	2.08	1.96	1.82	1.69
120	8.18	5.54	4.50	3.92	3.55	3.28	3.09	2.93	2.81	2.71	2.54	2.37	2.19	2.09	1.98	1.87	1.75	1.61	1.41
∞	7.88	5.30	4.28	3.72	3.35	3.09	2.90	2.74	2.62	2.52	2.36	2.19	2.00	1.90	1.79	1.67	1.53	1.36	1.00

续附表 5

$\alpha = 0.001$

m \ n	1	2	3	4	5	6	7	8	9	10	12	15	20	24	30	40	60	120	∞
1	4053+	5000+	5404+	5625+	5764+	5859+	5929+	5981+	6023+	6056+	6107+	6158+	6209+	6235+	6261+	6287+	6313+	6340+	6366+
2	998.5	999.0	999.2	999.2	999.3	999.3	999.4	999.4	999.4	999.4	999.4	999.4	999.4	999.5	999.5	999.5	999.5	999.5	999.5
3	167.0	148.5	141.1	137.1	134.6	132.8	131.6	130.6	129.9	129.2	128.3	127.4	126.4	125.9	125.4	125.0	124.5	124.0	123.5
4	74.14	61.25	56.18	53.44	51.71	50.53	49.66	49.00	48.47	48.05	47.41	46.76	46.10	45.77	45.43	45.09	44.75	44.40	44.05
5	47.18	37.12	33.20	31.09	29.75	28.84	28.16	27.64	27.24	26.92	26.42	25.91	25.39	25.14	24.87	24.60	24.33	24.06	23.79
6	35.51	27.00	23.70	21.92	20.81	20.03	19.46	19.03	18.69	18.41	17.99	17.56	17.12	16.89	16.67	16.44	16.21	15.99	15.75
7	29.25	21.69	18.77	17.19	16.21	15.52	15.02	14.63	14.33	14.08	13.71	13.32	12.93	12.73	12.53	12.33	12.12	11.91	11.70
8	25.42	18.49	15.83	14.39	13.49	12.86	12.40	12.01	11.77	11.54	11.19	10.84	10.48	10.30	10.11	9.92	9.73	9.53	9.33
9	22.86	16.39	13.90	12.56	11.71	11.13	10.70	10.37	10.11	9.89	9.57	9.24	8.90	8.72	8.55	8.37	8.19	8.00	7.81
10	21.04	14.91	12.55	11.28	10.48	9.92	9.52	9.20	8.96	8.75	8.45	8.13	7.80	7.64	7.47	7.30	7.12	6.94	6.76
11	19.69	13.81	11.56	10.35	9.58	9.05	8.66	8.35	8.12	7.92	7.63	7.32	7.01	6.85	6.68	6.52	6.35	6.17	6.00
12	18.64	12.97	10.80	9.63	8.89	8.38	8.00	7.71	7.48	7.29	7.00	6.71	6.40	6.25	6.09	5.93	5.76	5.59	5.42
13	17.81	12.31	10.21	9.07	8.35	7.86	7.49	7.21	6.98	6.80	6.52	6.23	5.93	5.78	5.63	5.47	5.30	5.14	4.97
14	17.14	11.78	9.73	8.62	7.92	7.43	7.08	6.80	6.58	6.40	6.13	5.85	5.56	5.41	5.25	5.10	4.94	4.77	4.60
15	16.59	11.34	9.34	8.25	7.57	7.09	6.74	6.47	6.26	6.08	5.81	5.54	5.25	5.10	4.95	4.80	4.64	4.47	4.31
16	16.12	10.97	9.00	7.94	7.27	6.81	6.46	6.19	5.98	5.81	5.55	5.27	4.99	4.85	4.70	4.54	4.39	4.23	4.06
17	15.72	10.66	8.73	7.68	7.02	6.56	6.22	5.96	5.75	5.58	5.32	5.05	4.78	4.63	4.48	4.33	4.18	4.02	3.85
18	15.38	10.39	8.49	7.46	6.81	6.35	6.02	5.76	5.56	5.39	5.13	4.87	4.59	4.45	4.30	4.15	4.00	3.84	3.67
19	15.08	10.16	8.28	7.26	6.62	6.18	5.85	5.59	5.39	5.22	4.97	4.70	4.43	4.29	4.14	3.99	3.84	3.68	3.51
20	14.82	9.95	8.10	7.10	6.46	6.02	5.69	5.44	5.24	5.08	4.82	4.56	4.29	4.15	4.00	3.86	3.70	3.54	3.38
21	14.59	9.77	7.94	6.95	6.32	5.88	5.56	5.31	5.11	4.95	4.70	4.44	4.17	4.03	3.88	3.74	3.58	3.42	3.26

续附表 5

$\alpha = 0.001$

m\n	1	2	3	4	5	6	7	8	9	10	12	15	20	24	30	40	60	120	∞
22	14.38	9.61	7.80	6.81	6.19	5.76	5.44	5.19	4.99	4.83	4.58	4.33	4.06	3.92	3.78	3.63	3.48	3.32	3.15
23	14.19	9.47	7.67	6.69	6.08	5.65	5.33	5.09	4.89	4.73	4.48	4.23	3.96	3.82	3.68	3.53	3.38	3.22	3.05
24	14.03	9.34	7.55	6.59	5.98	5.55	5.23	4.99	4.80	4.64	4.39	4.14	3.87	3.74	3.59	3.45	3.29	3.14	2.97
25	13.88	9.22	7.45	6.49	5.88	5.46	5.15	4.91	4.71	4.56	4.31	4.06	3.79	3.66	3.52	3.37	3.22	3.06	2.89
26	13.74	9.12	7.36	6.41	5.80	5.38	5.07	4.83	4.64	4.48	4.24	3.99	3.72	3.59	3.44	3.30	3.15	2.99	2.82
27	13.61	9.02	7.27	6.33	5.73	5.31	5.00	4.76	4.57	4.41	4.17	3.92	3.66	3.52	3.38	3.23	3.08	2.92	2.75
28	13.50	8.93	7.19	6.25	5.66	5.24	4.93	4.69	4.50	4.35	4.11	3.86	3.60	3.46	3.32	3.18	3.02	2.86	2.69
29	13.39	8.85	7.12	6.19	5.59	5.18	4.87	4.64	4.45	4.29	4.05	3.80	3.54	3.41	3.27	3.12	2.97	2.81	2.54
30	13.29	8.77	7.05	6.12	5.53	5.12	4.82	4.58	4.39	4.24	4.00	3.75	3.49	3.36	3.22	3.07	2.92	2.76	2.59
40	12.61	8.25	6.60	5.70	5.13	4.73	4.44	4.21	4.02	3.87	3.64	3.40	3.15	3.01	2.87	2.73	2.57	2.41	2.23
60	11.97	7.76	6.17	5.31	4.76	4.37	4.09	3.87	3.69	3.54	3.31	3.08	2.83	2.69	2.55	2.41	2.25	2.08	1.89
120	11.38	7.32	5.79	4.95	4.42	4.04	3.77	3.55	3.38	3.24	3.02	2.78	2.53	2.40	2.26	2.11	1.95	1.76	1.54
∞	10.83	6.91	5.42	4.62	4.10	3.74	3.47	3.27	3.10	2.96	2.74	2.51	2.27	2.12	1.99	1.84	1.66	1.45	1.00

注:符号"+"表示要将所列数乘以 100.

附录二
Excel 在统计学中的应用

Excel 是美国微软公司开发的 Windows 环境下运行的电子表格系统。Excel 集数据的编辑、整理、统计分析、图表绘制于一身。微软公司先后推出了 Excel 97、Excel 2000、Excel 2002、Excel 2003、Excel 2007、Excel 2010、Excel 2013、Excel 2017、Excel 2019、Excel 2021 等不同版本。随着版本的不断提高，Excel 的数据处理功能和操作便捷性不断加强。

本书基于 Excel 2021，结合各章内容进行简要介绍。Excel 2021 的工作界面包括标题栏、快速访问工具栏、功能区、文件按钮、滚动条、状态栏、视图切换区、比例缩放区、名称框、编辑栏、工作表区、工作表列表区等组成部分。如附图所示。

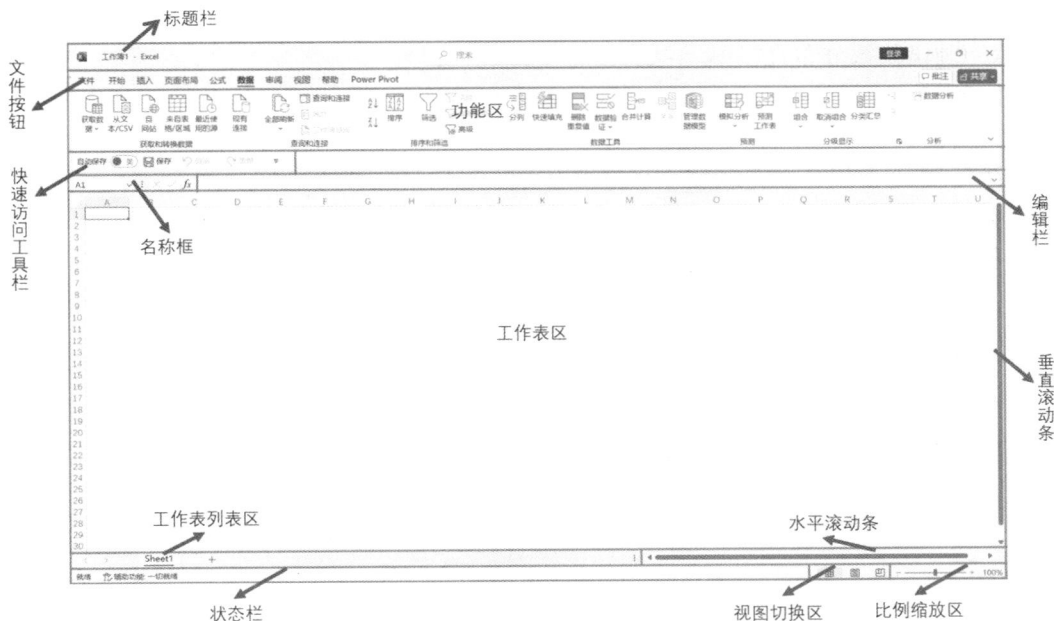

附图　Excel2021 工作界面

一、用 Excel 作数据的频率分布表和直方图

一般统计数据有两大类，即定性数据和定量数据。定性数据数值化后可转化为定量数据，这里不具体展开讨论。下面以定量数据为例，说明如何利用 Excel 进行分组，并作频率分布表和直方图。

附例 1.1 2019 年 9 月 70 个大中城市新建商品住宅销售价格指数如下：

142	133.3	154	131.1	143.5	138.4	135.7	133.7	139.6	148.7	153.3
147.5	137.9	161.5	144.7	157.8	141.3	145.4	138.9	146.1	156.7	144.3
157.7	149.3	146.9	147	141.1	149.5	148.1	144.6	165.8	124.5	129.4
123.8	118	132.5	144.7	121.8	126	115.3	131.4	122.6	150.3	147.3
153.9	119.3	132.8	129.6	127	113.9	140	127.2	139.1	133.3	139.8
127.9	131.5	131.6	122.6	127.7	138.5	129.6	124.2	129.4	140.5	150.9
123.5	129.9	129.2	144.9							

（1）据此编制分布数列（提示：价格指数是连续变量）；

（2）计算向上累计频数（率）；

（3）画出频数分布直方图。

【步骤】

第一步：在 Excel 工作表界面中输入 70 个城市新建商品住宅销售价格指数的数据，从上到下输入 A 列。在 C 列输入接收组限 120、130、140、150、160。

第二步：选择"数据"下拉工具栏"数据分析"，见附图 1.1

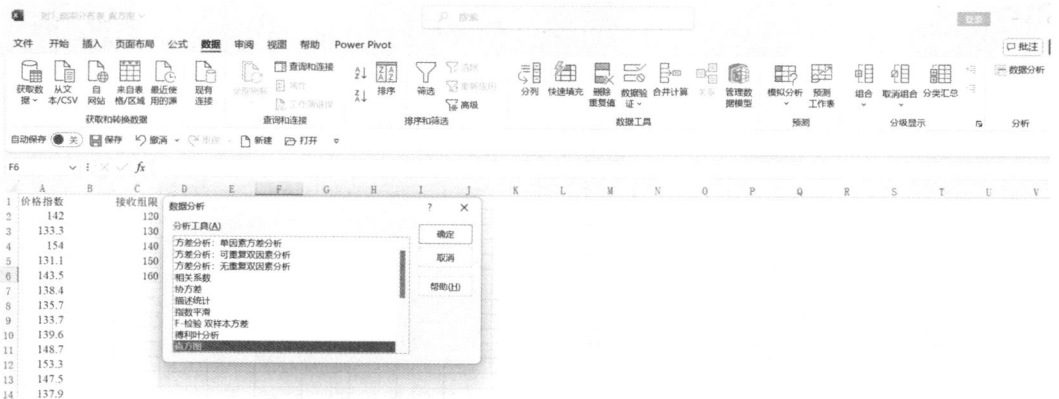

附图 1.1

第三步：选择"数据分析"对话框,在"分析工具"中选择"直方图",如附图 1.2 所示。

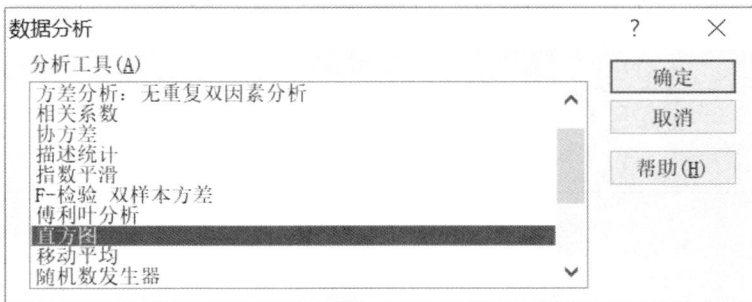

附图 1.2

第四步：在"数据分析"对话框中,点击确定。选中"直方图"对话框,在"输入区域"方框内键入 A2：A71 或 ＄A＄2：＄A＄71("＄"符号起到固定单元格坐标的作用,表示的是绝对地址),70 个数据已输入该区域内。在"接收区域"方框内键入 C2:C6 或 ＄C＄2：＄C＄6,所有数据分成 6 组(根据数据资料的特点,决定组数、组距和组限),把各组的上限输入该区域内。在"输出区域"方框内键入 E2 或 ＄E＄2,也可新建工作表组。在对话框中,选择"累积百分率""图表输出"(如附图 1.3)。

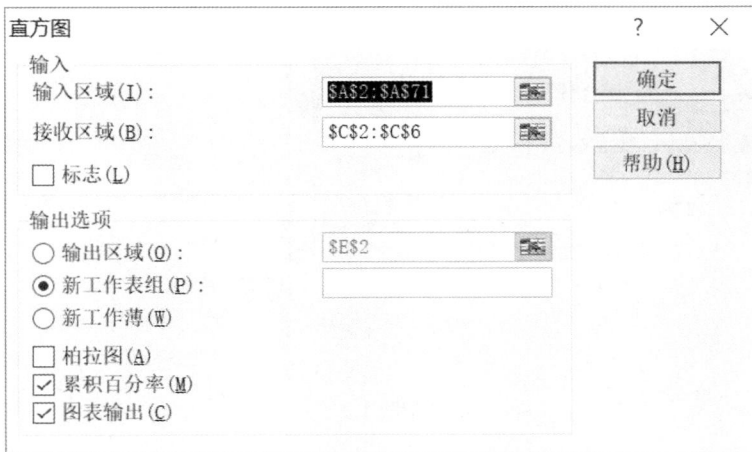

附图 1.3

第五步：点击"确定",有关结果如附图 1.4 所示。完整的结果通常包括三列和一张频数分布图,第一列是数值的区间范围,第二列是数值分布的频数(不是频率),第三列是频数分布的累积百分比。

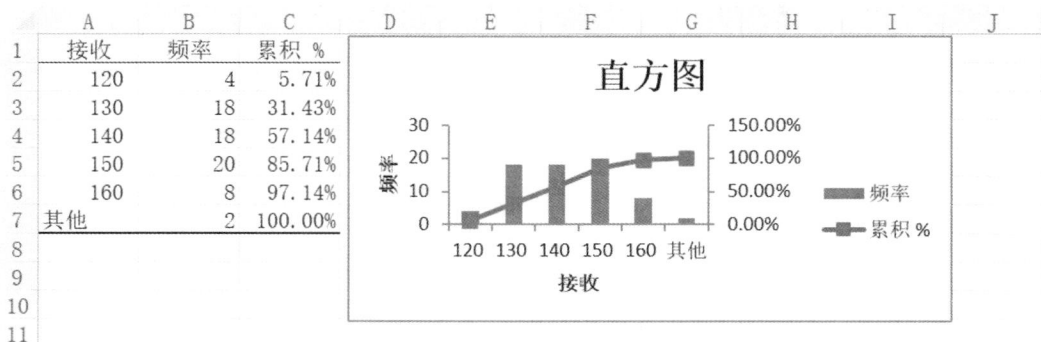

	A	B	C	D	E	F	G	H	I	J
1	接收	频率	累积 %							
2	120	4	5.71%							
3	130	18	31.43%							
4	140	18	57.14%							
5	150	20	85.71%							
6	160	8	97.14%							
7	其他		2	100.00%						
8										
9										
10										
11										

附图 1.4

上图实际上是一个条形图，而不是直方图，若要把它变成直方图，可按如下操作：首先用鼠标左键单击图中任一直条形，然后右键单击，在弹出的快捷菜单中设置数据点格式，选择"系列选项"对话框，把"间隙宽度"宽度改为无间距（0%），最后点击确定，即可得到直方图，如附图 1.5 所示。

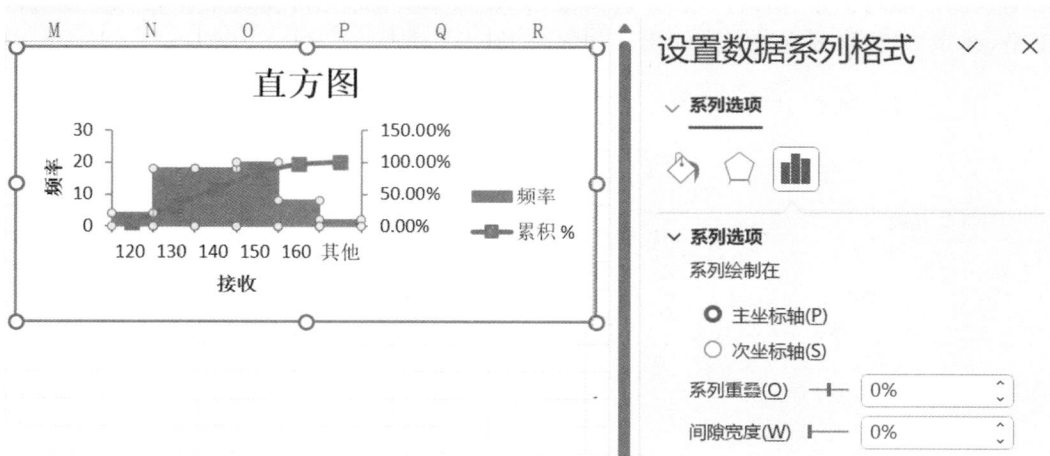

附图 1.5

二、用 Excel 作常用统计图

Excel 有较强的作图功能,可根据需要选择各类型的图形。Excel 提供的统计图有多种,包括柱形图、条形图、折线图、饼图、散点图、面积图、环形图、雷达图、曲面图、气泡图、股价图、圆柱图、圆锥图等,各种图的作法大同小异。本节主要介绍饼图、折线图的绘制。

1.饼图的绘制

饼图也称圆形图,是用圆形及圆内扇形的面积来表示数值大小的图形。饼图主要用于表示总体中各组成部分所占的比例,对于研究结构性问题十分有用。

附例 2.1　根据抽样调查结果推算,2018 年末杭州市常住人口情况如下:0—14 岁的人口为 121.6 万人,占总人口的 12.4%;15—64 岁的人口为 730.5 万人,占总人口的 74.5%;65 岁及以上的人口为 128.5 万人,占总人口的 13.1%。根据以上资料,利用 Excel 绘制饼图。

【步骤】

第一步:先把数据输入到工作表中,如附图 2.1 所示。选择"插入"下拉菜单,选择"图表"。在图表类型中选择"饼图",这里我们选用默认的二维饼图,如附图 2.2 所示。

	A	B	C	D	E
1					
2		2018年末杭州市常住人口情况			
3		年龄	比重		
4		0-14岁	12.40%		
5		15-64岁	74.50%		
6		65岁及以上	13.10%		
7					
8					
9					
10					

附图 2.1

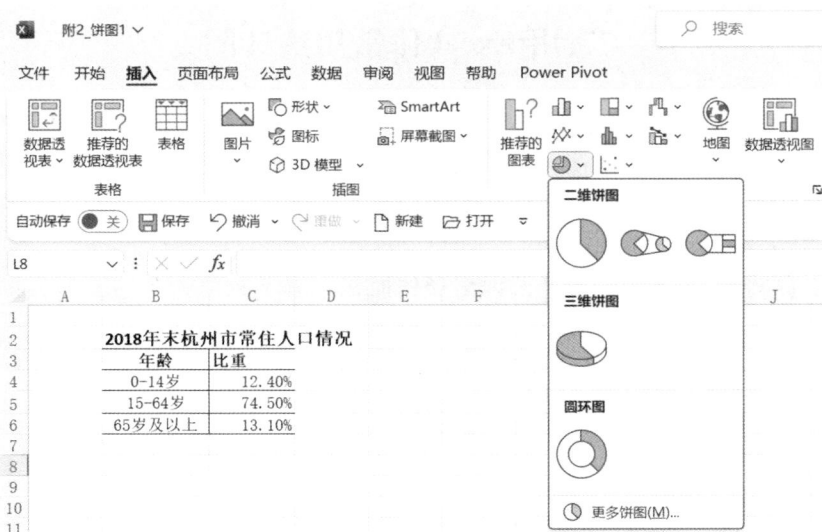

附图 2.2

第二步：在功能区点击"选择数据"，弹出"选择数据源"对话框后，输入图表数据区域、水平轴标签。先在"图表数据区域"中输入相关资料（鼠标点击选定数据区域），再在"水平（分类）轴标签"处编辑年龄分组标签，如附图 2.3 所示。

附图 2.3

第三步：点击确定，生成饼图。在饼图中，对"标题""图例"和"数据标签"适当处理。如果要对图形修改，可用鼠标双击图表，然后用鼠标双击需要修改的部分，并进行修改，即可得到附图 2.4 所示的饼图。

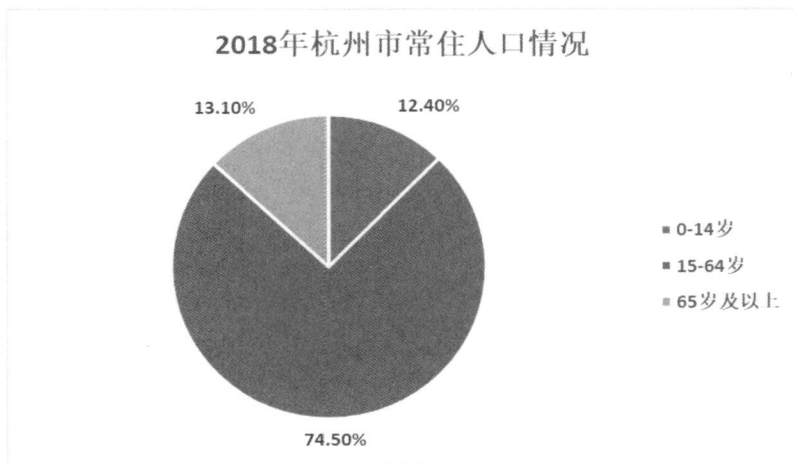

附图 2.4

2. 折线图的绘制

折线图主要用于比较几类数据变动的方向和趋势,表现数据在不同时期发展变化的不同趋势。

附例 2.2　根据我国 2001—2005 年外贸货物进出口总额资料(如附表 2.1),绘制折线图,描述我国近年来货物进出口额的变化趋势。

附表 2.1　我国 2001—2005 年外贸货物进出口总额　单位:人民币亿元

年份	2001	2002	2003	2004	2005
货物进出口总额	42183.6	51378.2	70483.5	95539.1	116921.8
出口总额	22024.4	26947.9	36287.9	49103.3	62648.1
进口总额	20159.2	24430.3	34195.6	46435.8	54273.7

【步骤】

第一步:先把货物进出口数据输入到工作表中,再选择"插入"下拉菜单,在功能区选择"图表",如附图 2.5 所示。

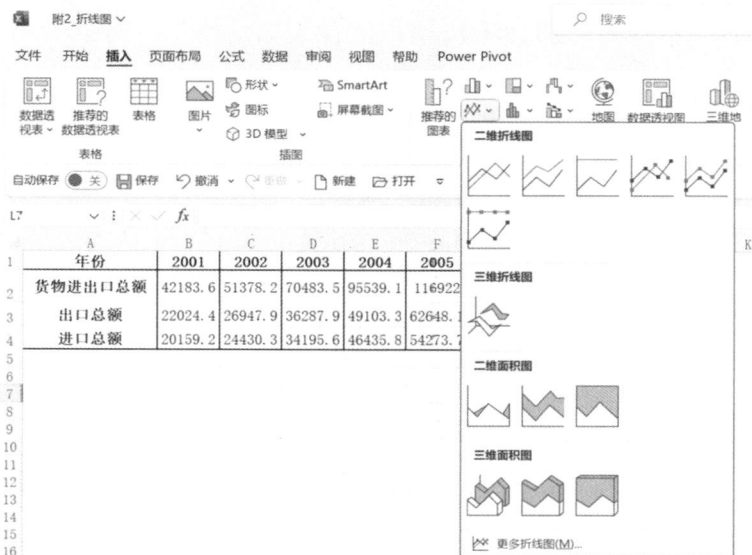

附图 2.5

第二步：在图表类型中选择"折线图"，然后在子图表类型中选择一种类型。本例中我们选用附图 2.6 的方式（见图中方框处）。

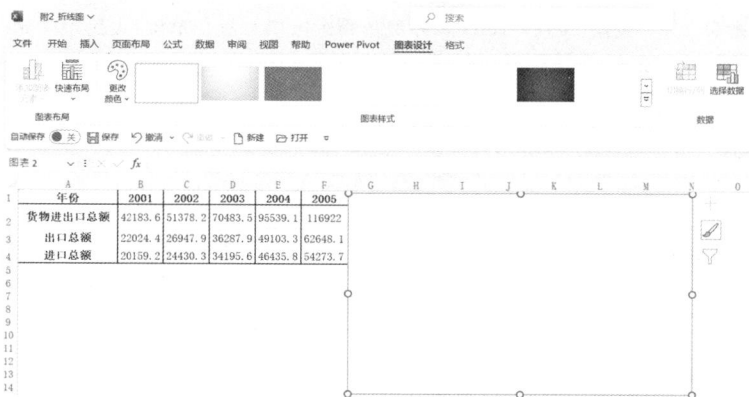

附图 2.6

第三步：在功能区点击"选择数据"，弹出"选择数据源"对话框后输入图表数据区域、水平轴标签。先在"图表数据区域"中输入相关资料（鼠标点击选定数据区域），再在"水平（分类）轴标签"区域输入年份区域，如附图 2.7 所示。

附图 2.7

第四步:资料输入后,点击确定。在功能区中,选择"图表布局",分别对"标题""坐标轴""绘图区"等选项进行设置,确认后在工作表中绘制折线图,如附图 2.8 所示。

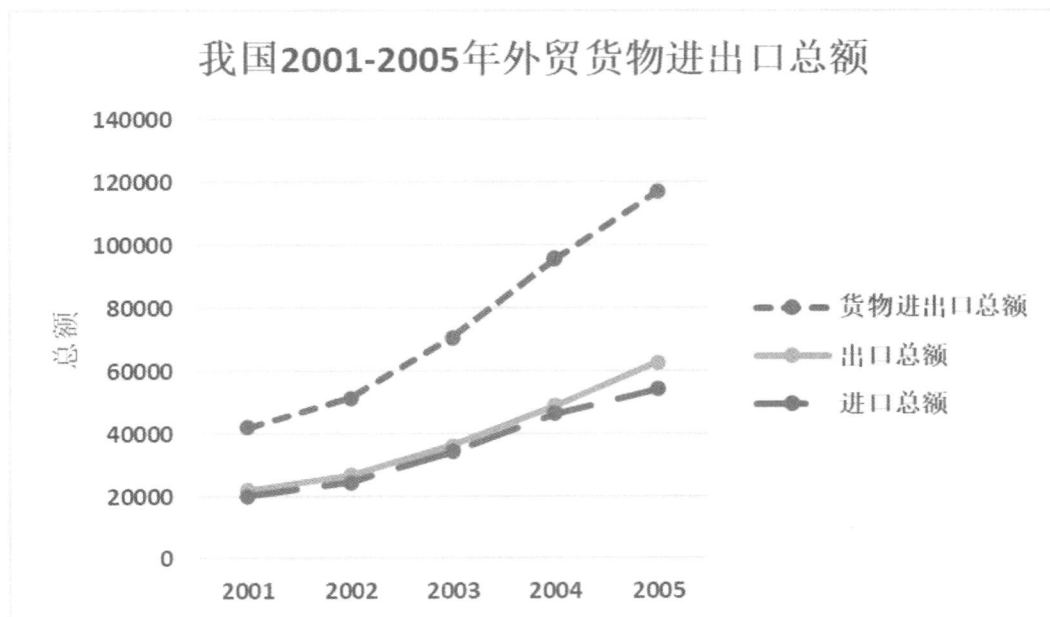

附图 2.8

三、用 Excel 计算统计量

通过统计学学习,我们掌握了测定数据的集中趋势和离散程度的常用统计量,下面将利用 Excel 来计算这些统计量。

1. 利用"数据分析"功能计算

附例 3.1 某学期甲班 45 名学生《微积分》考试成绩如下:

73　81　88　80　75　77　79　90　85　87　78　75　82　74　51　61　71

95　74　73　89　76　85　96　92　84　89　74　77　78　69　95　82　91

81　86　86　82　79　76　59　82　72

要求对该班学生的考试成绩进行描述统计分析。

【步骤】

第一步:在 Excel 的工作表界面中,输入 45 个学生的成绩数据,从上到下输入 A 列,放入区域"A1:A45"的单元格中。

第二步:在功能区中,先选择"数据"菜单,再选择"数据分析"模块。在数据分析对话框中,选择"描述统计",点击"确定",如附图 3.1 所示。

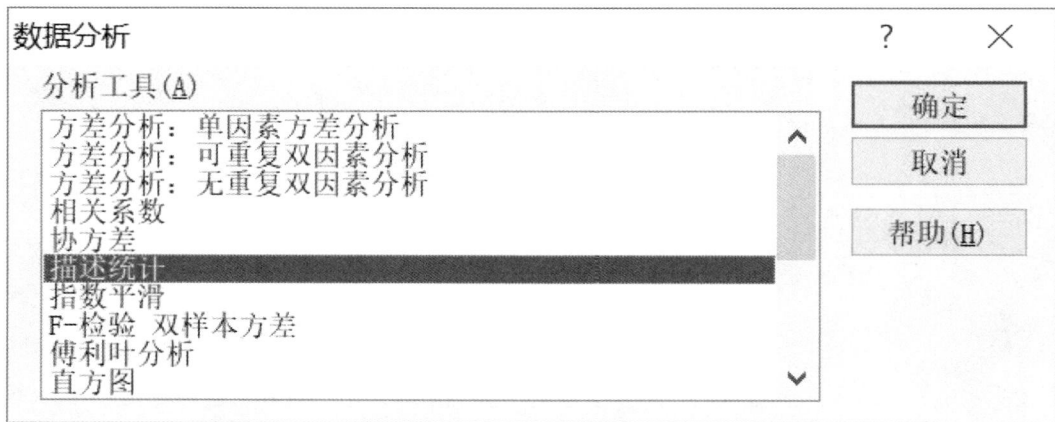

附图 3.1

第三步:弹出"描述统计"对话框后,先在"输入区域"方框内键入 A1:A45 或 ＄A＄1:＄A＄45(鼠标选择该区域),再在"输出选项"中选择输出区域,最后选择汇总统计、平均数置信度、第 K 大值、第 K 小值。具体操作如下:选中"汇总统计",该选项给出全部描述统计量;选中"平均数置信度",在编辑框中输入"95";选中"第 K 大值"和"第 K 小值",在相应编辑框中输入"1"。如附图 3.2 所示。

附图 3.2

第四步:点击确定,结果如附图 3.3 所示。

	A	B
1	描述统计结果	
2		
3	平均	79.666667
4	标准误差	1.3784049
5	中位数	80
6	众数	82
7	标准差	9.246621
8	方差	85.5
9	峰度	1.3156496
10	偏度	-0.701309
11	区域	45
12	最小值	51
13	最大值	96
14	求和	3585
15	观测数	45
16	最大(1)	96
17	最小(1)	51
18	置信度(95.0%)	2.7779925

附图 3.3

2.利用"统计函数"工具计算

描述统计量除上述"数据分析"功能计算外,还可采用 Excel 的函数工具计算。下面以平均数、离散指标为例进行说明。

(1)平均数

附例 3.2　2019 年 11 月,某企业员工的工资(单位:元)分别为

6500　　8200　　7600　　8000　　8200　　8600　　8400　　8800　　9500　　9800

试求其平均指标。

【步骤】

第一步：在 Excel 的工作表界面中，输入 10 个员工的工资数据，从上到下输入 A 列，放入区域"A2:A11"的单元格中。

第二步：选择"公式"下拉菜单，再选择"插入函数"选项，如附图 3.4 所示。

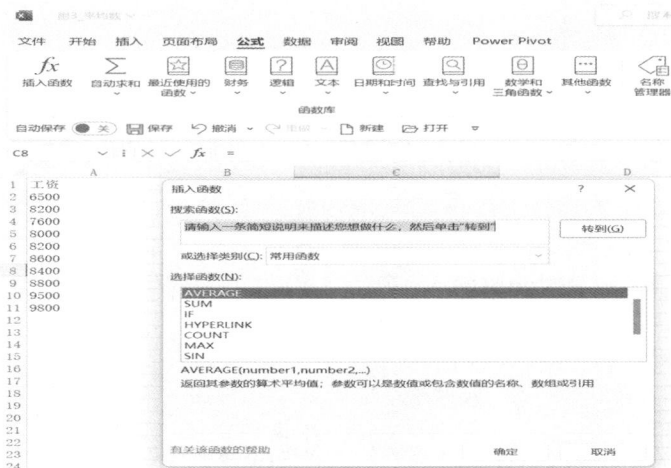

附图 3.4

第三步：在"插入函数"对话框中，找到"选择函数"栏，选"AVERAGE"（算术平均数），点击确定。在出现"AVERAGE 函数参数"界面中，在"Number1"中键入 A2:A11（用鼠标选择该区域），然后点击"确定"，得到"算术平均数＝8360"。

附图 3.5

重复上述各步骤，我们可以计算调和平均数、几何平均数、众数和中位数等统计量。

3. 离散指标

附例 3.3　某班甲、乙两组学生《统计学》考试成绩如下：

甲组：30　40　60　65　70　75　80　85　90　100

乙组：60　63　66　69　72　75　78　80　80　82

计算甲乙两组学生成绩的离散指标。

【步骤】

第一步：在 Excel 工作表界面，输入甲乙两组成绩，如附图 3.6 所示。

	A	B
1		成绩统计
2	甲组	乙组
3	30	60
4	40	63
5	60	66
6	65	69
7	70	72
8	75	75
9	80	78
10	85	80
11	90	80
12	100	82

附图 3.6

第二步：类似于平均数操作步骤，选择"公式"下拉菜单，再选择"插入函数"选项，在"或选择类别"对话框，选择"统计"。最后在"选择函数"选择 VAR. P（计算总体方差），如附图 3.7 所示。

附图 3.7

第三步：点击确定，在出现"VAR.P 函数参数"界面中，在"Number1"中键入 A3：A12，然后点击"确定"，得到"甲组标准差＝20.67002661"。

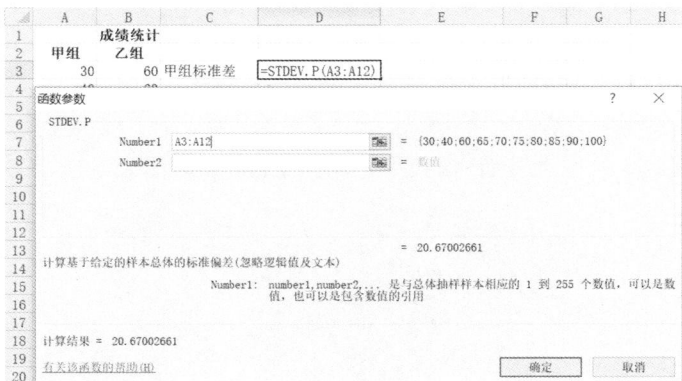

附图 3.8

重复上述各步骤，得到乙组学生成绩的标准差为 7.35187051，类似可以计算平均差、全距等统计量。我们也可直接使用函数指令，如附图 3.9 所示。

附图 3.9

用快捷键"Ctrl＋`"切换得到如下结果：

附图 3.10

为了便于计算,我们列出常用描述统计量函数,如附表 3.1 所示。

附表 3.1　EXCEL 中常用描述统计量函数

函数名称(英)	函数名称(中)	公式
AVERAGE	算术平均数	$\mu_X = \dfrac{1}{N} \sum x$
HARMEAN	调和平均数	$H_X = \dfrac{N}{\sum \dfrac{1}{x}}$
GEOMEAN	几何平均数	$G_X = \sqrt[N]{\prod x}$
MODE	众数	M_o
MEDIAN	中位数	M_e
MAX	最大值	—
MIN	最小值	—
AVEDEV	平均差	$A.D = \dfrac{\sum \mid x - \mu_X \mid}{N}$
STDEV. S	样本标准差	$s = \sqrt{\dfrac{\sum (x - \bar{x})}{n - 1}}$
STDEV. P	总体标准差	$\sigma_X = \sqrt{\dfrac{1}{N}(x - \mu_X)^2}$
VAR. S	样本方差	σ^2
VAR. P	总体方差	σ_X^2

四、用 Excel 进行抽样估计

Excel 具有较强的数据分析功能，本节介绍如何利用 Excel 进行抽样和计算置信区间。

1. Excel 进行抽样

使用 Excel 进行抽样，首先要对各个总体单位进行编号，编号可以按随机原则，也可以按有关标志或无关标志，编号后，将编号输入工作表。

附例 4.1 给定 40 个总体单位，每个总体单位给一个编号，从 1 到 40 个编号，输入工作表后如附图 4.1 所示：

附图 4.1

输入各总体单位的编号后，可按以下步骤操作：

第一步：单击"数据"菜单，选择"数据分析"选项。打开"数据分析"对话框后，从中选择"抽样"，如附图 4.2 所示。

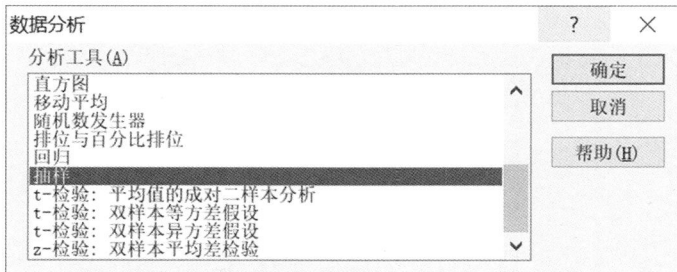

附图 4.2

第二步：点击确定后，弹出"抽样"对话框如附图 4.3 所示。在输入区域框中输入总体单位编号所在的单元格区域＄Ａ＄1：＄J＄4，系统将从 A 列开始抽取样本，然后按顺序抽取 B 列至 J 列。如果输入区域的第一行或第一列为标志项（横行标题或纵列标题），可单击"标志"复选框。

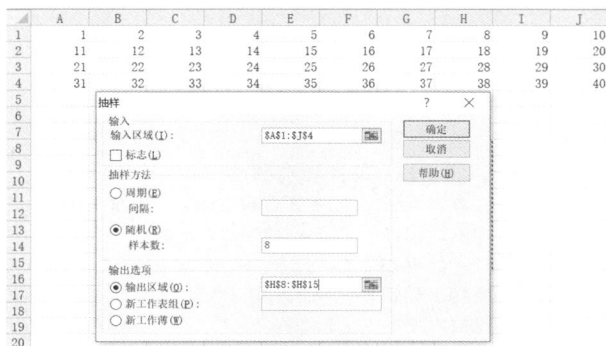

附图 4.3

第三步：在抽样方法项下，有周期和随机两种抽样模式。

"周期"模式即所谓的等距抽样，采用这种抽样方法，需将总体单位数除以要抽取的样本单位数，求得取样的周期间隔。如要在 40 个总体单位中抽取 8 个，则在"间隔"框中输入 5。

"随机"模式适用于纯随机抽样、分类抽样、整群抽样和阶段抽样。采用纯随机抽样，只需在"样本数"框中输入要抽取的样本单位数即可；若采用分类抽样，必须先将总体单位按某一标志分类编号，然后在每一类中随机抽取若干单位，这种抽样方法实际是分组法与随机抽样的结合；整群抽样也要先将总体单位分类编号，然后按随机原则抽取若干类作为样本，对抽中的类的所有单位全部进行调查。本例采用纯随机抽样，在"样本数"处输入"8"。

第四步：指定输出区域，比如输入＄Ｈ＄8：＄H＄15，单击确定后，即可得到抽样结果。这里列举一个随机抽样结果：28、6、26、18、14、40、30、32。

2. Excel 求置信区间

附例 4.2　某药材生产商需要对其仓库中药材的平均重量进行估计，假定该仓库中药材的重量服从正态分布，药材重量的总体方差未知。随机抽取 50 箱样本称重，结果如下（单位：千克）：

50	50	56	51	48	49	53	47	52	52
53	53	49	53	50	55	48	50	55	53
53	53	56	57	50	52	49	53	58	50
47	48	49	50	51	50	49	53	52	51
48	52	49	55	53	52	50	51	49	48

要求该仓库中每箱药材平均重量在 95％置信水平下的区间估计。

构造药材平均重量的区间估计的步骤为：

第一步：在工作表界面，输入样本数据。从上到下输入 A 列，放入区域"A2：A51"的单元格中。

第二步：为了表述方便，我们采用函数公式计算区间估计结果。B 列输入各指标名称，C 列输入相应的计算公式，D 列给出计算结果，如附图 4.4 所示。

	A	B	C	D
1	药材重量	计算指标	计算公式	计算结果
2	50	样本容量	C2=COUNT(A2:A51)	50
3	50	样本均值	C3=AVERAGE(A2:A51)	51.3
4	56	样本标准差	C4=STDEV.S(A2:A51)	2.628338499
5	51	抽样平均误差	C5=C4/SQRT(C2)	0.371703195
6	48	置信水平	C6=0.95	0.95
7	49	自由度	C7=C2-1	49
8	53	t值	C8=TINV(1-C6,C7)	2.009575237
9	47	误差范围	C9=C8*C5	0.746965537
10	52	置信下限	C10=C3-C9	50.55303446
11	52	置信上限	C11=C3+C9	52.04696554
12	53			
13	53			

附图 4.4

由附图 4.4 可以推断，我们有 95％的把握认为该仓库中每箱药材平均重量在 50.55303446（千克）到 52.04966554（千克）之间。

五、用 Excel 进行假设检验

假设检验包括一个正态总体的参数检验和两个正态总体的参数检验。对于一个正态总体参数的检验,可利用函数工具和自己输入公式的方法计算统计量,并进行检验。对于两个正态总体的均值方差的检验,Excel 中提供了四种假设检验模式:平均值的成对二样本分析、双样本等方差假设、双样本异方差假设和双样本平均差检验。实际计算中,较为常用的是后三种。本例着重介绍如何使用"双样本等方差假设"进行两个正态总体的均值差的检验。

附例 5.1　两个文学家马克·吐温的 8 篇小品文以及思诺特格拉斯的 10 篇小品文中由 3 个字母组成的词的比例如下表所示:

附表 5.1　词比例统计表

马克·吐温	0.225　0.262　0.217　0.240　0.230　0.229　0.235　0.217
思诺特格拉斯	0.209　0.205　0.196　0.210　0.202　0.207　0.224　0.223　0.220　0.201

设两组数据分别来自两个方差相等而且相互独立的正态总体,问两个作家所写的小品文中包含由 3 个字母组成的词的比例是否有显著的差异(取 $\alpha = 0.05$)。

【步骤】

第一步:在 Excel 工作表界面中,输入两组比例数据,如附图 5.1 所示。

	A	B
1	马克·吐温	思诺特格拉斯
2	0.225	0.209
3	0.262	0.205
4	0.217	0.196
5	0.24	0.21
6	0.23	0.202
7	0.229	0.207
8	0.235	0.224
9	0.217	0.223
10		0.22
11		0.201

附图 5.1

第二步:选择"数据"下拉菜单,再选择"数据分析"选项。在"分析工具"选择"t 检验:双样本等方差检验"(这里总体方差未知,且假设两个对比样本的方差相等),如图 5.2 所示。

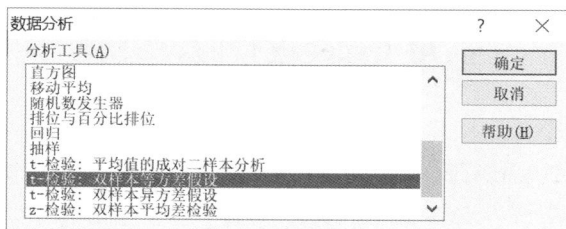

附图 5.2

第三步：当出现"t 检验：双样本等方差检验"对话框时，在"变量 1 的区域"方框内输入 A2：A9；在"变量 2 的区域"方框内输入 B2：B11；在"假设平均差"方框内键入"0"；"α"默认为 0.05；在"输出选项"中选择"新工作表组"，如附图 5.3 所示。待所有选项设置好后，单击"确定"按钮。

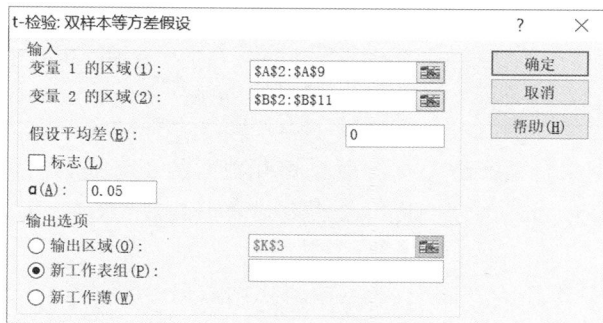

附图 5.3

输出结果如附图 5.4 所示

	A	B	C
1	t-检验：双样本等方差假设		
2			
3		变量 1	变量 2
4	平均	0.231875	0.2097
5	方差	0.0002121	9.3344E-05
6	观测值	8	10
7	合并方差	0.0001453	
8	假设平均差	0	
9	df	16	
10	t Stat	3.878137	
11	P(T<=t) 单尾	0.0006669	
12	t 单尾临界	1.7458837	
13	P(T<=t) 双尾	0.0013338	
14	t 双尾临界	2.1199053	

附图 5.4

由于 $P < 0.05$，拒绝 H_0，即两个作家所写的小品文中包含由 3 个字母组成的词的比例存在显著的差异。

六、用 Excel 进行相关与回归分析

1. 相关分析

相关分析可用于判断两个变量之间线性关系。利用 Excel 进行相关分析时,通过编制相关表、绘制散点图,可以大致描绘出两个变量变化趋势的关系形态。这里对相关表和散点图的做法不再做详细介绍,如果从图和表中,初步判断是线性关系,可以通过计算相关系数来度量两个变量之间的关系强度。用 Excel 计算相关系数有两种方法,一种是利用相关系数函数计算,如"CORREL 函数"和"PERSON 函数";另一种是利用"数据分析"中的"相关系数"工具。这里主要介绍后者。

附例 6.1　某地区 16 家企业的工业总产值与能源消耗量资料如附表 6.1 所示,要求根据资料计算相关系数,并说明两变量相关的方向和程度。

附表 6.1　16 家企业的工业总产值与能源消耗量

序号	能源消耗量(八万吨)	工业总产值(亿元)
1	35	24
2	38	25
3	40	24
4	42	28
5	49	32
6	52	31
7	54	37
8	59	40
9	62	41
10	64	40
11	65	47
12	68	50
13	69	49
14	71	51
15	72	48
16	76	58
合计	625	916

【步骤】

第一步:在 Excel 工作表界面中,输入两组数据,如附图 6.1 所示。

	A	B
1	能源消耗量	工业总产值
2	35	24
3	38	25
4	40	24
5	42	28
6	49	32
7	52	31
8	54	37
9	59	40
10	62	41
11	64	40
12	65	47
13	68	50
14	69	49
15	71	51
16	72	48
17	76	58

附图 6.1

第二步：在功能区选择"数据"菜单，再选择"数据分析"选项。在分析工具中选择"相关系数"。

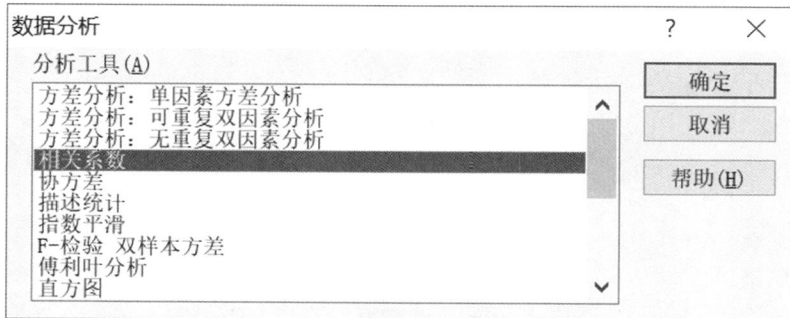

附图 6.2

第三步：点击确定，出现"相关系数"对话框后，在"输入区域"方框内键入 A2：B17，在"输出选项"中选择输出区域（在此我们选择"新工作表"）。

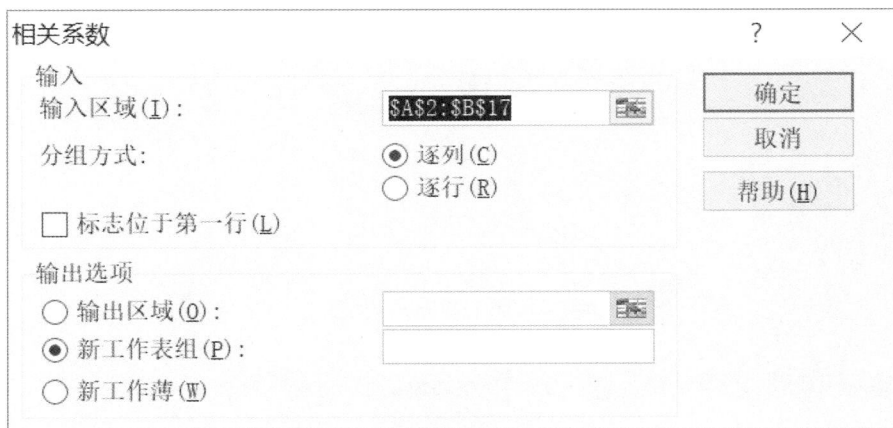

附图 6.3

第四步：点击“确定”，得到附图 6.4。

	A	B	C	D
1		列 1	列 2	
2	列 1	1		
3	列 2	0.975713	1	
4				

附图 6.4

根据上述步骤计算的相关系数矩阵如附图 6.4 所示。表中给出了两个变量之间的相关系数，如“工业总产值”与“能源消耗量”的相关系数为 0.975713，属于高度正线性相关。

2. 回归分析

为探求变量之间的具体数量变动关系，我们考虑在相关分析的基础上进行回归分析。利用 Excel 可以很容易地进行回归分析，包括一元线性回归和多元线性回归。

附例 6.2　根据附表 6.1 的资料，编制直线回归方程，计算估计标准误，并估计能源消耗量为 40(八万吨)时，企业的工业总产值。

在附例 6.1 的基础上说明操作步骤：

第一步：选择“工具”下拉菜单，再选择“数据分析”选项。在分析工具中选择“回归”，如附图 6.5 所示。

附图 6.5

第二步：点击"确定"，弹出"回归"对话框后，在"输入 Y 的区域"方框内键入 B2：B17，在"输入 X 的区域"方框内键入 A2：A17，在"输出选项"中选择输出区域（这里我们选择"新工作表"），如附图 6.6 所示。

	A	B
1	能源消耗量	工业总产值
2	35	24
3	38	25
4	40	24
5	42	28
6	49	32
7	52	31
8	54	37
9	59	40
10	62	41
11	64	40
12	65	47
13	68	50
14	69	49
15	71	51
16	72	48
17	76	58

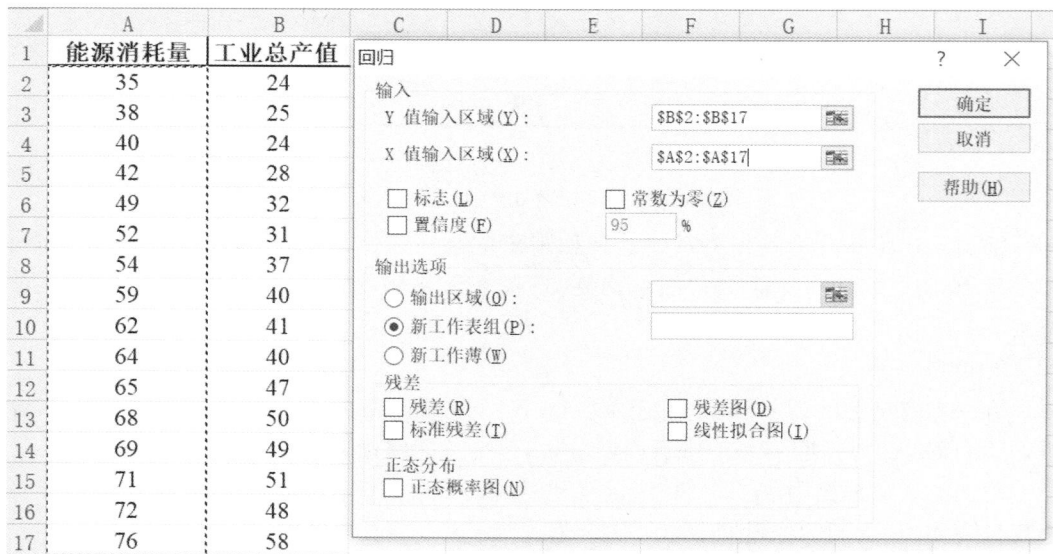

附图 6.6

最后：点击"确定"，得到附图 6.7 所示的结果。

	A	B	C	D	E	F	G	H	I
1	SUMMARY OUTPUT								
2									
3	回归统计								
4	Multiple R	0.9757128							
5	R Square	0.9520155							
6	Adjusted R	0.948588							
7	标准误差	2.4567368							
8	观测值	16							
9									
10	方差分析								
11		df	SS	MS	F	Significance F			
12	回归分析	1	1676.44	1676.44	277.7606	1.25359E-10			
13	残差	14	84.4978	6.035556					
14	总计	15	1760.94						
15									
16		Coefficient	标准误差	t Stat	P-value	Lower 95%	Upper 95%	下限 95.0%	上限 95.0%
17	Intercept	-6.515643	2.80289	-2.32461	0.035645	-12.52724892	-0.504037	-12.5272	-0.504037
18	X Variable	0.7961248	0.04777	16.66615	1.25E-10	0.693670533	0.898579	0.693671	0.898579

附图 6.7

附图 6.7 中回归统计部分给出了判定系数 R^2、调整后的 R^2、估计标准误差等；方差分析部分给出的显著水平 F 值表明回归方程是显著的；最下面的模块给出回归方程的结果，包括 a＝－.6.515643，b＝0.7961248，参数 a,b 的标准差、t 检验的统计量、p－值、下限 95％和上限 95％以及参数 a,b 的置信区间。由上述结果知，该例题所得到的回归方程为：

$$y_c = -6.515643 + 0.7961248x，$$

回归估计标准误为：$S_e = 2.4567368$。当能源消耗量为 40（十万吨）时，企业的工业总产值为 25.329349（亿元）。

七、用 Excel 进行时间数列分析

时间数列从动态上反映了社会经济现象的数量发展变化,本节基于 Excel 采用统计指标法和统计模型法对时间数列进行统计分析。前者计算时间数列的水平指标和速度指标,用于描述、刻画、测度现象总体的动态变化特征。后者借助移动平均法、趋势法来描述现象总体的动态趋势与规律。

附例 7.1 2013—2018 年全国 GDP 的数据,如附表 7.1 所示

附表 7.1 全国 GDP 历年数据

年份	GDP(亿元)
2013	592963.23
2014	641280.57
2015	685992.95
2016	740060.8
2017	820754.28
2018	900309.48

要求计算逐期增长量、累积增长量、平均增长量、发展速度、增长速度、平均发展速度和平均增长速度等速度分析指标。

(1)增长量计算步骤:

第一步:在 Excel 工作表界面输入 2013—2018 年全国 GDP 数据。

第二步:计算逐期增长量:在 C3 中输入公式"＝B3－B2",并用鼠标拖曳将公式复制到 C4:C7 区域。

第三步:计算累计增长量:在 D3 中输入公式"＝B3－＄B＄2",并用鼠标拖曳公式复制到 D4:D7 区域。

第四步:计算平均增长量(水平法):在 B9 中输入公式"＝D7/6",按回车键,即可得到平均增长量。操作指令见附图 7.1,结果如附图 7.2 所示。

	A	B	C	D
1	年份	国内生产总值（亿元）	逐期增长量	累积增长量
2	2013	592963.23		
3	2014	641280.57	=B3−B2	=B3−$B$2
4	2015	685992.95	=B4−B3	=B4−$B$2
5	2016	740060.8	=B5−B4	=B5−$B$2
6	2017	820754.28	=B6−B5	=B6−$B$2
7	2018	900309.48	=B7−B6	=B7−$B$2
8				
9		平均增长量	=D7/6	
10				

附图 7.1

	A	B	C	D
1	年份	国内生产总值（亿元）	逐期增长量	累积增长量
2	2013	592963.23		
3	2014	641280.57	48317.34	48317.34
4	2015	685992.95	44712.38	93029.72
5	2016	740060.8	54067.85	147097.57
6	2017	820754.28	80693.48	227791.05
7	2018	900309.48	79555.2	307346.25
8				
9		平均增长量	51224.375	
10				

附图 7.2

（2）速度指标计算步骤：

第一步：计算定基发展速度：在 C3 中输入公式"＝B3/$B$2"，并用鼠标拖曳将公式复制到 C4：C7 区域。

第二步：计算环比发展速度：在 D3 中输入公式"＝B3/B2"，并用鼠标拖曳将公式复制到 D4：D7 区域。

第三步：计算定基增长速度：在 E3 中输入公式"＝C3−1"，并用鼠标拖曳将公式复制到 D4：D7 区域。

第四步：计算环比增长速度：在 F3 中输入公式"＝D3−1"，并用鼠标拖曳将公式复制到 D4：D7 区域。

第五步:计算平均发展速度(水平法):在 B9 中输入公式"＝ GEOMEAN(D3:D7)",按回车键即可得到平均发展速度。

第六步:计算平均增长速度:在 B10 中输入公式"＝B15－1",按回车键,即可得到平均增长速度。

操作指令见附图 7.3,结果如附图 7.4 所示。

▲	A	B	C	D	E	F
1	年份	国内生产总值（亿元）	定基发展速度	环比发展速度	定基增长速度	环比增长速度
2	2013	592963.23				
3	2014	641280.57	=B3/$B$2	=B3/B2	=C3-1	=D3-1
4	2015	685992.95	=B4/$B$2	=B4/B3	=C4-1	=D4-1
5	2016	740060.8	=B5/$B$2	=B5/B4	=C5-1	=D5-1
6	2017	820754.28	=B6/$B$2	=B6/B5	=C6-1	=D6-1
7	2018	900309.48	=B7/$B$2	=B7/B6	=C7-1	=D7-1
8						
9		平均发展速度	= GEOMEAN(D3:D7)			
10		平均增长速度	=C9-1			
11						

附图 7.3

▲	A	B	C	D	E	F
1	年份	国内生产总值（亿元）	定基发展速度	环比发展速度	定基增长速度	环比增长速度
2	2013	592963.23				
3	2014	641280.57	1.081484547	1.081484547	0.081484547	0.081484547
4	2015	685992.95	1.156889526	1.069723584	0.156889526	0.069723584
5	2016	740060.8	1.248071993	1.078816918	0.248071993	0.078816918
6	2017	820754.28	1.384157126	1.109036285	0.384157126	0.109036285
7	2018	900309.48	1.518322612	1.096929376	0.518322612	0.096929376
8						
9		平均发展速度	1.087108301			
10		平均增长速度	0.087108301			
11						

附图 7.4

附例 7.2　已知某企业的下列资料:

附表 7.2　企业总产值和职工人数资料

月份	总产值（万元）	期初职工人数
1	168	200
2	204	195
3	100	200

续　表

月份	总产值(万元)	期初职工人数
4	184	205
5	180	210
6	190	210
7	200	220
8	210	221
9	190	212
10	201	216
11	205	214
12	230	230
1		229

要求计算各季、年平均每月总产值,全年平均职工人数,年、月平均劳动生产率。

【步骤】

第一步:在 Excel 工作表界面输入该企业的总产值和职工人数资料。

第二步:计算各季平均每月总产值:

一季:B16＝AVERAGE(B2：B4)　　　　二季:B17＝AVERAGE(B5：B7)

三季:B18＝AVERAGE(B8：B10)　　　　四季:B19＝AVERAGE(B11：B13)

全年:B20＝AVERAGE(B2：B13)

第三步:计算全年平均职工人数:

C16＝（C2/2＋C3＋C4＋C5＋C6＋C7＋C8＋C9＋C10＋C11＋C12＋C13＋C14/2)/12

第四步:计算月平均劳动生产率:C17 ＝B20/C16＊10000

年平均劳动生产率:C18＝SUM(B2：B13)/C16＊10000

操作指令汇总在附图 7.5,结果如附图 7.5 所示。

	A	B	C	D	E
1	月份	总产值（万元）	期初职工人数		
2	1	168	200	一季	= AVERAGE(B2:B4)
3	2	204	195	二季	=AVERAGE(B5:B7)
4	3	100	200	三季	= AVERAGE(B8:B10)
5	4	184	205	四季	= AVERAGE(B11:B13)
6	5	180	210	全年	= AVERAGE(B2:B13)
7	6	190	210		
8	7	200	220	全年平均职工人数	=(C2/2+C3+C4+C5+C6+C7+(
9	8	210	221	月平均全员劳动生产率	=E6/E8*10000
10	9	190	212	年平均全员劳动生产率	=SUM(B2:B13)/E8*10000
11	10	201	216		
12	11	205	214		
13	12	230	230		
14	1		229		

附图 7.5

	A	B	C	D	E
1	月份	总产值（万元）	期初职工人数		
2	1	168	200		
3	2	204	195		
4	3	100	200		
5	4	184	205		
6	5	180	210		
7	6	190	210		
8	7	200	220		
9	8	210	221		
10	9	190	212		
11	10	201	216		
12	11	205	214		
13	12	230	230		
14	1		229		
15					
16	一季	157.3333333		全年平均职工人数	212.2916667
17	二季	184.6666667		月平均全员劳动生产率	8879.293425
18	三季	200		年平均全员劳动生产率	106551.5211
19	四季	212			
20	全年	188.5			

附图 7.6

附例 7.3 浙江省进出口总值时间序列数据如附表 7.3 所示

附表 7.3　2001—2014 年浙江省进出口总值　单位:万美元

年份	进出口总值	年份	进出口总值
2001	3279969	2008	21110927
2002	4195650	2009	18773488
2003	6141083	2010	25353311
2004	8521312	2011	30937777
2005	10739123	2012	31240276
2006	13914686	2013	33578871
2007	17685633	2014	35504894

(1)要求用移动平均法进行预测;

(2)要求用趋势法进行预测。

用移动平均法进行预测,步骤如下:

第一步:将原始数据输入到单元格区域,其中年份:A2:A5,进出口总值:B2:B15。

第二步:选择功能区中的"数据"下拉菜单,再选择"数据分析"项,弹出如附图 7.7 的对话框,在"分析工具"框中选中"移动平均",单击"确定"按钮。

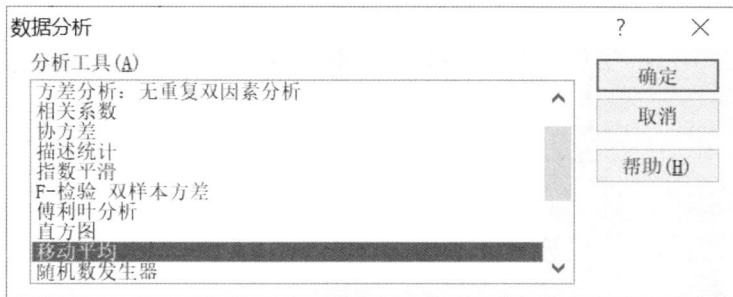

附图 7.7

第三步:弹出"移动平均"对话框后,在"输入区域"键入"B2:B15",即原始数据所在的单元格区域;在"间隔"内输入"3",表明使用的是三步移动平均法;在"输出区域"内输入"C2",即将输出区域的左上角单元格设为 C2;选择"图表输出"复选框和"标准误差"复选框,最后单击"确定"。

附图 7.8

Excel 将计算结果显示在附图 7.9 中，其中"C4：C15"对应的数据为三步移动平均的预测值，单元格区域"D6：D15"对应的数据为标准误差。

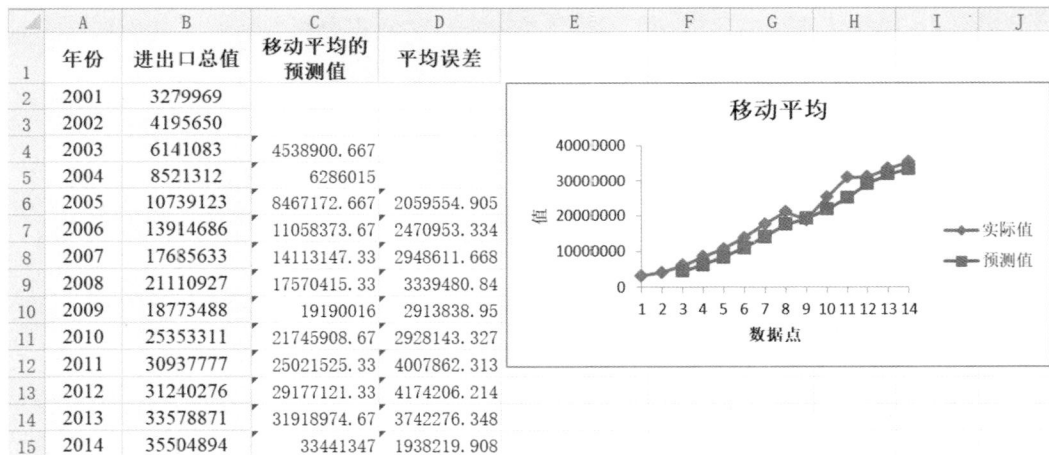

	A	B	C	D	E F G H I J
1	年份	进出口总值	移动平均的预测值	平均误差	
2	2001	3279969			
3	2002	4195650			
4	2003	6141083	4538900.667		
5	2004	8521312	6286015		
6	2005	10739123	8467172.667	2059554.905	
7	2006	13914686	11058373.67	2470953.334	
8	2007	17685633	14113147.33	2948611.668	
9	2008	21110927	17570415.33	3339480.84	
10	2009	18773488	19190016	2913838.95	
11	2010	25353311	21745908.67	2928143.327	
12	2011	30937777	25021525.33	4007862.313	
13	2012	31240276	29177121.33	4174206.214	
14	2013	33578871	31918974.67	3742276.348	
15	2014	35504894	33441347	1938219.908	

附图 7.9

要求根据附表 7.3 数据进行趋势预测，并且预测 2015 年的进出口总值。

【步骤】

第一步：对照附表 7.3，根据年份的先后顺序加上一个时间序列变量 t，将数据输入到 Excel 中，如附图 7.10 所示。

	A	B	C
1	年份	t	进出口总值
2	2001	1	3279969
3	2002	2	4195650
4	2003	3	6141083
5	2004	4	8521312
6	2005	5	10739123
7	2006	6	13914686
8	2007	7	17685633
9	2008	8	21110927
10	2009	9	18773488
11	2010	10	25353311
12	2011	11	30937777
13	2012	12	31240276
14	2013	13	33578871
15	2014	14	35504894

附图 7.10

第二步：选择功能区中的"公式"下拉菜单，再选择"插入函数"项，弹出如附图 7.11 的"函数"对话框，在函数类别中选择"统计"，在函数名中选择"FORECAST（线性回归拟合预测）"。单击"确定"按钮。

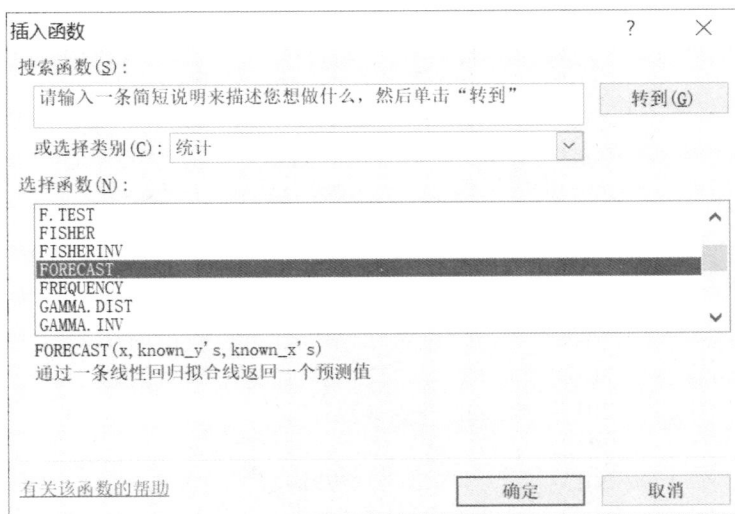

附图 7.11

第三步：出现"函数参数"对话框后，在"X"中输入"B2"（对应的预测年份是 2001 年），在"Known_y's"中输入"C2：C15"（因变量），在"Known_x's"中输入"B2：B15"（自变量），如附图 7.12 所示。

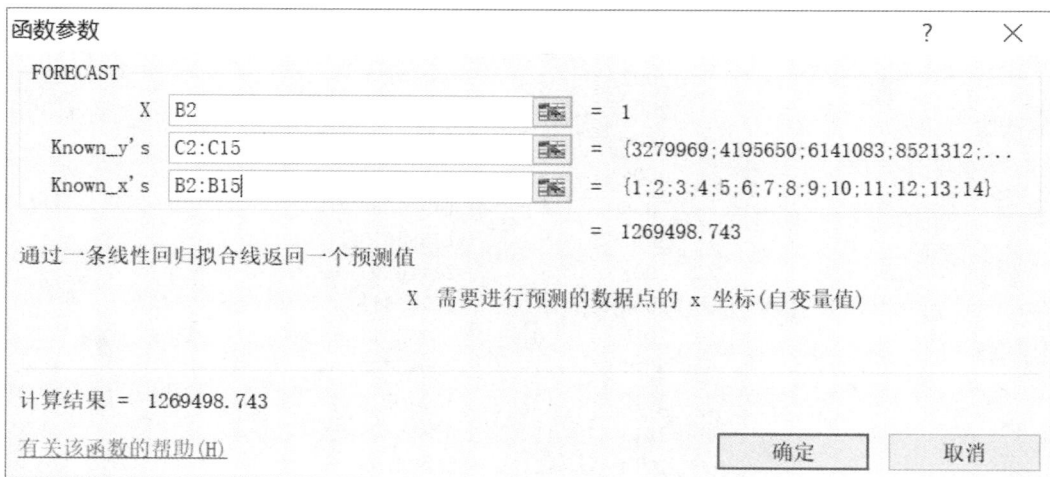

附图 7.12

第四步：单击"确定"按钮，则"D2"单元格处显示 2001 年的趋势预测值。仿照上面的步骤，继续计算 2002—2015 年的趋势预测值。结果见附图 7.13。

	A	B	C	D
1	年份	t	进出口总值	预测值
2	2001	1	3279969	1269498.743
3	2002	2	4195650	3942070.365
4	2003	3	6141083	6614641.987
5	2004	4	8521312	9287213.609
6	2005	5	10739123	11959785.23
7	2006	6	13914686	14632356.85
8	2007	7	17685633	17304928.47
9	2008	8	21110927	19977500.1
10	2009	9	18773488	22650071.72
11	2010	10	25353311	25322643.34
12	2011	11	30937777	27995214.96
13	2012	12	31240276	30667786.58
14	2013	13	33578871	33340358.21
15	2014	14	35504894	36012929.83
16	2015	15		38685501.45

附图 7.13

八、用 Excel 计算统计指数

统计指数作为度量复杂经济现象总体数量综合变动的相对数,能综合反映现象总体的变动方向和变动程度。本例采用一般方法编制综合指数,即在编制数量指标综合指数时,一般要以基期的质量指标作为同度量因素;在编制质量指标综合指数时,一般要以报告期的数量指标作为同度量因素。

附例 8.1　某商场三种商品的价格和销售量资料如下:

商品名称	计量单位	价格(元)		销售量	
		基期 p_0	报告期 p_1	基期 q_0	报告期 q_1
皮　鞋	双	300	350	300	400
手　套	双	35	30	400	380
布　料	米	50	60	280	350
合　计	—				

要求:

(1)计算三种商品价格总指数、销售量总指数、销售额总指数;

(2)试分析价格和销售量两因素对销售额的影响。

【步骤】

第一步:在 Excel 工作表界面中输入商品的价格和销售量数据,如附图 8.1 所示

	A	B	C	D	E	F
1	商品名称	计量单位	价格（元）		销售量	
2			基期p$_0$	报告期p$_1$	基期q$_0$	报告期q$_1$
3	皮　鞋	双	300	350	300	400
4	手　套	双	35	30	400	380
5	布　料	米	50	60	280	350

附图 8.1

第二步:计算商品的不同销售额及合计结果,其中不同销售额如下:

p_0q_0:G3 ＝C3 ＊ E3, G4 ＝C4 ＊ E4,G5 ＝C5 ＊ E5

p_0q_1:H3 ＝C3 ＊ F3, H4 ＝C4 ＊ F4, H5 ＝C5 ＊ F5

p_1q_0:I3 ＝D3 ＊ E3,I4 ＝D4 ＊ E4,I5 ＝D5 ＊ E5

p_1q_1:J3 ＝D3 ＊ F3,J4 ＝D4 ＊ F4,J5 ＝D5 ＊ F5

合计结果指令如下:

$$\sum p_0 q_0 : G6 = SUM(G3：G5), \quad \sum p_0 q_1 : H6 = SUM(H3：H5)$$

$$\sum p_1 q_0 : I6 = SUM(I3：I5), \quad \sum p_1 q_1 : J6 = SUM(J3：J5)$$

G	H	I	J
$p_0 q_0$	$p_0 q_1$	$p_1 q_0$	$p_1 q_1$
=C3*E3	=C3*F3	=D3*E3	=D3*F3
=C4*E4	=C4*F4	=D4*E4	=D4*F4
=C5*E5	=C5*F5	=D5*E5	=D5*F5
=SUM(G3:G5)	=SUM(H3:H5)	=SUM(I3:I5)	=SUM(J3:J5)

附图 8.2

使用快捷键"CTRL＋"切换，计算结果如附图 8.3 所示。

G	H	I	J
$p_0 q_0$	$p_0 q_1$	$p_1 q_0$	$p_1 q_1$
90000	120000	105000	140000
14000	13300	12000	11400
14000	17500	16800	21000
118000	150800	133800	172400

附图 8.3

第三步：计算价格总指数、销售量总指数、销售额总指数，其中

价格总指数：$\sum p_1 q_1 / \sum p_0 q_1 : B7 = J6/H6 * 100$，变动 $\sum p_1 q_1 - \sum p_0 q_1 : B8 = J6 - H6$

销售量总指数：$\sum p_0 q_1 / \sum p_0 q_0 : D7 = H6/G6 * 100$，变动 $\sum p_0 q_1 - \sum p_0 q_0 : D8 = H6 - G6$

销售额总指数：$\sum p_1 q_1 / \sum p_0 q_0 : F7 = J6/G6 * 100$，变动 $\sum p_1 q_1 - \sum p_0 q_0 : F8 = J6 - G6$

具体指令和结果分别见附图 8.4、8.5。

	A	B	C	D	E	F	G	H	I	J
1	商品名称	计量单位	价格（元）		销售量		$p_0 q_0$	$p_0 q_1$	$p_1 q_0$	$p_1 q_1$
2			基期p_0	报告期p_1	基期q_0	报告期q_1				
3	皮 鞋	双	300	350	300	400	=C3*E3	=C3*F3	=D3*E3	=D3*F3
4	手 套	双	35	30	400	380	=C4*E4	=C4*F4	=D4*E4	=D4*F4
5	布 料	米	50	60	280	350	=C5*E5	=C5*F5	=D5*E5	=D5*F5
6						合计	=SUM(G3:G5)	=SUM(H3:H5)	=SUM(I3:I5)	=SUM(J3:J5)
7	价格总指数	=J6/H6*100	销售量总指数	=H6/G6*100	销售额总指数	=J6/G6*100				
8	变动	=J6-H6	变动	=H6-G6	变动	=J6-G6				

附图 8.4

	A	B	C	D	E	F
1	商品名称	计量单位	价格（元）		销售量	
2			基期p_0	报告期p_1	基期q_0	报告期q_1
3	皮　鞋	双	300	350	300	400
4	手　套	双	35	30	400	380
5	布　料	米	50	60	280	350
6						合计
7	价格总指数	114.323607	销售量总指数	127.79661	销售额总指数	146.1016949
8	变动	21600	变动	32800	变动	54400

附图 8.5

　　附图 8.5 结果表明,该商场商品销售额报告期比基期增长了 46.1016949％,增加的绝对额为 54440 元,是由于商品价格的变动使商品销售额增长了 14.323607％,增加的绝对额为 21600 元,由于商品销售量的变动使商品销售额增长了 27.79661％,增加的绝对额为 32800 元的共同结果。

参考文献

［1］贾俊平,何晓群,金勇进. 统计学［M］. 8 版. 北京:中国人民大学出版社,2021.

［2］李金昌,苏为华. 统计学［M］. 5 版. 北京:机械工业出版社,2019.

［3］袁卫,刘超. 统计学:思想、方法与应用［M］. 2 版. 北京:中国人民大学出版社,2016.

［4］威廉·M.门登霍尔,特里·L.辛里奇.统计学(原书第 6 版)［M］.关静,等译. 北京:机械工业出版社,2018.

［5］龚小庆,王炳兴. 概率论与数理统计教程［M］. 修订版. 杭州:浙江工商大学出版社,2021.

［6］盛骤,谢式千,潘承毅. 概率论与数理统计教程［M］. 5 版. 北京:高等教育出版社,2020.

［7］唐金华,姚世斌,蒋海燕,等. 社会经济统计学:应用与 Excel 应用案例分析［M］. 成都:西南财经大学出版社,2017.

［8］贾俊平. 统计学:基于 Excel［M］. 3 版. 北京:中国人民大学出版社,2022.